EN TRAIN D'ÉCRIRE

LISA GERRARD
University of California, Los Angeles

BARBARA LOMAS RUSTERHOLZ
University of Wisconsin, La Crosse

SHERI SPAINE LONG
University of Alabama at Birmingham

McGraw-Hill, Inc

New York St. Louis San Francisco Auckland Bogotá Caracas Lisbon
London Madrid Mexico Milan Montreal New Delhi Paris San Juan
Singapore Sydney Tokyo Toronto

EN TRAIN D'ÉCRIRE

A Process Approach to French Composition

This is an EBI book.

En train d'écrire
A Process Approach to French Composition

1 2 3 4 5 6 7 8 9 0 AGM AGM 9 0 9 8 7 6 5 4 3

ISBN 0-07-038696-X

This book is printed on acid-free paper.

This book was set in Sabon by Progressive Typographers.
The editors were Thalia Dorwick, Vincent Smith, Sharla Volkersz, and Florence Brodkey;
   the designer was Nancy Carroll; the production supervisor was Phyllis Snyder.
Production and editorial assistance was provided by Vargas/Williams Design and Melissa
   Gruzs.
Illustrations were done by Rebecca Perry.
The cover designer was Nancy Carroll.
The photo editor was Christine Pullo.
Arcata Graphics/Martinsburg was printer and binder.
The cover was printed by Phoenix Color Corporation.

Gerrard, Lisa
   En train d'écrire: A Process Approach to French Composition
   Lisa Gerrard, Barbara Lomas Rusterholz, Sheri Spaine Long.
       p.   cm.
   Includes bibliographical references and index.
   ISBN 0-07-038696-X
       1. French language—Textbooks for foreign speakers—English.
   2. French language—Composition and exercises.   I. Rusterholz,
   Barbara Lomas.   II. Long, Sheri Spaine.   III. Title.
   PC2129.E5G47   1993
   808'.0441—dc20   92-45717
                                                              CIP

Grateful acknowledgment is made for use of the following:

Photos: *Page 44* © Bildarchiv Foto Marburg/Art Resource; *52* © Superstock; *68* © François Massal/The Image Works; *95* © Yvon Morro/Sygma; *108* © Michael Dwyer/ Stock, Boston; *109* © Mark Antman/The Image Works; *113* © Peter Menzel; *130* © Peter Menzel; *137* © Peter Menzel; *142 (top)* © Catherine Karnow/Woodfin Camp and Associates; *142 (bottom)* © Catherine Karnow/Woodfin Camp and Associates; *153 (left)* © Nelson-Atkins Museum of Art, Kansas City, Kenneth A. and Helen F. Spencer Foundation Acquisition Fund; *153 (right)* © Philadelphia Museum of Art, Louise and Walter Arensberg Collection; *155* © Thomas Craig/The Picture Cube; *156* © Michael Yamashita/Woodfin

(Continued on page 221)

Contents

Part I MÉTHODE

Chapter 1 Writing in French

PART II   **MISE EN PRATIQUE**   105

Situations interculturelles
·   129

La vie culturelle
·   146

Débats contemporains
·   173

$\mathcal{T}$o THE INSTRUCTOR

Overview

This book is a rhetoric for composition instruction and a sourcebook for composition assignments in French language courses.

What course or courses is *En train d'écrire* intended for?

The text is meant to be used as the primary text in a French composition or conversation/composition course or as a secondary text in an advanced French course.* Unlike other writing texts for French, this is not a grammar book. Assuming that students will receive grammar instruction elsewhere in the course, it offers strategies for planning and shaping a writing assignment, from the first to the final draft. To this end, the text addresses the full process of writing as it proceeds through multiple drafts and distinct stages: idea generation, drafting, organizing, expanding ideas, exploring style, proofreading, and, often, collaborating with other writers. For those who use a word processor, it also includes sections on using a computer to support each stage of the writing process.

What skills will students practice when using *En train d'écrire?*

This approach to writing engages all of the language skills. Students read secondary sources to find information to write about. They converse with one another to generate ideas for their papers and to discuss ways of approaching the assigned topic. They talk about drafts in progress, offering their classmates suggestions for revision, and they listen to others' reactions to their work. As second language learners, they build their vocabulary in a natural context, learning new idioms as they need them to communicate. They use the ideas and skills they develop from reading, listening, and speaking to write; and with every revision, they produce more writing. Furthermore, by testing all the language skills, the text ensures that students will have heard and understood enough French to be creative with the new language they have encountered.

How is *En train d'écrire* organized?

The text is divided into two parts. Each chapter in Part I introduces one of the above stages in the writing process and offers strategies for approaching it. Part I also contains two complete writing assignments: **Le banquet** and **Un portrait.** Part II is a collection of full-scale writing assignments, organized thematically and loosely sequenced from easiest to hardest. All the writing assignments contain the

---

* This text is appropriate for language students ranked "intermediate-mid" to "advanced" according to the proficiency guidelines for writing established by The American Council on the Teaching of Foreign Languages.

following materials to guide the student through the composing, drafting, and revising of the assignment:

- a topic for the writing assignment
- lists of facts or short readings on the topic
- warm-up and idea-generating activities
- a commenting guide to help students revise

The materials in both parts are multicultural, with an emphasis on France and other Francophone regions.

Method: Teaching Writing as a Process

Until recently, most composition instruction addressed the finished paper rather than techniques for producing it. After some general directions—"be specific," "use a thesis," "proofread carefully"—foreign language instructors assigned papers, collected them, graded them, and frequently wrote meticulous comments on what "worked" and—more often—what didn't. Students were seldom expected to revise their work, and when they did, they were asked to correct grammar errors. Rarely did they reconsider any element larger than a sentence.

Such a method of teaching composition is misleading. By concentrating on the finished product, it gives foreign language students the impression that good writers produce perfect copy on the first try. Many students believe that a writer begins the task by composing a title and introduction, proceeding linearly through the text, and ending at the conclusion. This conception contradicts the practice of successful writers in any language, most of whom develop their text through successive drafts, reconsidering their ideas and reshaping their prose throughout the process. Writing is seldom linear; more often it proceeds in a back-and-forth movement, as the writer experiments with meaning and structure at all stages of development.

Composition research has shown that students learn far more if they are taught to write the way professionals do. This process approach to teaching composition guides students through the different stages of production—from idea generation to proofreading. Students write several drafts of each assignment, and between these drafts they are taught how to reconceive their material and how to revise. They learn to explore ideas, acquire information, and organize and develop a rough draft—in short, to rethink and reshape their assignment.

While the process approach was developed for use in native-language composition classes, it has numerous benefits for second-language classes and is consistent with many current approaches to foreign language instruction. By emphasizing content in the early stages of the composition process, the process approach frees students from the fear of making errors and encourages them to communicate their ideas in the best way they can. Students get the feeling that what they say is as important as how they say it, and they learn to relegate grammar correction to proofreading—a necessary but by no means primary stage in the composing process.

Goals of This Text

☐ *To encourage students to communicate meaningfully in their second language.*
The text requires students to do more than practice writing sentences; it invites
them to engage fully with the language by using it to explore and express ideas
that interest them.

☐ *To create rich opportunities for practicing all language skills.* The text encourages the creation of writing workshops in which students brainstorm together and
read and comment on each other's writing. In a writing workshop, students do as
much talking, listening, and reading as they do writing. They read to find information on their subject and they discuss their findings with their classmates. Thus,
many of the practice exercises in Part I and the prewriting activities in Part II are
meant to serve multiple functions. For example, group brainstorming — where students call out ideas about a topic as the instructor records them on the board —
not only helps students think about their topic, but also allows the instructor to
introduce new vocabulary. Peer commenting — where small groups of students
discuss each other's papers — provides practice in analysis and revision, and in
speaking and listening to French.

☐ *To allow for considerable language practice inside and outside of class.* Because
French instructors have limited time for composition, this text has been designed
to be used both inside and outside of class. Students may write and discuss the
practice exercises during class, using the target language. They can read the explanatory information (in English), do additional practice exercises (in French),
and compose their papers outside of class. The peer editing can be done in class
via discussion or outside of class as a written exercise.

How to Use This Book

☐ *Assign the explanatory sections in Part I to be read outside of class.* These sections are in English so that students can read them rapidly on their own, thus free-
ing up valuable class time for the actual writing activities.

☐ *Choose the parts of the book that best suit your course.* Courses vary widely in
the amount of time they can allot to writing instruction, so do not feel compelled
to assign every chapter in the book or every section in a given chapter. The text
has been designed for flexibility, to allow instructors (who can best assess their
time constraints and the level and interests of their students) to select appropriate
readings and exercises from Part I and assignments from Part II. There is no one
way to use this book, but the following are some possibilities.

■ *In a one-semester course devoted exclusively to writing*
    Weeks 1–3   Chapters 1–3
       Week 4   Work on **Le banquet,** using class time to train students in peer
              editing

Week 5 Begin Chapter 4; students continue revisions of **Le banquet** outside of class
Week 6 Complete Chapter 4
Week 7 Work on **Un portrait**
Week 8 Chapter 5; students continue revisions of **Un portrait** outside of class
Week 9 Complete Chapter 5
Weeks 10–11 Select a unit from Part II, according to ability and interests of students
Week 12 Chapter 6
Week 13 Chapter 7
Weeks 14–15 Students work on various units from Part II, according to ability and interests

■ *In a two-semester course devoted to composition and conversation*
Semester I
Weeks 1–5 Chapters 1–3
Weeks 6–7 **Le banquet**
Weeks 8–10 Chapter 4
Weeks 11–13 **Un portrait**
Weeks 14–15 Chapter 5
Semester II
Weeks 1–3 Review process approach and do selected unit from Units 1–3 of Part II
Weeks 4–5 Chapter 6
Weeks 6–9 Selected unit from Units 4–9 of Part II
Weeks 10–11 Chapter 7
Weeks 12–15 Units from Units 10–15 of Part II, according to available time and student interests

(This plan assumes that students would be doing conversational activities concurrently with the writing assignments.)

■ *In a one-quarter course devoted exclusively to writing*
Weeks 1–2 Chapters 1–3
Week 3 Begin **Le banquet,** using class time to train students in peer editing
Week 4 Begin Chapter 4; students continue revisions of **Le banquet** outside of class
Week 5 Complete Chapter 4
Week 6 Work on **Un portrait**
Week 7 Begin Chapter 5; students continue revisions of **Un portrait** outside of class
Week 8 Complete Chapter 5
Weeks 9–10 Select a unit from Part II, according to ability and interests of students

☐ *Assign at least two drafts of each paper.* Students learn the most about writing while they are rewriting their papers. Give students specific suggestions for revision; then have them revise. If you are assigning just two drafts and a final version, your grading responsibilities will probably follow this sequence:

- After collecting draft 1, make suggestions regarding idea development, work toward a coherent thesis, and ask for clarification of irrelevant or incomprehensible passages. (These suggestions can also be made by peer editors.)
- When commenting on draft 2, point out where ideas need to be explained in detail, comment on the organization of the essay, make style suggestions, and identify grammar errors (using, if you wish, the *Code pour la correction des rédactions, Appendix 2*).
- If draft 3 is the final version, all aspects of the essay will be evaluated by the instructor at this stage. Most second-language instructors are experts at correcting grammar and assigning a grade based on mechanics. However, in this text a more holistic approach to grading (balancing mechanics and expression) is suggested. For further guidance please see the Grading System for Compositions in this text, Appendix 1.

□ *To make the course run smoothly, make it clear to the students that all drafts must be done on a word processor or typed.* On days when draft 1 is due, have students bring four copies to class to share with you and classmates. On days when draft 2 or 3 is due, students bring two copies. Be sure to set up penalties for late or unfinished drafts.

It would be impossible to name all the generous people—editors, reviewers, colleagues, and students—who contributed to this text, but we would like to name a few. Our sincere thanks go to Thalia Dorwick, Vincent Smith, Sharla Volkersz, and the rest of the McGraw-Hill staff for sharing our enthusiasm and complementing it with their expert advice. We are grateful as well to Myrna Rochester for her insightful reading of the first draft of the manuscript; to Florence A. Brodkey for her careful copyediting and fine-tuning of the French; and to Cathy Schlifer and her students at North Dakota State University, as well as the students at the University of Wisconsin-La Crosse, for their patience and feedback during the developmental stages of the project. Special thanks from Barbara to Paul and Tim for their patience and understanding.

PART I MÉTHODE

·········· « *Avant donc que d'écrire*
apprenez à penser. »

—Boileau

*W*riting in French

*F*INDING YOUR OWN WRITING PROCESS

Writing habits and methods are as individual as writers. It is a rare writer, however, who produces a polished paper in a single try—starting with inspiration, effortlessly guiding the reader from introduction to conclusion, with each thought falling neatly into its own paragraph. Most writers produce many drafts of their work before coming up with one that satisfies them. Writing is a complex activity: You have to find something to say, organize your thoughts, explain them in detail, find a suitable style, and remove surface errors. Because it's almost impossible to do all these things at once, you can work most efficiently if you tackle the job in stages. By writing several drafts, you can concentrate on one task at a time.

Although there is no one correct writing process, it usually is easier to spend your time on the first draft or two developing and organizing your ideas, and on later drafts correcting errors in spelling, syntax, and grammar. A typical writing process might look like this:

Draft 1: collect information; generate ideas.
Draft 2: weed out irrelevant ideas; clarify relevant ones.
Draft 3: explain ideas in detail; organize them.
Draft 4: correct errors; revise style.

Most writers repeat many of these steps as the paper develops. An idea that looked good three drafts ago may seem trivial as the paper takes shape, or you may get a brainstorm during draft four and decide to change your subject entirely. Often writers find out what they know and think about a topic *as* they write, rather than before. As they explain their facts and ideas to the reader, they explore the topic and find new ideas. The key to a successful writing process is flexibility: *You should feel free to change anything—from initial conception to organization and style—at any point in the paper's evolution.*

3

COMPOSING IN FRENCH

Writing well in any language is hard work, but it can be especially intimidating to write in a second language: You cannot always rely on your ear for what sounds correct, as you do in your native language, and searching for the right words may seem more difficult. You are likely to feel limited in what you can say and may question everything you put on paper. You will undoubtedly make mistakes in your French writing. All these problems are normal. But you can always correct errors later on. Though you use your grammar skills when you write, good writing in French does not come automatically from grammar and vocabulary exercises or even from being able to speak French fluently. As in English, effective writing comes from finding ideas worth saying, explaining them carefully, and arranging them in an order that makes them clear to the reader.

Your writing experience in English will help you as you write in French. The more strategies you have to choose from, the greater your chances of developing a writing process that works for you. In this text you will find a range of techniques to enhance and extend what you already know: strategies for getting started, writing the early drafts, and revising.

The following are some general guidelines.

1. Start by writing down everything. Write until you can't think of anything else to say, even if it doesn't seem related to the topic you have in mind. You can always go back and change it or throw it out; there is no rule that says your French writing has to be perfect when it first hits the paper.

2. Write even if you don't know what you want to say. Many times writing helps you discover your thoughts. The process of writing may reveal to you ideas and opinions that you didn't even know you had, not to mention things that you didn't know you could express in French.

3. Never write in English, translating later into French. Do all your writing, even your roughest drafts, in French. If you write in English first, your French will sound like **"franglais"**—more English than French!

4. Do your writing in stages. When you work on a paper, divide the task into small subtasks. Don't feel that you have to proceed in a straight line from introduction to conclusion. Jot down ideas as they occur to you. Later you can organize them and add examples and details to explain them. If you try to generate your ideas and organize them at the same time, the task will seem insurmountable, but if you take one step at a time, it will become manageable, even fun.

5. Rewrite. Rarely will you get it perfect the first time in English, let alone in a second language. The rewriting often lets you articulate an idea you had earlier but couldn't express at the time. As you revise, you may also want to consult a dictionary, grammar text, verb book, or your instructor to answer specific questions about the French language.

$\mathcal{S}$HARING YOUR FRENCH WRITING

Although many of the stages of writing are solitary—you sit alone at your desk with your thoughts and your pen and paper (or keyboard)—writing is also a social activity. You almost always write for other people. The best way to ensure that you are communicating successfully is to try your work out on real readers. Professional writers share their writing all the time. Before they submit an article for publication, they show it to friends, or they participate in workshops where other writers critique their work in progress.

In a French class, you already have a group of readers who can offer you the one thing you don't have: a fresh perspective on your writing. Your classmates can tell you if they are confused by your sentence structure, delighted by your example, or curious to hear more of the story. Best of all, they can give advice, suggesting the perfect word for your analogy, a new sequence for your argument, or an idea to put into the conclusion. Because your classmates may not be experts in French grammar, we recommend that you save your grammar or usage questions for your French instructor or look them up in a grammar handbook. But do draw on your classmates' expertise as readers; as a group, focus your discussion on the ideas, organization, and style of each member's paper.

In a writing group, you and your classmates take turns reading each other's drafts; thus you are sometimes the writer and sometimes an editor. As the writer, you gain the direct evidence of your audience's needs; as an editor, you become more skilled at analyzing drafts, a talent you can apply to your own writing. Although the reason for sharing your drafts with your classmates is to give each other suggestions for revision, you get the additional benefit of conversing with each other in French.

The Writing Workshop

To turn your classroom into a writing workshop, bring four copies of your paper to class, and find three classmates to share your writing with.* You should exchange papers so that each member of the group has a copy of all four papers. If time permits, the group members should take each other's papers home, read them and write comments on them, and bring them to the next class meeting for discussion. The group will then discuss one paper at a time, with each author leading the discussion of his or her own paper. Be sure that you do *talk* to each other; don't just read the notes on each other's drafts.

Writing workshops function best when members are supportive and when each one takes responsibility for improving all the drafts of the group. Collectively

---

* You can also work with one other person or in a small group. Groups of three or four allow for a variety of responses, without getting unwieldy.

the group needs to come up with strategies for improvement, *not* simply criticisms. That is not to say that you should give false praise or ignore obvious problems, but you should ask questions about what the author is trying to do and make concrete suggestions for revision. The most important thing to remember is that *there is no such thing as a bad draft, only an unfinished one.* Unlike a reviewer, whose job is to announce the strengths and deficiencies of a *finished product,* an editor helps the writer shape a *working draft.* Think of yourself as a collaborator rather than a judge. Be honest but helpful. When you don't understand what you are reading, or something seems wrong or out of place, ask questions. For example,

INSTEAD OF SAYING	SAY
Cette phrase n'est pas logique.	Je ne comprends pas cette phrase. Tu veux dire que les manifestants contre l'énergie nucléaire manquent de patriotisme?

INSTEAD OF SAYING	SAY
Le paragraphe sur les coûts des diverses formes d'énergie est ennuyeux.	Le paragraphe sur les coûts des diverses formes d'énergie serait plus intéressant si tu donnais quelques exemples des économies qu'une famille pourrait réaliser en obtenant son énergie d'une centrale nucléaire.

INSTEAD OF SAYING	SAY
La partie sur les conditions de vie des mineurs de charbon est hors sujet.	Pourquoi parles-tu des conditions de vie des mineurs de charbon? Quel est le rapport entre cette partie de la rédaction et l'énergie nucléaire?

INSTEAD OF SAYING	SAY
La phrase «L'énergie nucléaire est bonne pour l'environnement» est trop vague.	Essaie de mieux expliquer comment l'énergie nucléaire peut être bonne pour l'environnement.

Guidelines for Writers

1. Before you meet with your group, jot down some concerns you have about your own paper.
2. Give your readers a clean, typed draft or printout. Double-space and leave at least a one-inch margin for comments.

3. Even if your group members have already read your paper, read your paper out loud as they follow along with their copies.
4. If your readers are shy about voicing their criticism or unsure about where to begin, tell them what you are trying to accomplish and what problems you are trying to overcome. Ask for help with a specific problem; for example:

> Est-ce que j'ai besoin de préciser comment fonctionne une centrale nucléaire? Est-ce que je devrais ajouter quelque chose au sujet des manifestants? Comment pourrais-je clarifier l'expression du deuxième paragraphe?

5. Remember that the point of the discussion is to help *you*. If your readers adopt an aggressive or judgmental tone, try not to become defensive. Remind them that they're looking at unfinished (not flawed) work, and ask them how they would solve the problem.
6. Take your readers' reactions seriously, but don't feel that you have to follow every suggestion. After all, it's *your* paper.

Guidelines for Editors

1. Remember that you are a collaborator, not a judge. Rather than evaluate the merits of the draft, think about what the author should do next. What would your next step be if it were your draft?
2. Trust your instincts. If you are confused, say so, even if you don't know exactly what's wrong.
3. Focus your conversation on the paper's ideas, structure, or style rather than on grammar or spelling. Leave discussion of French grammar to your instructor.
4. Ask questions that will improve your understanding of the author's purpose.
5. If you like something about the paper, even if it's a single phrase or notion, say so. Nothing instructs like praise.
6. Feel free to disagree with the paper's ideas. Your objections will help the writer sharpen his or her argument.

Commenting Guides

As an editor, you can use a "commenting guide," that is, a set of questions or guidelines for reading a work in progress that will help focus your attention on specific issues in the text. For ideas about what to look for when you analyze a paper, study the following list; it provides some general issues to address and some strategies for commenting.* In responding to any given paper, use only four to seven items from the list; rather than addressing every item, choose the issues that

---

* You will find commenting guides in the writing units after Chapters 3 and 4 and in Part II.

best suit the particular paper. If you are commenting on a very rough draft, you may want to discuss only the paper's content and thesis; it is probably premature to work on the paper's style at this stage.

Content

- Which section do you find most interesting?
- Is there anything in the draft you don't understand?
- Do you strongly agree or disagree with any of the ideas?
- Can you think of any ideas the author could add?

Thesis

- What do you think the thesis is?
- Is the thesis stated anywhere in the paper? If so, where? If you're not sure, ask the writer to tell you the point of the paper. Write down his or her answer word for word.
- Is the thesis narrow enough for a paper of this length? If not, suggest an alternative.
- Could the thesis be worded more precisely? If so, suggest a possibility.
- Do you think a different thesis would work better, given the paper's ideas?
- Number each paragraph. On a separate sheet of paper, list the numbers and next to each number write the main idea of the paragraph. Does any paragraph have more than one idea?
- Is any paragraph missing a topic sentence?
- Is any section unnecessarily repetitious?
- Does any section seem out of place?

Development

- What in the paper would you like to know more about? As the writer explains that point, have one person in the group take notes.
- Where would an additional example clarify the area that puzzles you? Suggest a specific example the author could add.

Style

- Which words or sentences impress you the most, and why?
- Find three general terms that could be replaced with specific ones. Suggest alternatives.
- Find three instances of any combination of forms of **être, avoir,** or **il y a** that could be replaced by stronger verbs. Suggest alternatives.
- Is the tone of the paper appropriate to the subject, audience, and occasion?
- Indicate any section that could benefit from greater variety in sentence structure. Suggest different wordings.

WRITING WITH A COMPUTER

Nothing has streamlined the writing process quite as thoroughly as the computer. A vast array of writing software is currently available to help you generate ideas, get easy access to library sources, take notes, make outlines, revise, proofread, format your footnotes and bibliography, design layout, and communicate conveniently with other writers.

The most important of these writing tools is the word processor, which encourages the flexibility essential to good writing. When you write by hand or with a typewriter, your words appear on the page as you compose them; the process of composition and the appearance of the physical text are the same. In contrast, the word processor separates those two events. When you write with a word processor, the words appear on the screen (not on paper) as you compose and are endlessly malleable. You can change your text without making a mess of it and without having to retype the parts you don't want to change—adding, deleting, or moving a letter, paragraph, or whole section with just a keystroke or two. Your text is always stored in the computer: You can call it up and make changes to it at any time. The word processor gives you endless freedom to revise your paper and should help you achieve your writing goals more efficiently than you can with paper revisions.

Many word processors are capable of producing accent marks and other foreign language characters. In addition, most word processors have search commands to help you find a single word in a text; "windows," which allow you to look at several parts of your text or several different texts at the same time; the capability of moving or erasing whole chunks of text at once; and literally dozens of other functions. Although you can type and revise your paper using only a few of your word processor's capabilities, the more functions you know how to use, the more efficient you'll be.

Whether you enter your paper onto a floppy disk or directly into your computer's memory on a hard disk, be sure to copy your text file onto an extra floppy disk, creating a backup copy. Disks are vulnerable and if they are damaged, their contents (all your work!) can be destroyed. *To guard against disaster, save your work at least every ten minutes when you write, and update your backup disk after every writing session.*

To prepare your computer-written essay for group discussion at the computer lab or by electronic mail, open the file containing your essay and reread it. As you read, think about the aspects of your essay that you would like the group to discuss. Insert your own questions or comments into the text in the appropriate places, using capital letters to distinguish them from the text itself. Then copy your essay onto your group members' disks or send it electronically.

Use the same technique to insert your comments on texts written by your group members: Open the file, read the work, and insert your comments and questions in capital letters to distinguish them from the original text.

ROOFREADING

Before you give your draft to members of your writing group, proofread it, checking for errors in spelling, punctuation, and usage. Though no one expects a draft in progress to be perfect, editors can be distracted by mechanical errors and thus may find it hard to follow your ideas.

Proofreading is also the final stage of the writing process. After you have revised your paper and are satisfied with its content, structure, and style, look one last time for mechanical or typographical errors. Though these surface errors may seem trivial after you've put so much effort into shaping your ideas, misspellings or errors in number or gender agreement may cast doubt on even the most well-conceived paper and undermine your authority as a writer. If you don't have time to retype your paper or make a new printout, write in the correction by hand; a neatly written correction is far preferable to an error. And if, like most people, you have difficulty detecting errors in your own work, exchange papers with a classmate and proofread for each other.

Of course, if you haven't had much experience writing in French, many of your errors won't arise from carelessness but from lack of familiarity with the language. Thus, in addition to consulting your instructor, you should use a grammar handbook, a verb conjugation book, and a dictionary.

Grammar Handbooks

As you proofread, refer to a grammar book to clear up any doubts you may have about sentence structure. To use a grammar book as a reference, first decide how the problematic word or phrase is labeled: Is it a negative? a preposition? a pronoun? an interrogative (question)? Then look for that label in the index. An index is usually more specific than a table of contents and can list such grammatical and lexical items as **laisser** vs. **partir**, imperfect vs. **passé composé, il** vs. **ce,** or possessive adjectives. If you have trouble finding what you are looking for in the index, try a different label: In one book, for example, you might find the listing **à** vs. **de,** while another book might index the same information under "preposition + infinitive." If you have a question about a verb form, see if your grammar book has a verb appendix showing all conjugations of regular and irregular verbs.

Verb Books

If your textbook doesn't have a verb appendix or if you would like a more complete list, consult a verb conjugation book, which you can find in the reference section of your college library or in a bookstore. Verb conjugation books contain dozens of lists of fully conjugated French verbs with their English translations. These books are particularly useful for finding the forms of less frequent irregular verbs like **craindre,** as you can see in the example below.

craindre		Part. pr. **craignant**	Part. passé **craint**

to fear, to be afraid

The Seven Simple Tenses		The Seven Compound Tenses	
Singular	Plural	Singular	Plural
1 présent de l'indicatif		**8 passé composé**	
crains	craignons	ai craint	avons craint
crains	craignez	as craint	avez craint
craint	craignent	a craint	ont craint
2 imparfait de l'indicatif		**9 plus-que-parfait de l'indicatif**	
craignais	craignions	avais craint	avions craint
craignais	craigniez	avais craint	aviez craint
craignait	craignaient	avait craint	avaient craint
3 passé simple		**10 passé antérieur**	
craignis	craignîmes	eus craint	eûmes craint
craignis	craignîtes	eus craint	eûtes craint
craignit	craignirent	eut craint	eurent craint
4 futur		**11 futur antérieur**	
craindrai	craindrons	aurai craint	aurons craint
craindras	craindrez	auras craint	aurez craint
craindra	craindront	aura craint	auront craint
5 conditionnel		**12 conditionnel passé**	
craindrais	craindrions	aurais craint	aurions craint
craindrais	craindriez	aurais craint	auriez craint
craindrait	craindraient	aurait craint	auraient craint
6 présent du subjonctif		**13 passé du subjonctif**	
craigne	craignions	aie craint	ayons craint
craignes	craigniez	aies craint	ayez craint
craigne	craignent	ait craint	aient craint
7 imparfait du subjonctif		**14 plus-que-parfait du subjonctif**	
craignisse	craignissions	eusse craint	eussions craint
craignisses	craignissiez	eusses craint	eussiez craint
craignît	craignissent	eût craint	eussent craint

Impératif
crains
craignons
craignez

Dictionaries
. . . .

Another important source for any second language writer is a bilingual dictionary. Although you should try to write and think in French as much as possible, avoiding translation, there are times when a good bilingual dictionary will help you enrich your French expression. To get the most out of your bilingual dictionary, familiarize yourself with the abbreviations it uses so that you can decode the information in the entries. These abbreviations are usually listed in the front of the book. In addition to defining a word in translation, a good dictionary should give you additional information, such as what part of speech a word is (e.g., noun, verb, article); its gender (masculine or feminine); whether a verb is transitive or intransitive, regular or irregular; and examples of usage.

Suppose you can't remember the word for *still*, as in the sentence "He's still sleeping." You look up the word *still* in your bilingual dictionary and find the following entries.

still¹ [stɪl] **1** *adv* **(a)** (*up to this time*) encore, toujours. **he is ∼ in bed** il est encore *or* toujours au lit; **I can ∼ remember** it je m'en souviens encore; **he ∼ hasn't arrived** il n'est pas encore arrivé, il n'est toujours pas arrivé; **you ∼ don't believe me** vous ne me croyez toujours pas; **I ∼ have 10 francs left** il me reste encore 10 F; **he's ∼ as stubborn as ever** il est toujours aussi entêté.
   (b) (+ *comp adj: even*) encore. **∼ better, better ∼** encore mieux; **he is tall but his brother is taller ∼** *or* **∼ taller** lui est grand, mais son frère l'est encore plus.
   (c) (*nonetheless*) quand même, tout de même. **even if it's cold, you'll ∼ come** même s'il fait froid vous viendrez, s'il fait froid vous viendrez quand même *or* tout de même; **he's ∼ your brother** il n'en est pas moins votre frère; (*US*) **∼ and all*** tout compte fait.
   2 *conj* néanmoins, quand même. **it's fine — ∼, you should take your umbrella** il fait beau — néanmoins, vous devriez prendre votre parapluie *or* vous devriez prendre votre parapluie quand même.
still² [stɪl] **1** *adj* (*motionless*) immobile; (*peaceful*) calme, tranquille; (*quiet*) silencieux; (*not fizzy: of drinks*) plat, non gazeux. **keep ∼!** reste tranquille!, ne bouge pas!; **all was ∼** tout était calme *or* tranquille *or* silencieux; **the ∼ waters of the lake** les eaux calmes *or* tranquilles du lac; (*Prov*) **∼ waters run deep** il n'est pire eau que l'eau qui dort; **be ∼!†** taisez-vous!; (*fig*) **a** *or* **the ∼ small voice** la voix de la conscience.
   2 *adv* **sit, stand, hold** sans bouger.
   3 *cpd*: **stillbirth** (*birth*) mort *f* à la naissance; (*child*) enfant *m(f)* mort-né(e); **stillborn** mort-né (*f* mort-née); (*Art*) **still life** nature morte.
   4 *n* **(a)** (*liter*) silence *m*, calme *m*. **in the ∼ of the night** dans le silence de la nuit.
   (b) (*Cine*) photo *f*.
   5 *vt* **anger, fear** calmer; *person* apaiser, tranquilliser; (*silence*) faire taire.
still³ [stɪl] **1** *n* (*apparatus*) alambic *m*; (*place*) distillerie *f*. **2** *vt* distiller.

To decide whether you want entry 1, 2, or 3, you must know what part of speech the word is in your sentence. In this case it's an adverb, modifying the verb, so you want entry 1*adv*. Be sure you don't get the noun listed in entry 3!

The dictionary is also useful for checking the gender of a word. You will find the gender indicated (*m.* or *f.*) immediately following the noun in either the French-English or the English-French section of the dictionary.

milk [mɪlk] **1** *n* lait *m*. **coconut** ~ lait de coco; (*fig*) **the ~ of human kindness** le lait de la tendresse humaine; (*fig*) **a land flowing with ~ and honey** un pays de cocagne; (*hum*) **he came home with the .~*** il est rentré avec le jour *or* à potron-minet*; *V* **condense, cry, skim** *etc.*

Sometimes it is important to know whether you are looking for a transitive verb (one that has a direct object) or an intransitive verb (one that doesn't have a direct object). Compare the following English sentences.

> They left at midnight.
> He left his keys on the table.

In the first sentence the verb is intransitive; that is, it has no direct object. In the second, it is transitive (What did he leave? His keys). When you look up the verb (*to*) *leave* in the dictionary, you will find the following entry.

leave [li:v] (*vb: pret, ptp* **left**) **1** *n* **(a)** (*U: consent*) permission *f*. **by** *or* **with your ~** avec votre permission; **without so much as a by-your-~*** sans même demander la permission; **to ask ~ (from sb) to do sth** demander (à qn) la permission de faire qch.

(b) (*gen: holiday*) congé *m*; (*Mil*) permission *f*. **how much ~ do you get?** vous avez droit à combien de jours de congé (*or* de jours de permission)?; **to be on ~** être en permission *or* en congé; **6 weeks' ~** permission *or* congé de 6 semaines; **on ~ of absence** en congé exceptionnel; (*Mil*) en permission spéciale; *V* **absent, French, sick** *etc.*

(c) (*departure*) congé *m*. **to take (one's) ~ of sb** prendre congé de qn; **I must take my ~** il faut que je prenne congé; (*fig*) **have you taken ~ of your senses?** êtes-vous fou (*f* folle)?, avez-vous perdu la tête?

2 *cpd*: **leavetaking** adieux *mpl*.

3 *vt* **(a)** (*go away from*) *town* quitter, partir de, (*permanently*) quitter; *room, building* sortir de, quitter; *job* quitter; *person* (*gen*) quitter; (*abandon*) abandonner. **he left Paris in 1974** il a quitté Paris en 1974; **we left Paris at 6 o'clock** nous sommes partis de Paris *or* nous avons quitté Paris à 6 heures; **he left school in 1974** il a terminé ses études *or* fini sa scolarité en 1974; **he left school at 4 p.m.** il est sorti de l'école *or* il a quitté l'école à 16 heures; **he left home in 1969** il est parti de la maison en 1969; **I left home at 6 o'clock** je suis sorti de chez moi *or* j'ai quitté la maison à 6 heures; **he has left this address** il n'habite plus à cette adresse; **to ~ prison** sortir de prison; **to ~ hospital** sortir de *or* quitter l'hôpital; **to ~ the room** (*go out*) sortir de la pièce; (*Scol euph: go to toilet*) sortir (*euph*); **to ~ the table** se lever de table, quitter la table; **the ship left port** le navire a quitté le port; **the train left the station** le train est sorti de *or* a quitté la gare; (*Rail*) **to ~ the track** dérailler; **the car left the road** la voiture a quitté la route; **I must ~ you** il faut que je vous quitte (*subj*); (*frm*) **you may ~ us** vous pouvez vous retirer (*frm*); **to ~ one's wife** quitter sa femme; **they were left to die/to starve** *etc* ils ont été abandonnés à la mort/à la famine *etc*; *V* **love, lurch².**

(b) (*forget*) laisser, oublier. **he left his umbrella on the train** il a laissé *or* oublié son parapluie dans le train.

4 *vi* (*go away*) [*person, train, ship etc*] partir, s'en aller; (*resign*) partir, démissionner, s'en aller. **it's time we left, it's time for us to ~** il est l'heure de partir *or* que nous partions (*subj*); **he left for Paris** il est parti pour Paris; **the ship left for Australia** le bateau est parti *or* a appareillé pour l'Australie; **the train ~s at 4 o'clock** le train part à 4 heures; **he's just left** il sort d'ici, il vient de partir.

A quick glance at the abbreviations should guide you first past the nouns (entries 1 and 2) to the verbs. Further examination will show you that everything under entry 3 deals with transitive verbs (*vt*); you must go to entry 4 to find the intransitive verbs (*vi*).

Even at a stage where you're not completely comfortable with grammatical terms such as "parts of speech" or "transitive and intransitive verbs," a good bilingual dictionary will help you by giving examples of usage. For example, when you look up the word *still,* if you read the examples you will be able to tell which word is used in the way you want to use it. The important thing is not to take the first word you find: Scan the entire entry before you make a choice.

Keep in mind that no bilingual dictionary includes every word of either language. For technical terms, such as "fast forward" or "tornado funnel," you may need a specialized dictionary. Another useful reference tool for specialized vocabulary is a visual dictionary, which provides vocabulary according to subject areas by labeling the various parts of drawings or photographs. The example below demonstrates how a visual dictionary can quickly answer your questions about technical vocabulary.

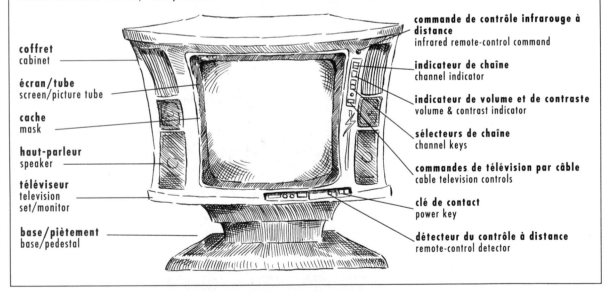

Television
The picture tube, or *"gun,"* is the largest single component in a television set's *chassis.* Today's sets are capable of receiving 105 channels including *ultra-high frequency, very-high frequency, midband,* and *superband signals.* A low-power *laser beam* located in the player's *cabinet* translates *"frames,"* into pictures.

Télévision
Le tube image est le plus grand composant simple constituant le châssis d'un poste de télévision. Aujourd'hui, les récepteurs sont capables de recevoir jusqu'à 105 chaînes, comprenant celles de très haute et très basse fréquence de bande moyenne et supérieure. Un rayon laser de faible puissance situé dans le boîtier du récepteur transforme 54 000 faisceaux en images.

coffret
cabinet

écran/tube
screen/picture tube

cache
mask

haut-parleur
speaker

téléviseur
television set/monitor

base/piètement
base/pedestal

commande de contrôle infrarouge à distance
infrared remote-control command

indicateur de chaîne
channel indicator

indicateur de volume et de contraste
volume & contrast indicator

sélecteurs de chaîne
channel keys

commandes de télévision par câble
cable television controls

clé de contact
power key

détecteur du contrôle à distance
remote-control detector

If you doubt the appropriateness of a word or expression in your paper, test it by looking it up first in the English-French section, and then in the French-English section of the dictionary. By using both sides of a bilingual dictionary, you will get a better idea of the nuances of the word you have chosen and will encounter alternatives that might work better in your context.

To verify word choice further, you can also use a monolingual (French-French) dictionary. For example, let's say you have just written the following sentences:

> Ma tante Julie est une personne très sensible. Elle est toujours prête à m'écouter quand j'ai des problèmes.

You have found the word **sensible** in your bilingual dictionary as a translation of *sensitive,* but you are not sure it is really the word you want. When you look it up in the *Petit Robert,* you find the definition

> Particulièrement capable d'éprouver les sentiments de charité, d'humanité; prompt à compatir à la souffrance d'autrui.

Seeing it thus paraphrased, you can now use the word with confidence.

A monolingual French dictionary offers additional benefits: It helps you think in French and learn to paraphrase and can introduce you to different ways of restating the same word. For example, the *Petit Robert* defines **hamac** as follows:

> Rectangle de toile ou de filet suspendu horizontalement par ses deux extrémités, utilisé comme lit.

In addition to letting you know that **hamac** means *hammock,* this definition provides a good model for how to describe an object unknown to your reader.

If, however, after consulting a dictionary, you are still confused about a term, check with your instructor. At times, even the most advanced students of French have doubts about a term chosen from a dictionary.

· ·

Exercice 1.1   Équivalents

En groupe, cherchez les mots suivants dans un dictionnaire bilingue. Entre vous, expliquez les abréviations et autres indications. Si le sens est douteux, cherchez dans la section français-anglais (ou anglais-français pour les numéros 7–12). Ensuite, faites des phrases où vous montrerez que vous comprenez le sens des expressions françaises.

1. **prétendre**	7. actual
2. **tel (telle)**	8. medicine
3. **mûr (mûre)**	9. give up
4. **fripon (friponne)**	10. experiment (n.)
5. **chasser**	11. wrong (adj.)
6. **vanter**	12. mean (adj.)

Idiomatic expressions cause particular problems for the second language writer. Although a dictionary can help with many idiomatic expressions, your facility and confidence using French idioms will increase as your experience with the language grows. Sometimes the problem is simply recognizing an idiom in English as something that should not be translated literally.

Exercice 1.2   Expressions idiomatiques

Utilisez un bon dictionnaire bilingue pour traduire les phrases suivantes en faisant bien attention aux expressions en italique.

1. The car *ran into* a tree.
2. We *have just* finished.
3. I hope your plans *work out*.
4. She *feels like* reading it.
5. We decided to *take it easy*.
6. She *makes fun* of him all the time.
7. He said he was *anxious to* see them.
8. I didn't think he would *fall for it*.

Electronic Spelling Checkers

If you have access to a French spelling checker, use it to locate possible misspellings or typographical errors.* Spelling checkers can save a great deal of proofreading time, but you should also be aware of their limitations: They operate by comparing all the words in your essay to a vocabulary list in the software. If a word (your name, for example) has not been included in the program's vocabulary list, it will be flagged as a potential error. So don't assume that a flagged word is necessarily a misspelling. Double-check with your dictionary. Similarly, if you enter a correctly spelled word that is not the word you need (for example, you type **ses** when you mean **des**), your spelling checker will not flag your error. Nor will the spelling checker know if your adjective should be in the feminine form or if your past participle needs to agree with a subject or preceding direct object. Those details are your responsibility.

---

* As of this writing, two word processing programs—PC Write and WordPerfect—come in French versions with French spelling checkers. WordStar, Nota Bene, and Xy-write are all planning to have them soon.

Beginnings

FACING THE BLANK PAGE: FREEWRITING

Getting started is often the hardest part of writing, even when you know what you want to say. Writers need to warm up, just as athletes and singers do. One way to get going is by *freewriting,* writing continuously for a specified period of time (say ten minutes) with the sole goal of putting sentences on paper. With freewriting, you write whatever comes into your head without pausing to correct, read, or even think about what you are writing. What you write matters far less than the act of writing without stopping so that you relax your mind and warm up your "writing muscles." The only rule is not to stop. You need not stay on one topic and are free to include random, trivial thoughts that pass through your mind. In the following example, the student was asked to write about her family. Notice that the passage is quite rough; the writer simply wrote down what came to mind. Errors, repetitions, and gaps are typical.

Ma mère est brillante et intelligente. Mon père est brillant et intelligent aussi. Mon père a servi deux ans dans la Garde Nationale. Je n'ai pas de frères ou de sœurs. Je parle de ma mère et mon père. Je ne sais plus quoi dire de mon père. Une possibilité: mon père est américain. Ma mère est chinoise. Ma mère est catholique. Ma mère a une profession intéressante. Je ne sais pas le dire en français. Elle est une sorte d'avocate. Elle est avocate. C'est une avocate criminelle. Elle n'est pas criminelle! Elle défend les criminels. Elle travaille beaucoup. Elle travaille tous les jours. Elle travaille avec d'autres avocats et beaucoup de criminels. Maintenant je veux parler de mon père. Mon père est mécanicien. Je pense que le mot mécanicien n'est pas exact. Je ne peux pas expliquer sa profession en français. Alors, il est mécanicien technique. Il travaille avec les ordinateurs. Les ordinateurs sont complexes et très utiles.

Although you shouldn't worry about how well your freewriting turns out, you may find that you produce your best work this way; the mind is often at its most creative when it's relaxed. But the most important benefit of freewriting is that since you are freed from the pressure of having to write grammatically correct and logical sentences, the words flow more easily. When you are feeling stuck for ideas or are tense about writing in French, a ten- or fifteen-minute freewriting session will help get your ideas flowing. And daily freewriting will make you a more fluent writer in French.

Exercice 2.1   Le style libre

Choisissez un des sujets suivants. Écrivez pendant dix ou quinze minutes. Écrivez tout ce qui vous vient à l'esprit. Il n'est pas nécessaire que vos idées se rapportent au thème que vous avez choisi. Les erreurs n'ont pas d'importance. Il faut surtout écrire sans vous arrêter pour penser.

1. Décrivez une personne: par exemple, un ami (une amie), un personnage politique, une vedette.
2. Décrivez un événement: par exemple, une manifestation, une cérémonie, un concert.
3. Écrivez un paragraphe qui commence par «Je suis déprimé(e) quand... » ou «Je me fâche quand... ».

Exercice 2.2   Écriture quotidienne

Pour apprendre à bien écrire, il faut écrire souvent. Dans un cahier, écrivez quelques lignes tous les jours, sur un thème que vous choisirez vous-même. Le contenu n'a pas d'importance. Il s'agit d'écrire pour développer la facilité d'expression.

Thèmes possibles: vos activités, votre réaction à un événement, un film que vous avez vu, une conversation, un cours intéressant, un cours ennuyeux...

À L'ORDINATEUR

Exercice 2.3   Écriture en style libre

Diminuez la luminosité du moniteur au point de ne rien voir, pour éviter la possibilité de réviser ce que vous allez écrire. Écrivez tout ce qui vous vient à l'esprit pendant dix minutes, sans vous arrêter ni pour penser ni pour corriger les erreurs. Puis revenez à luminosité normale et lisez ce que vous avez écrit. Utilisez la fonction «souligner» de l'ordinateur pour mettre en valeur un mot ou une phrase qui vous semble importants. Ensuite, baissez à nouveau la luminosité et écrivez librement pendant encore dix minutes, en prenant le mot ou la phrase soulignés comme point de départ. Répétez ce processus.

*D*ISCOVERING YOUR IDEAS: BRAINSTORMING

Even after you feel warmed up, you may not know what you want to say or may think that you don't have enough to write about. One way to generate ideas is through *brainstorming*. Brainstorming consists of writing down every idea that occurs to you, regardless of whether it seems worthwhile; it could even be a list of things you'd *like to know* about a given topic. Brainstorming is often most effective if done in a group. Several minds working together can generate a wealth of material. In brainstorming, unlike in freewriting, you don't write down *everything* on your mind (e.g., memories of last night's movie or a reminder to buy a birthday card for your brother), but instead, you stick to the topic of your paper. Like freewriting, brainstorming helps break down the critical voice that might suppress an idea that looks unreasonable on the surface but may prove usable. Thus, don't hesitate to use ideas that seem foolish or marginally relevant; they may lead you to something important.

Brainstorming also differs from freewriting in that you list your ideas as single words or short phrases, rather than write full sentences or paragraphs. Just make a list of everything that occurs to you about your subject without stopping to analyze or judge each idea. Try to amass a lot of ideas. You should end up with far more items than you can possibly use, perhaps ten times as many. Below is a list of ideas related to the disadvantages of urban life.

ghettos qui accentuent les différences socio-économiques entre les habitants de la ville
mauvaise humeur causée par le bruit et les embouteillages
grand nombre de gens
manque d'espace personnel
pouvoir très limité du gouvernement local
crime et violence
ordures
pas assez de jardins publics

nourriture coûte cher
pas assez d'électricité (quelquefois)
rythme de vie fatigant
impossibilité de mener une vie tranquille
beaucoup de grèves
beaucoup de magasins (tentation de dépenser de l'argent)
dangereuses pendant les orages, les inondations et les tremblements de terre
graffiti

gens toujours pressés et rarement
polis

animaux domestiques qui doivent
rester à la maison

queues dans les banques et les
supermarchés

pas assez d'appartements et de
maisons

épidémies

trop de distractions

bandes de voyous violents

solitude: difficulté de se faire des
amis intimes

accidents de voitures

gens pauvres qui vivent dans les
rues

usines abandonnées

émissions toxiques des voitures et
des autobus

prostitution dans les rues

voleurs qui opèrent en groupes

vieux qui ont peur de sortir de
leur maison

nourriture moins bonne et plus
chère qu'à la campagne

femmes ont peur d'être violées

rats et autres petites bêtes

beaucoup de revolvers

Exercice 2.4   Remue-méninges

En groupe, prenez sept ou huit minutes pour faire une liste des aspects positifs de
la vie urbaine. Écrivez autant d'idées que possible—au moins vingt. Ne vous
inquiétez pas si une idée semble peu utile. Il est important d'écrire toutes les possibilités dans votre liste.

À L'ORDINATEUR

Exercice 2.5   Remue-méninges

1. Travaillez en groupes de trois ou quatre personnes. Choisis-
    sez un sujet qui vous intéresse tous et désignez l'un(e) d'entre
    vous pour mettre les idées du groupe sur ordinateur. Mettez-
    y toutes les idées que chaque personne propose.

    Sujets possibles:

    a. une description d'une personne que vous connaissez tous
    b. une comparaison de deux choses ou de deux endroits
    c. un problème ou un conflit dans votre université

2. Utilisez la fonction «déplacer» pour grouper les idées qui
    s'accordent naturellement, créant plusieurs listes plus brèves.
    Donnez un titre à chaque liste et écrivez les titres en lettres
    majuscules. Vous pouvez créer une catégorie intitulée **pou-
    belle** (*trash*) pour les idées que vous ne pensez pas pouvoir
    utiliser.

*V*ISUALIZING YOUR IDEAS

Some writers find it useful to arrange their ideas visually on the page—in shapes such as circles, stars, ovals, or trees—rather than simply listing them, as in brainstorming. By clustering ideas on the page according to spatial patterns, you can literally see the relationships among them.

Venn Diagrams

One way to generate information for a paper is to compare your subject to something similar to or different from it. You can visualize and organize the comparison by drawing a Venn diagram.

1. Think of two persons, places, or things you wish to compare.
2. Draw two overlapping circles.
3. In one of the outer sections, list ideas that pertain to one of the items you are comparing, but not to the other item.
4. In the other outer section, list contrasting ideas—those that pertain only to the other item in your comparison.
5. In the middle portion, list the ideas that are common to both items.

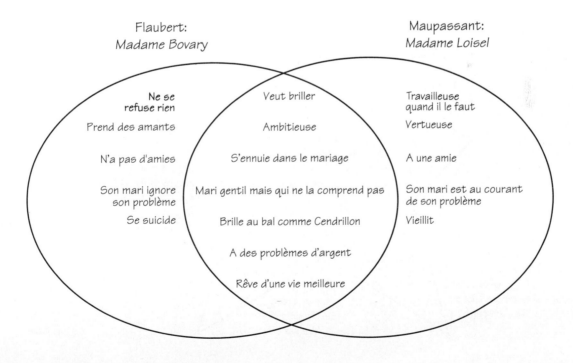

Flaubert:
Madame Bovary

Maupassant:
Madame Loisel

*Ne se
refuse rien*

Prend des amants

N'a pas d'amies

*Son mari ignore
son problème*

Se suicide

Veut briller

Ambitieuse

S'ennuie dans le mariage

Mari gentil mais qui ne la comprend pas

Brille au bal comme Cendrillon

A des problèmes d'argent

Rêve d'une vie meilleure

*Travailleuse
quand il le faut*

Vertueuse

A une amie

*Son mari est au courant
de son problème*

Vieillit

Exercice 2.6 Un schéma Venn

Avec un(e) partenaire, étudiez un des thèmes suivants en utilisant un schéma Venn.

1. Comparez vos goûts en musique, émissions de télévision, films ou livres.
2. Comparez deux personnages d'œuvres littéraires que vous lisez actuellement.
3. Comparez deux points de vue différents sur un thème social qui vous intéresse (par exemple, les droits des animaux, l'énergie nucléaire, la place des immigrés dans votre ville). Indiquez sur votre schéma les ressemblances entre les deux points de vue aussi bien que les différences.

Star Diagrams

A star diagram can help you generate ideas as well as vocabulary for expressing them. Follow this procedure.

1. Draw a five-pointed star and write your topic in the center of the star.
2. At each point of the star, write a word or idea that you associate with your topic.
3. Next to each word or idea, make a list of other words or ideas that relate to it.

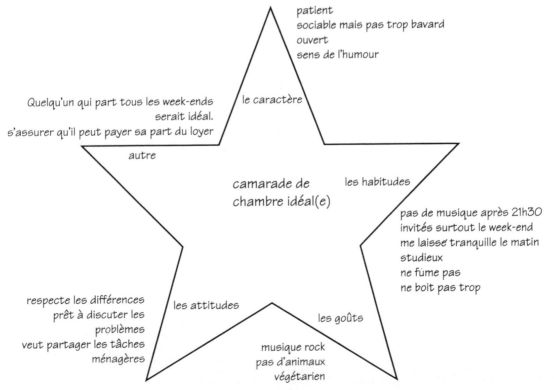

patient
sociable mais pas trop bavard
ouvert
sens de l'humour

le caractère

Quelqu'un qui part tous les week-ends serait idéal.
s'assurer qu'il peut payer sa part du loyer

autre

camarade de chambre idéal(e)

les habitudes

pas de musique après 21h30
invités surtout le week-end
me laisse tranquille le matin
studieux
ne fume pas
ne boit pas trop

respecte les différences
prêt à discuter les problèmes
veut partager les tâches ménagères

les attitudes

les goûts

musique rock
pas d'animaux
végétarien

Exercice 2.7   Une étoile

Utilisez une étoile pour explorer une des idées suivantes.

1. une décision importante que vous devez prendre
2. les aspects positifs et négatifs de la ville où vous habitez
3. une situation politique délicate dans le monde

Issue Trees

Once you have some ideas to work with, you can generate more ideas by drawing an *issue tree*. An issue tree is a sketch that shows the relationship among your ideas. The most general topic goes on top, and the subtopics branch out beneath it.

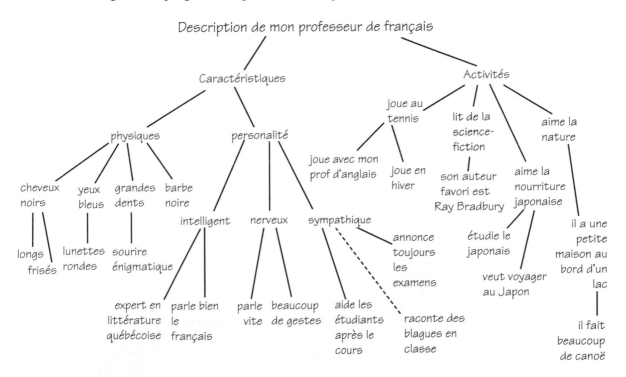

In this issue tree, the topic—a description of the writer's French professor—goes on top, as the most general category. The topic has been organized into two subtopics: the professor's personal characteristics and his typical activities. Each of the lines leading from these subtopics points to further subdivisions: The professor's personal characteristics are divided into physical appearance and personality; his activities are listed in greater detail. As the lines descending from each of these categories indicate, each category is further subdivided, providing additional details about the professor.

By organizing your ideas in a visual map, you can see which ideas fit together, which ones need to be discarded, and whether you have omitted anything. Reviewing your ideas this way can also suggest new ones. In the examples above, the phrase connected by dotted lines indicates an idea added after the original tree was drawn.

....

Exercice 2.8   Description d'un ami (une amie)

Créez un arbre qui vous aide à décrire votre meilleur ami (meilleure amie). Vous pouvez vous inspirer de l'exemple à la page 23.

....

Exercice 2.9   Les Maghrébins

Lisez les renseignements suivants au sujet des personnes d'origine nord-africaine en France (présentés ici dans aucun ordre particulier). Ensuite, arrangez les renseignements dans l'arbre à la page 25. Il est possible de créer d'autres branches. Essayez d'utiliser tous les renseignements donnés.

1. Les Maghrébins sont les gens originaires des anciennes colonies françaises d'Afrique du Nord.
2. Il y a beaucoup de Maghrébins en France.
3. Certains sont venus après la guerre d'indépendance en Algérie parce qu'ils avaient combattu du côté des Français pendant cette guerre.
4. D'autres sont venus plus tard pour chercher du travail.
5. On appelle souvent «beurs» les jeunes Maghrébins qui sont nés en France de parents immigrés.
6. Les enfants d'immigrés qui ne sont pas nés en France ont le droit de devenir citoyens français à l'âge de 18 ans.
7. L'association France-Plus encourage les «beurs» à voter aux élections françaises.
8. Les candidats sont donc obligés de faire attention aux questions qui concernent les immigrés, le racisme, etc.
9. Les «beurs» ne sont pas unanimes sur la place qu'ils doivent occuper dans la société française.
10. Certains ont essayé de s'intégrer entièrement à la société française.
11. D'autres s'identifient à l'Algérie qu'ils n'ont jamais vue et ont envie d'y «retourner».
12. D'autres encore, ne se sentant ni français ni algériens, sont mal dans leur peau et deviennent parfois des marginaux de la société, sans diplômes ni travail.
13. Un quatrième groupe essaie de se forger une nouvelle identité, à la fois française et maghrébine.
14. Les membres du Front national pensent que les étrangers qui habitent en France doivent rentrer chez eux.

15. Un des slogans du Front national est «La France aux Français».
16. Les candidats du Front national ont obtenu 14,5 pour cent des voix aux élections régionales de 1992.
17. Un mouvement qui s'appelle SOS-Racisme essaie de combattre la tendance raciste.
18. Radio-Beur facilite la communication entre Maghrébins partout en France et contribue à leur solidarité.
19. Les «beurs» jouent un rôle de plus en plus important dans la littérature, la musique, le théâtre et le cinéma en France.
20. Les Maghrébins en France sont souvent victimes de harcèlement de la part de la police.
21. Le code de la nationalité en France est le plus libéral d'Europe.
22. Une Algérienne a dirigé la campagne présidentielle de Pierre Juquin en 1988.
23. Il y a environ 500.000 Franco-Maghrébins entre 18 et 25 ans.
24. Les parents de ces jeunes gens ne sont pas des citoyens français et ne peuvent pas voter.
25. Certains Français ont peur que les étrangers prennent leur travail.

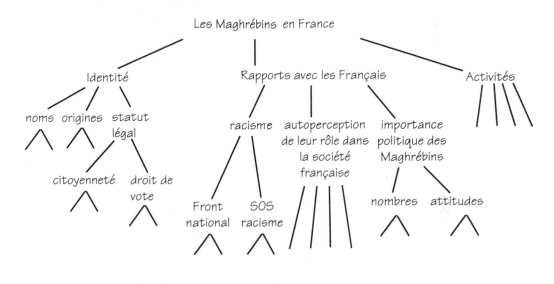

ANALOGIES

While Venn diagrams, star diagrams, and issue trees can help you explore your ideas by arranging them in a pattern, you can also explore and expand your topic through analogy. By comparing your subject to objects or activities that you usually don't associate with it—that is, by creating unusual comparisons—you can discover some surprising similarities that let you see your topic in a new way.

Mon chat est un tigre sauvage.

La vie est une route avec beaucoup de déviations (*detours*).

Mon professeur parle comme une machine à écrire.

Ses dents sont des perles en plastique.

La maison blanche ressemble à un igloo avec des fenêtres.

Les rues et les avenues sont les artères et les veines de la ville.

Le grand monsieur pompeux parlait sans arrêt. C'était un ballon qui se dé-
gonflait (*was deflating*) peu à peu.

Exercice 2.10   Les analogies

1. Complétez les analogies suivantes de manière inventive. Créez des associations inattendues et originales. Variez les verbes aussi bien que les noms et les adjectifs.

a. Mon stylo _____.

b. Le papier blanc _____.

c. Mon père _____.

d. Les examens en cours de français _____.

e. La bouche de mon ami(e) _____.

f. La plante _____.

g. Le jour _____.

h. La porte de ma maison _____.

i. Mon professeur _____.

j. L'araignée (*spider*) noire _____.

k. La bouteille de vin _____.

l. L'horloge au mur _____.

m. Le soleil _____.

n. La pluie _____.

o. Le matin, ma voiture _____.

2. Maintenant, complétez la première partie de la phrase. Faites des comparaisons originales. Utilisez parfois des adjectifs et parfois des verbes.

a. _____ comme un ange.

b. _____ comme la neige.

c. _____ comme la mort.

d. _____ comme la nuit.

e. _____ comme le marbre.

f. _____ comme un serpent.

g. _____ comme deux gouttes d'eau.

h. _____ comme la bouche d'un loup.

i. _____ comme un papillon.

j. _____ comme un martyre.

k. _____ comme le vent.

l. _____ comme le gémissement (*moan*) d'un moribond.

Comparez vos réponses à celles de vos camarades.

QUESTIONS AND ANSWERS

Another way to generate ideas for your topic is to ask the six journalist's questions: Who? What? When? Where? Why? How? These can lead to other questions and a new way of thinking about your subject. The example below shows how these questions can be used to elicit support for two opposing theses.

Thèse: Madame de Pompadour était une femme extravagante, manipulatrice et immorale.

Qui?	Jeanne Antoinette Poisson, marquise de Pompadour, maîtresse du roi Louis XV.
Quoi?	Elle a quitté son mari pour devenir maîtresse du roi. Elle a coûté 36.327.268 livres (*pounds*) à l'État. Elle a utilisé son influence auprès du roi pour obtenir des postes pour ses amis et pour des membres de sa famille.
Quand?	Née en 1721, elle est devenue la maîtresse du roi en 1745. Elle est morte en 1764.
Où?	À la cour de Versailles en France.
Pourquoi?	Pour sa gloire personnelle.
Comment?	Avec l'aide de sa mère, elle a délibérément séduit le roi.

Thèse: Madame de Pompadour était une femme intelligente et indépendante, un modèle pour la femme libérée d'aujourd'hui.

Qui?	Jeanne Antoinette Poisson, marquise de Pompadour, maîtresse du roi Louis XV.
Quoi?	Elle a eu une influence importante sur le développement des arts en France. Elle protégeait de nombreux écrivains et artistes, et elle-même lisait et écrivait beaucoup. Elle avait un talent considérable pour la politique et la diplomatie, et le roi la consultait souvent sur des questions d'État.
Quand?	Née en 1721, elle est devenue la maîtresse du roi en 1745. Elle est morte en 1764.
Où?	À la cour de Versailles en France.
Pourquoi?	Elle était ambitieuse et ne voulait pas gaspiller ses talents dans une vie bourgeoise.
Comment?	Par son charme, son esprit et son intelligence.

After considering the questions above, you may start thinking of other questions about your topic. For example,

Selon les Français du XVIIIème siècle, quelles étaient les principales vertus «féminines»?

. . . .
Exercice 2.11 Questions et réponses

Choisissez un des thèmes suivants, et analysez-le en utilisant la technique des questions journalistiques.

1. votre spécialisation à l'université
2. vos projets pour les vacances de printemps
3. les étudiants américains et la télévision
4. les étudiants américains et la nourriture
5. la visite d'un chef d'État étranger aux États-Unis
6. l'analyse d'un conflit mondial actuel ou récent

OTECARDS

Another way to get started is to collect facts about your topic. Buy some 3″ × 5″ notecards and put each fact on a separate card. When you have assembled a pile of at least twenty cards, read through your stack and create several smaller stacks by arranging your cards in categories. If you were writing a comparison between city and country life, you might collect the following cards:

Il y a moins de voitures et peu de pollution à la campagne.	Aux États-Unis, il y a moins de terres non exploitées aujourd'hui qu'en 1900.	À la campagne on n'a pas les pressions de la vie urbaine.	La ville offre de meilleures possibilités d'emploi.
Aux États-Unis, il y a moins de personnes qui habitent à la campagne aujourd'hui qu'en 1920.	Le rythme de vie en ville est intense et stimulant.	Il y a moins de crime à la campagne.	

The notecards can then be sorted into categories.

Pour la vie à la campagne	*Contre la vie à la campagne*	*Indifférent*
Il y a moins de voitures et peu de pollution à la campagne.	Le rythme de vie en ville est intense et stimulant.	Aux États-Unis, il y a moins de terres non exploitées aujourd'hui qu'en 1900.
À la campagne on n'a pas les pressions de la vie urbaine.	La ville offre de meilleures possibilités d'emploi.	Aux États-Unis, il y a moins de personnes qui habitent à la campagne aujourd'hui qu'en 1920.
Il y a moins de crime à la campagne.		

Exercice 2.12   La classification

Imaginez que vous devez écrire une rédaction sur le thème suivant: *La vie à la campagne est-elle plus belle que la vie en ville?* Écrivez chacune des idées suivantes sur une fiche. Ensuite, divisez les fiches en quatre ou cinq catégories. Donnez un titre à chaque catégorie. Vous pouvez avoir une catégorie **poubelle** si vous voulez.

1. Aujourd'hui, beaucoup d'agriculteurs ont du mal à gagner leur vie à la campagne.
2. Il y a moins de crime à la campagne.
3. La nuit, les lumières de la ville sont belles.
4. Il y a moins de voitures à la campagne.
5. À la campagne, le coût de la vie est moins élevé qu'en ville.
6. En ville, il y a de grandes bibliothèques.
7. La silhouette des gratte-ciel est poétique.
8. À la campagne, les gens se font plus confiance.
9. Il y a peu de pollution à la campagne.
10. Aux États-Unis, il y a moins de terres non exploitées aujourd'hui qu'en 1900.
11. Le rythme de vie en ville est intense et stimulant.
12. La vie à la campagne est tranquille.
13. Il y a des animaux dangereux à la campagne — insectes, loups, serpents, etc.
14. Les aliments frais sont abondants à la campagne.
15. La ville offre de meilleures possibilités d'emploi.
16. Aux États-Unis, moins de gens habitent à la campagne aujourd'hui qu'en 1920.
17. À la campagne, on peut aller à la chasse et à la pêche.
18. Les soirs d'été à la campagne, le bruit des insectes est une véritable symphonie.
19. À la campagne, on n'a pas les pressions de la vie urbaine.
20. À la campagne, on se sent près de la nature.
21. À la campagne, les gens s'entraident beaucoup.

3 *W*riting the First Draft

*O*CCASION, PURPOSE, AUDIENCE

All writing has a purpose and an occasion. You are outraged by a newspaper article and are moved to send your opinion to the editor. You plan a trip to Quebec and write a letter to the Quebec Office of Tourism requesting information. Your friends compliment your cooking, so you jot down your recipe for quiche lorraine. You take exams to show the instructor what you know and you write essays to show your skill at analysis and communication.

All writing, other than grocery lists and private journal entries, also has an audience. Your choice of subject, the information you include and exclude, and the tone and style of your writing all depend on what you are trying to accomplish and who will be reading your work. A letter appealing to an instructor for a grade change will not have the same tone as a letter asking a parent for money, though both letters aim to persuade. A description of a concert you attended will be organized more formally in an essay for your music class than in a letter to a friend, though in both cases you impart information and voice your reactions to the event. At the outset of your writing project, it is important to consider the purpose of your writing: the action or reaction you want from your reader, your reader's needs, and the occasion for your writing.

Exercice 3.1 Les besoins du lecteur

Utilisez les questions suivantes pour analyser les lettres A – C aux pages 31 – 32.

1. Qui sera le lecteur de la lettre?
2. Qu'est-ce que le lecteur sait déjà avant de lire la lettre?
3. De quels renseignements le lecteur a-t-il besoin?
4. Pour quelle(s) raison(s) le lecteur voudrait-il (ou ne voudrait-il pas) lire la lettre et y répondre favorablement?

EXEMPLE:

Cher papa,

J'ai un problème urgent. Je sais que j'ai promis de payer mes frais de scolarité moi-même cette année, mais je viens d'apprendre que ces frais ont doublé depuis l'année dernière. Jeudi prochain est le dernier jour pour payer. Pourrais-tu, s'il te plaît, m'envoyer trois cents dollars? Je m'occuperai du reste.

Au secours! Je n'ai pas envie d'abandonner mes études!

Ton fils qui t'aime,
John

1. Mon père sera le lecteur.
2. Il sait que je suis à l'université et que j'ai promis de payer mes frais de scolarité moi-même.
3. Il faut qu'il sache pourquoi j'ai besoin d'argent, quand j'en ai besoin et quelle somme il me faut.
4. Il va lire la lettre parce que je suis son fils et parce qu'il veut que je reste à l'université.

A. Mon cher frère,

J'ai un problème urgent. Papa va m'aider un peu avec les frais de scolarité cette année, mais je n'ai toujours pas assez d'argent pour les livres. Tu sais bien combien les prix augmentent. Pourrais-tu m'envoyer cent dollars? En échange je te donnerai des leçons de tennis. D'accord? Penses-y, mon vieux.

Ton frère,
John

B. Monsieur,

Je viens de passer une nuit dans votre hôtel, dans la chambre 402, que j'ai trouvée en désordre total. J'ai l'impression qu'elle n'a pas été nettoyée depuis des semaines. Je suis très étonnée, car c'est la première fois que j'ai un tel problème dans votre hôtel. Si, dans l'avenir, je décide de revenir dans votre établissement, je vous prie de bien vouloir me donner une autre chambre.

Je vous prie d'agréer, Monsieur, mes sentiments respectueux.

Françoise Beauharnais

C. *Madame,*

> *Nous avons bien reçu votre lettre du 21 mars et nous vous donnons tout à fait raison. La chambre que vous avez occupée la nuit du 20 mars n'était pas aussi propre qu'elle aurait dû l'être. Mon assistante et moi l'avons inspectée plusieurs fois, et nous vous assurons que vous n'aurez plus de problèmes si vous désirez réserver la chambre 402 à l'avenir.*
>
> *Nous vous sommes très obligés d'avoir attiré notre attention sur ce problème. Nous vous demandons de bien vouloir nous excuser d'avoir rendu votre séjour moins agréable que d'habitude. Dans l'attente de vous servir de nouveau dans notre hôtel, nous vous prions de recevoir, Madame, nos sentiments dévoués.*
>
> *La Direction*

Exercice 3.2   Une lettre

Choisissez une des situations suivantes. Avant d'écrire la lettre, répondez aux questions de l'exercice 3.1. Ensuite, écrivez la lettre.

1. Vous demandez de l'argent à votre grand-mère pour un achat spécial.
2. Vous demandez un jour de congé à votre patron pour pouvoir accompagner votre enfant pour une excursion avec sa classe.
3. Vous expliquez à vos parents pourquoi vous n'allez pas rentrer à la maison pour les vacances de printemps.

Exercice 3.3   L'adaptation aux lecteurs

La situation, le but et le lecteur peuvent influencer la manière dont on aborde un sujet. Lisez le scénario suivant.

Vous êtes le président (la présidente) de votre résidence à l'université. Vous avez accepté ce poste parce que vous pensiez que ce serait un moyen de connaître des gens, mais vous découvrez maintenant que vos tâches ne sont pas toujours agréables. Aujourd'hui, vous devez informer un étudiant, qui s'appelle Sparks, que sa conduite est inacceptable et qu'il ne peut plus habiter dans cette résidence. Par coïncidence, il se trouve que Sparks est le fils du patron de votre père! Le père de Sparks est un avocat très influent, et vous aviez l'intention de lui demander une lettre de recommandation pour entrer à la faculté de droit l'année prochaine.

Voici quelques-unes des raisons qui justifient le renvoi (*expulsion*) de Sparks.

- Il fait beaucoup de bruit avec sa motocyclette à toute heure du jour et de la nuit.

- Il vend de la drogue dans la résidence.
- À l'occasion d'une fête donnée dans la résidence pour les professeurs, il a insulté un des professeurs.
- Pendant la semaine des examens, il a refusé de baisser le son de sa chaîne stéréo qu'il écoutait jusqu'à trois heures du matin.

1. Écrivez une lettre au directeur de la résidence dans laquelle vous recommandez que Sparks soit renvoyé. Vous pouvez ajouter d'autres raisons à celles présentées ci-dessus.
2. Écrivez une lettre au père de Sparks où vous expliquez pourquoi vous avez recommandé le renvoi de son fils. Évidemment, il vous faut utiliser beaucoup de tact et de diplomatie pour ne pas nuire à (*harm*) votre avenir personnel.

À L'ORDINATEUR

Exercice 3.4   Réactions du lecteur

1. Écrivez l'exercice 3.3 à l'ordinateur. Ensuite, utilisez une des méthodes suivantes pour échanger votre travail avec un(e) camarade.
   - Copiez votre lettre sur la disquette de votre camarade. Votre camarade va aussi copier sa lettre sur votre disquette.
   - Si vous travaillez ensemble dans la salle d'informatique, ouvrez le fichier où se trouve votre lettre, puis changez de place avec votre camarade.
   - Si vos ordinateurs sont reliés, envoyez vos lettres l'un(e) à l'autre par courrier électronique.

2. Lisez la lettre de votre camarade comme si vous en étiez le destinataire (le directeur de la résidence ou le père de Sparks). En lettres majuscules, insérez dans la lettre vos réactions à la lecture de la lettre. Il faut écrire comme si vous vous parliez à haute voix en lisant la lettre pour la première fois. N'essayez pas d'être raisonnable, mais simplement de dire comment vous réagissez au ton et au contenu de la lettre.

OCUSING

When you write a composition you may be given a specific topic: For example, **"Choisissez une personne dans la classe et, sans nommer cette personne, décrivez-la de sorte que la classe puisse deviner de qui il s'agit."** Topics like this don't need to be narrowed down; they're already quite specific. Often, however, you will start from a more general topic: **"Discutez de la situation politique actuelle au Québec"**, or **"Décrivez le héros romanesque au dix-neuvième siècle."** You must narrow broad topics like these by choosing a subtopic that you can discuss in detail. In treating the political situation in Quebec you might define the advantages and disadvantages of independence from Canada from the point of view of a specific group — for example, the rural population of Quebec, the English-speaking population of Montreal, the French-speaking business community, or small shopkeepers. For your discussion of the nineteenth-century hero, you could choose two or three characters and focus your discussion on their relationships with women, or perhaps their ambitions. How narrow a subtopic you choose depends on the length of your paper. If in doubt, choose a topic that seems too narrow; the more you think about it, the larger it will get. Of course, in your conclusion you can suggest some of the broader implications of your topic.

Thesis
• • • • • • • •

A paper's thesis is its central idea, stated in a complete sentence; it is the point of your paper. In a short paper, everything else you say supports this one idea. For example,

> **Thèse: L'année dernière, j'aurais dû acheter une nouvelle voiture.**
> **Thèse: Les athlètes professionnels gagnent trop d'argent.**
> **Thèse: Les universités américaines devraient éliminer les échanges d'étudiants avec les universités étrangères.**

The examples below show a thesis statement followed by a list of ideas that could be used to support it.

> **Thèse: Mon père devrait se mettre au régime.**

Faits qui soutiennent ma thèse

1. Il mange constamment.
2. Son médecin dit qu'il est trop gros.
3. Il n'a pas assez d'énergie pour jouer avec mes frères et sœurs.
4. Il est essoufflé après avoir monté les escaliers.

> **Thèse: Il n'y a pas assez de crèches (*day care centers*) aux États-Unis.**

Faits qui soutiennent ma thèse

1. De plus en plus, les deux parents travaillent en dehors de la maison.
2. Selon des sondages, certains employés quittent leur emploi parce qu'ils ne trouvent pas de crèche pour leurs enfants.
3. Il y a trop d'enfants dans certaines crèches.
4. Dans beaucoup de crèches, il y a de longues listes d'attente pour avoir une place.

5. Beaucoup d'enfants sont mal surveillés parce que leurs parents ne peuvent pas trouver de crèche.

Unlike a topic, which names an issue, a thesis tells the reader what you aré going to say about the issue and, therefore, must be stated as a complete sentence.

Sujet: Les voitures
Thèse: Les voitures allemandes sont les meilleures.

Sujet: Ma ville favorite
Thèse: J'adore l'atmosphère cosmopolite de Montréal.

Sujet: Les résidences secondaires
Thèse: Pour beaucoup de Français, une maison à la campagne paraît le seul moyen d'échapper au tumulte de la vie moderne.

Sujet: Les romans de Mme de Lafayette
Thèse: Dans les romans de Mme de Lafayette, on trouve une analyse psychologique très raffinée.

Sujet: Les avantages de la solitude
Thèse: La solitude est une nécessité psychologique et physiologique.

Exercice 3.5 Sujet ou thèse?

Pour chacune des phrases ou expressions suivantes, indiquez s'il s'agit d'un sujet ou d'une thèse.

1. Les bons lecteurs font de bons écrivains.
2. Les bienfaits des bains de soleil.
3. La réputation des vendeurs d'automobiles.
4. Prendre beaucoup de vitamines peut être dangereux.
5. Les sabots sont très pratiques pour les gens qui travaillent dans les champs.
6. Les vitamines augmentent le niveau d'énergie.
7. La vie bourgeoise vue dans les tableaux de Chardin.
8. Le mot **amour** a beaucoup de définitions différentes.
9. Les camarades de chambre compliquent la vie.
10. Les bains de soleil augmentent le risque de cancer de la peau.

Exercice 3.6 Définition du sujet

Écrivez le sujet qui accompagne chacune des thèses suivantes. Notez qu'il s'agit souvent de trouver un substantif (un nom) qui résume ce que vous voulez dire.

EXEMPLES:

Thèse: Les étudiants dépensent trop d'argent pour leurs livres.
Sujet: Le prix des livres

Thèse: La cuisine de mes parents est plus pratique que la mienne.
Sujet: Une comparaison entre ma cuisine et celle de mes parents

Thèse: Le palais de Versailles a été admiré et imité partout en Europe.
Sujet: L'influence du palais de Versailles

Maintenant, définissez vous-même le sujet de chacune de ces thèses.

1. L'éducation doit être à la portée de (*affordable for*) tous.
2. Acheter et entretenir une automobile coûte très cher.
3. Faire un contrat de mariage est une étape importante pour tout couple.
4. Pour la survie de la planète, il est essentiel que les habitants de tous les pays pratiquent le planning familial.
5. L'intelligence supérieure des êtres humains ne justifie pas la torture des animaux dans les laboratoires.
6. Les États-Unis sont au seuil d'un désastre financier; le déficit budgétaire ne peut continuer à augmenter comme il le fait depuis plusieurs années.

. . . .

Exercice 3.7   Formuler une thèse

Choisissez cinq des sujets suivants et écrivez une thèse pour chacun.

les automobiles	les notes
les camarades de chambre	la peine de mort (*death penalty*)
l'éducation sexuelle	la pollution
les examens	la restauration rapide (*fast food*)
les femmes au travail	les rêves
le football	la télévision
la mode	les universités américaines

Although it is possible to write a paper without stating your central idea in a thesis, it is much easier for the reader to follow your train of thought if you provide one. You should state the thesis early in the paper—usually in the first paragraph—so that the reader knows from the outset where the paper is going, and how to interpret the information that follows. A clear thesis also helps you keep on track: You can compare the ideas in your paper to this statement to keep yourself from digressing. In most cases, the most effective location for your thesis is the last sentence of the first paragraph.

Une famille de six à huit personnes est rare aujourd'hui, mais cela peut être très agréable. Les enfants ont toujours quelqu'un avec qui jouer, bavarder et organiser des activités. On n'est jamais seul. On apprend très jeune ce que c'est que faire partie d'un groupe, partager ses choses et céder la parole aux autres (*give others a chance to speak*). Comme il y a beaucoup de monde, les conversations pendant les repas sont très animées. À mon avis, *les familles nombreuses ont une vie riche et variée.*

Exercice 3.8   Exercice d'ensemble

Imaginez que les opinions suivantes ont paru dans la rubrique «Opinion» de votre journal local. Choisissez-en une avec laquelle vous n'êtes pas d'accord.

- Il est injuste que les gens qui travaillent dur financent le coût de l'enseignement supérieur des gens qui gagnent moins. Seuls les gens qui n'ont pas besoin de bourses devraient aller à l'université.
- La clé du succès est de conserver une attitude optimiste et d'aborder la vie avec un sourire. Une attitude positive permet de surmonter toute adversité.
- La famille d'un malade incurable et inconsciencet devrait avoir le droit de «débrancher» (*unplug the life-support system of*) le malade, plutôt que de le laisser végéter dans un hôpital pendant des mois ou même des années.
- Il y a trop d'accidents sur la route. Il faut maintenir à 21 ans l'âge légal pour acheter de l'alcool dans tous les états des États-Unis.
- On devrait supprimer les programmes d'études générales dans les universités américaines et permettre aux étudiants de se lancer immédiatement dans leur spécialisation.

Pour préparer votre réponse, répondez d'abord aux questions suivantes.

1. Quelle opinion allez-vous contester?
2. Quelle est votre thèse ou idée centrale?
3. Quelles sont les principales caractéristiques des personnes qui soutiennent l'opinion énoncée?
4. Quelles stratégies pouvez-vous employer pour convaincre ces personnes de la validité de votre point de vue?

Ensuite, écrivez votre réponse.

À L'ORDINATEUR

Exercice 3.9   L'avocat du diable

1. Écrivez l'exercice 3.8 sur l'ordinateur. Ensuite utilisez une des méthodes suggérées dans l'exercice 3.4 pour échanger votre travail avec un(e) camarade.

2. Lisez la lettre de votre camarade. Imaginez que vous soutenez le point de vue contraire. Chaque fois que vous trouvez une idée avec laquelle vous n'êtes pas d'accord, insérez des réactions et des arguments dans le texte. Écrivez vos commentaires en lettres majuscules pour les distinguer du travail de votre camarade. N'hésitez pas à bien jouer votre rôle d'«avocat du diable».

A

Le banquet

I. *P*RÉPARATION

Activité A   Remue-méninges

Imaginez que vous allez organiser un grand banquet. En groupe, discutez pourquoi vous décidez d'organiser ce banquet. Quelles sortes de personnes est-ce que vous inviterez? Quelle sorte d'ambiance voudriez-vous créer? De quoi parlera-t-on au cours de la soirée? Vous trouverez ci-dessous des listes de raisons, de caractères, d'invités, d'ambiances et de sujets de conversation possibles. Inspirez-vous des listes suivantes, mais ajoutez vos propres idées aussi.

RAISONS POSSIBLES POUR L'ORGANISATION D'UN BANQUET

- réaliser vos ambitions sociales ou professionnelles
- faire connaître un artiste ou un candidat politique
- fêter un anniversaire
- le simple plaisir de réunir des gens intéressants
- remercier quelqu'un d'un service rendu
- collecter des fonds pour une cause importante
- ?

CARACTÈRES POSSIBLES

admirable	intelligent	pédant
agressif	opiniâtre	réservé
bavard	ouvert	sociable
énergique	passif	timide
insolent	passionné	?
intellectuel		

INVITÉS POSSIBLES

Sandra Day O'Connor   William Shakespeare

Napoléon Bonaparte   Eleanor Roosevelt

Sigmund Freud

Anita Hill

Amelia Earhart   Magic Johnson

Martin Luther King, Jr.

Madonna   Mahatma Gandhi

la princesse Diana

Martina Navratilova   Agatha Christie   François Mitterrand

Gloria Steinem   Nelson Mandela   Harriet Tubman

Stevie Wonder   ?   Auguste Rodin   Mark Twain

AMBIANCES POSSIBLES

académique	décontractée	simple
active	dynamique	tendue
bruyante	gaie	vivante
cordiale	formelle	?

SUJETS DE CONVERSATION POSSIBLES

les amis	l'hôte (l'hôtesse)	les sciences
l'amour	la musique	les sports
l'argent	la paix	le temps
l'art	la philosophie	le travail
la fin du monde	la politique	?
la guerre	le repas	

Activité B   Écriture en style libre

Écrivez librement pendant quinze minutes au sujet du banquet que vous voudriez organiser. Pour quelle raison voulez-vous organiser ce banquet? Qui souhaitez-vous inviter? Pourquoi? (Suggérez au moins dix invités.) De quoi parlerez-vous? Quelle sorte d'ambiance voudriez-vous créer? Écrivez toutes les idées qui vous viennent à l'esprit. Ne vous arrêtez pas pour penser.

Activité C   Création de fiches

Pour chacun des invités que vous avez proposés dans l'activité B, créez une fiche biographique où vous noterez de dix à quinze faits ou caractéristiques se rapportant à cette personne. Faites aussi une fiche pour vous-même.

EXEMPLE

Charles de Gaulle 1890-1970

- *Combattant dans la 1ère Guerre mondiale*
- *Chef de la Résistance française-2ème Guerre mondiale*
- *Président de la France 1958-1969*
- *Accorde à l'Algérie son indépendance*
- *Grand imposant, porte son uniforme de général*
- *Nationaliste*
- *Ne veut pas que la France dépende des États-Unis*
- *Président pendant la révolte de mai 1968.*
- *Fonde la 5ème République*
- *Veut exclure l'Angleterre du Marché Commun*
- *Provoque la colère du gouvernement canadien en proclamant «Vive le Québec libre!»*

Activité D   Organisation des fiches

Disposez vos fiches en cercle devant vous et imaginez que ce sont les personnes autour de la table de banquet. Mettez ensemble les fiches de personnes entre lesquelles il pourrait y avoir une conversation intéressante. Choisissez cinq invités et ajoutez votre propre fiche. Placez les invités de sorte que chaque personne soit assise entre deux personnes avec qui elle peut discuter.

Activité E   Conversation

Chaque étudiant(e) jouera le rôle d'un de ses invités — de préférence une personne célèbre. Pendant vingt ou trente minutes, circulez dans la classe comme si vous étiez cette personne et parlez avec les autres «invités». N'hésitez pas à exagérer les caractéristiques de votre personnage. Essayez de provoquer les autres invités pour rendre votre soirée intéressante.

Activité F   Dialogue

Écrivez un dialogue entre deux de vos invités. ·

II. RÉDACTION

C'est le lendemain du banquet et vous écrivez un compte rendu de ce grand événement. Écrivez par exemple une lettre à un ami (une amie) où vous racontez ce qui s'est passé; ou bien imaginez que vous êtes reporter pour la rubrique «Carnet mondain» du journal local. Décrivez le cadre, le repas et surtout les invités et ce dont ils ont discuté.

N'oubliez pas que votre rédaction doit avoir un but, créer une impression générale ou exprimer d'une façon ou d'une autre une idée centrale. Par exemple, si vous écrivez à un(e) ami(e), dites-lui si vous pensez que la soirée était réussie ou non et pourquoi. Si vous jouez le rôle d'un reporter, informez vos lecteurs sur les sujets de préoccupation dans le milieu où vous avez été reçu(e). Essayez de communiquer vos impressions sur le niveau intellectuel des conversations.

III. RÉVISION

A. Guide de commentaire

Utilisez ce guide pour commenter les rédactions des membres de votre groupe.

1. Fermez les yeux et imaginez pendant une minute la soirée décrite dans la rédaction. Si vous pouviez comparer cette soirée à un genre de musique, quel genre choisiriez-vous? classique? jazz? rock? country? Écrivez en style libre pendant cinq minutes pour justifier votre choix.
2. Écrivez une phrase qui donne l'idée centrale de la rédaction ou l'impression générale que l'auteur semble vouloir créer. Surlignez (*highlight*) avec un feutre jaune tous les passages dans la rédaction qui soutiennent la thèse ou contribuent à l'impression générale que veut créer l'auteur.
3. Le ton et le contenu conviennent-ils au lecteur? Comment l'auteur pourrait-il mieux adapter la rédaction à ses lecteurs?
4. Pour stimuler la réflexion, posez trois questions au sujet des invités, de la conversation ou de l'ambiance.

B. Deuxième brouillon

Réfléchissez aux idées et questions soulevées par vos camarades et incorporez-les dans une version révisée de votre rédaction. Est-ce que vos lecteurs ont bien compris l'impression que vous vouliez créer? Acceptez-vous le genre de musique qu'ils ont choisi pour décrire votre soirée? Comment pourriez-vous mieux communiquer vos intentions? Est-ce que tous les détails contribuent à l'impression que vous voulez créer?

C. Version finale

Avant de remettre la version finale de votre rédaction à votre professeur, examinez bien les détails et les éléments de la langue, suivant le guide au dos de la page de couverture de ce manuel. Surlignez avec un feutre jaune tous les verbes à l'imparfait et avec un feutre bleu tous les verbes au passé composé. Consultez votre professeur pour les cas où vous n'êtes pas sûr(e) de votre choix.

*D*eveloping Your Draft

*C*OLLECTING INFORMATION

As you plan your paper, collect as much information on your subject as you can — from your prewriting exercises or from readings, interviews, or observation. Acquire more information than you plan to use; it's easier to eliminate irrelevant or redundant material than to eke a paper out of a few sparse facts. While you research your subject, you might jot down ideas or miscellaneous facts on notecards or in a notebook so that when you're ready to write you'll have a sourcebook of useful information. Remember to take all your notes in French to maintain the habit of thinking and writing in French.

The information you've collected will provide the examples that explain your thesis and make up the bulk of your paper. As you look over a rough draft, see if any of your ideas need to be explained in greater detail. You will need to provide examples to support any general statement you make because generalizations give only the gist of an idea; detailed examples will back up your statement. Thus, though a general statement like **La censure existe depuis plus de deux mille ans** is understandable, it's vague. An example clarifies it.

> La censure existe sous une variété de formes depuis au moins 387 avant Jésus-Christ, quand le grand philosophe grec Platon a prévenu les gens des dangers de l'*Odyssée* d'Homère.

*G*ENERALIZATIONS VS. DETAILS

Generalizations are fairly vague, while specific statements are concrete and relatively easy to picture. Compare these statements.

Gustave Courbet, Les Casseurs de pierres, *1848*

Generalization: Le peintre Gustave Courbet* peignait des sujets de la vie de tous les jours d'une manière réaliste.

Specific statement: Dans son tableau *Les Casseurs de pierres,* Courbet a peint, sans sentimentalisme, des ouvriers tout entiers à leur travail.

Generalization: Mon frère joue bien au football.

Specific statement: Mon frère a marqué trois buts au cours du match de football hier.

Because generalizations give us only an impression of the author's ideas, they are open to misinterpretation. Specific details give us the precise information we need to correct a possible misinterpretation. When we read, **"Molière† est un grand dramaturge,"** we can tell that the critic likes Molière's plays, but we don't know why; our idea of "great" may be quite different from his. A "great playwright" could be any number of things — one whose works support the critic's political

---

* Gustave Courbet (1819–1877) était un peintre français considéré comme le chef de file de l'école réaliste.

† Jean-Baptiste Poquelin, dit Molière (1622–1673), était un acteur et dramaturge français à l'époque de Louis XIV. Il est célèbre comme auteur de comédies.

beliefs, perhaps, or who creates suspense and frenetic action, or who adheres to Aristotle's dramatic unities. By adding an explanation and some specific details, the author clarifies the generalization.

Polyphonie: Voilà une des grandes richesses de Molière. Jamais une de ses pièces ne se limite à un seul thème. Même si le titre semble annoncer une idée abstraite—*Le Misanthrope, L'Avare, Les Femmes savantes*—, le type possède toute l'épaisseur de la réalité. Les héros de Molière évoluent dans un univers très concret où s'entrecroisent toutes sortes de préoccupations et où interfèrent mille contingences et mille réalités. S'ils sont monomanes, cette monomanie ne prend que plus de relief à s'inscrire dans ce contexte (d'après Jean Truchet, *Thématique de Molière: Six études suivies d'un inventaire des thèmes de son théâtre*, 1985).

Because specific details are easier to visualize than generalizations, they are also more interesting. Compare the following passages.

General: Les Français se préoccupent beaucoup de la qualité esthétique de leur environnement. Ils aiment surtout s'entourer de fleurs dans leur appartement et autour de leur maison.

Specific: Les Français ont dépensé, en 1987, près de 17 milliards (*billion*) de francs en fleurs et végétaux d'ornement pour décorer leur appartement ou leur jardin, selon une enquête publiée par le Comité national interprofessionnel de l'horticulture et des pépinières (*nurseries*) (CNIH). Ce chiffre... représente davantage que les consommations françaises de thé et de café réunies. L'industrie des fleurs représente en France 45.000 entreprises et 129.000 emplois (production, commerce, services)... (*Journal Français d'Amérique*, 10–24 février 1989).

À L'ORDINATEUR

Exercice 4.1   Du général au particulier

Mettez les phrases suivantes à l'écran. Utilisez la fonction «déplacer» pour classer les phrases de la plus générale à la plus précise.

Le français est la langue officielle du Sénégal.
On parle français dans presque toutes les régions du monde.
La poésie de Léopold Senghor montre à la fois ses racines africaines et son éducation française.
Léopold Senghor, premier président du Sénégal, est parmi les nombreux écrivains sénégalais qui choisissent d'écrire en français.
En Afrique, il y a quatorze pays où un grand nombre de personnes parlent français.

....
Exercice 4.2   Le général et le particulier

1. À partir du mot donné, créez une série de mots ou phrases de plus en plus précis dans la même catégorie.

   EXEMPLE: Divertissements → la télévision → les comédies → *Murphy Brown* → l'épisode où Murphy donne naissance à son bébé

   a. Personne célèbre → _____ → _____ → _____ → _____
   b. Activité → _____ → _____ → _____ → _____
   c. Animal → _____ → _____ → _____ → _____
   d. Mes distractions → _____ → _____ → _____ → _____

2. Maintenant, procédez dans le sens inverse. Faites une liste où vous commencez par un mot ou phrase précis et vous progressez vers un mot ou phrase plus général.

   EXEMPLES: Simone de Beauvoir → écrivain féministe → Française → femme → personne

   Mon chat mange du brocoli. → Mon chat mange des choses surprenantes. → Mon chat a des habitudes bizarres. → Les animaux font des choses étranges.

   a. Michael Jackson → _____ → _____ → _____ → _____
   b. Mon cours de français → _____ → _____ → _____ → _____
   c. Le Louvre → _____ → _____ → _____ → _____
   d. Mon petit frère se met à crier chaque fois qu'on ne lui donne pas ce qu'il demande. → _____ → _____ → _____ → _____

À L'ORDINATEUR
....
Exercice 4.3   Un langage plus précis

Mettez les passages suivants à l'écran. Ensuite, remplacez tous les mots vagues (imprimés en lettres majuscules) par des mots plus précis et plus expressifs.

   EXEMPLE:
      Version originale: Les chiens peuvent ACCOMPLIR DES TÂCHES IMPORTANTES.
      Version revue: Les chiens peuvent chercher des enfants perdus et capturer des criminels.

1. La ville que je voudrais habiter est BELLE ET FASCINANTE. Il y a BEAUCOUP DE CHOSES INTÉRES-

SANTES ET AMUSANTES À FAIRE. Les maisons sont
JOLIES et le paysage qui entoure la ville est MAGNIFIQUE.
2. La vie d'un étudiant est difficile. On vous donne TROP DE
TRAVAIL, et vous n'avez jamais ni le temps ni l'argent pour
FAIRE CE QUE VOUS VOULEZ FAIRE.

*U*SING DESCRIPTION

One way to develop your paper is through description. A description provides
sensory information about your topic — how it looks, feels, sounds, tastes, or
smells. It allows the reader to experience your subject the way you do. Consider
the following descriptive passage.

> Au milieu des champs de blé[a] et de betteraves,[b] le coron[c] des Deux-Cent-
> Quarante dormait sous la nuit noire. On distinguait vaguement les quatre
> immenses corps[d] de petites maisons adossées,[e] des corps de caserne ou
> d'hôpital, géométriques, parallèles, que séparaient les trois larges avenues,
> divisées en jardins égaux...
>   Chez les Maheu, au numéro 16 du deuxième corps, rien ne bougeait.
> Des ténèbres épaisses noyaient[f] l'unique chambre du premier étage, comme
> écrasant de leur poids le sommeil des êtres que l'on sentait là, en tas, la
> bouche ouverte, assommés de fatigue. Malgré le froid vif du dehors, l'air
> alourdi[g] avait une chaleur vivante, cet étouffement[h] chaud des chambrées
> les mieux tenues, qui sentent le bétail[i] humain (Émile Zola,* *Germinal,* 1885).

---

[a] *wheat* [b] *beets* [c] *miners' village* [d] *groups* [e] *back to back* [f] *drowned* [g] *heavy* [h] *suffocation* [i] *livestock*

Now compare the above passage with a less descriptive version of the same scene.

> Le coron, qui consistait en quatre corps de petites maisons arrangées en
> rangs parallèles, se situait au milieu des champs. Chez les Maheu, tout le
> monde dormait. Il faisait froid dehors, mais chaud dans la maison, à cause
> du grand nombre de personnes qui y dormaient.

Unlike the less descriptive version, the original passage doesn't just *tell* us that the
Maheu family lives in a mining village, it *evokes the experience* of this dismal set-
tlement. The word choices appeal to our sense of sight (we can picture the lifeless,

---

* Émile Zola (1840–1902), romancier français, est considéré comme le chef de file de l'école naturaliste
en France.

regimented rows of houses surrounded by garden patches) and to our sense of touch (we can feel the weight of the people's sleep and the suffocating heat of the crowded cottage).

Description is a powerful and persuasive tool because it doesn't simply state an idea, it pulls the reader into the thick of it. It is most effective when all the details are carefully chosen to produce a specific effect and when they all help illustrate the central idea of the passage. The central idea is italicized in the following description.

> Entre ces deux personnages et les autres, Vautrin, l'homme de quarante ans, à favoris[a] peints,[b] servait de transition. Il était un de ces gens dont le peuple dit: Voilà un fameux gaillard[c]! Il avait les épaules larges, le buste bien développé, les muscles apparents, des mains épaisses, carrées et fortement marquées aux phalanges[d] par des bouquets de poils touffus[e] et d'un roux ardent. Sa figure, rayée par des rides[f] prématurées, offrait des signes de dureté que démentaient[g] ses manières souples et liantes. Sa voix de basse-taille, en harmonie avec sa grosse gaieté, ne déplaisait point. Il était obligeant et rieur. Si quelque serrure allait mal, il l'avait bientôt démontée,[h] rafistolée,[i] huilée, remontée, en disant: «Ça me connaît.» Il connaissait tout, d'ailleurs, les vaisseaux, la mer, la France, l'étranger, les affaires, les hommes, les événements, les lois, les hôtels et les prisons. Si quelqu'un se plaignait par trop, il lui offrait aussitôt ses services. Il avait prêté plusieurs fois de l'argent à Mme Vauquer et à quelques pensionnaires; mais ces obligés seraient morts plutôt que de ne pas le lui rendre, tant, *malgré son air bonhomme, il imprimait de crainte par un certain regard profond et plein de résolution* (Honoré de Balzac,* *Le Père Goriot,* 1834).

---

[a] *sideburns* [b] *dyed* [c] fameux... *robust fellow* [d] *knuckles* [e] poils... *tufts of hair* [f] *wrinkles* [g] *were belied by* [h] *taken apart* [i] *fixed*

· ·
Exercice 4.4   Analyse d'une description

En général, c'est aux adjectifs qu'on pense quand on évoque la description. Le passage que vous venez de lire est riche en adjectifs, mais Balzac utilise aussi d'autres techniques de description. Faites une photocopie de ce passage et surlignez avec un feutre jaune tous les adjectifs. Puis répondez aux questions suivantes.

1. Dans quelle partie du passage se trouvent la plupart des adjectifs?
2. Par quels autres moyens linguistiques est-ce que l'auteur nous dépeint son personnage?
3. La thèse de la description suggère le contraste entre l'«air bonhomme» de Vautrin et la «crainte» qu'il inspire aux autres. Surlignez avec un feutre rose tous les détails qui évoquent son air bonhomme et avec un feutre vert tous les passages qui suggèrent un homme dont on pourrait avoir peur.

---

* Honoré de Balzac (1799 – 1850) a écrit quelque quatre-vingt-dix romans dans lesquels paraissent plus de 2.000 personnages. Ces romans constituent un véritable tableau de la société française de son époque.

One way to practice writing descriptively is to imitate detailed descriptions that others have written. To do this, copy the original passage and as you write, replace some of the words with others of your own choosing. For example, if the original sentence is

>Bien que Picasso soit d'origine espagnole, il a vécu longtemps en France,

you might write

>Bien que mon père soit d'origine new-yorkaise, il a vécu longtemps en Californie,

or even

>Bien que j'aie la vertige, je suis resté(e) longtemps sur la montagne.

As you can see, the imitation changes the meaning of the passage, but retains its sentence structure, grammar, and rhythm. The imitation can address an entirely different subject from the original, but should maintain the same level of detail. In the following example, both passages deal with the writers' earliest memories, but the memories are quite different.

>**Original:** L'image la plus ancienne que je puisse me rappeler, c'est celle-ci: nous sommes dans la salle à manger du château — en réalité nous n'avions qu'une grande maison de campagne; mais les gens du pays l'appelaient le château, et nous faisions comme eux — je vois ma mère, assise de trois quarts auprès de la fenêtre, en train de coudre (*sew*) un rideau. Elle me parle. Je ne sais pas ce qu'elle me dit. Mais je l'écoute avec un sentiment de déférence, de respect, mêlé d'une sorte de peur (Pierre Gripari, «L'Ours», 1965).
>
>**Pastiche:** L'image la plus ancienne que je puisse me rappeler, c'est celle-ci: je suis à la fenêtre de l'hôpital — en réalité c'était un asile de vieillards (*nursing home*), mais mes parents l'appelaient l'hôpital et je faisais comme eux — je vois mon grand-père, couché dans son lit, en train de respirer très fort. Il essaie de parler. Je ne sais pas ce qu'il dit. Mais je le regarde avec un sentiment de peur, d'inquiétude, mêlé d'une sorte de curiosité.

To make the most of this exercise, write out the entire passage, not just the words you plan to change. As you write, you should sense the rhythm of the writer's syntax and notice how the original passage provides details. Those are the features you should imitate.

. . . .

Exercice 4.5   Un paragraphe descriptif

Faites un pastiche des passages littéraires suivants. Vous pouvez changer le sens du passage, mais il vous faut conserver la structure et le rythme des phrases. L'exercice sera plus intéressant si vous changez complètement le sens: par exemple, décrivez une personne en imitant le passage A et un endroit en imitant le passage B.

A. La cité elle-même, on doit l'avouer, est laide. D'aspect tranquille, il faut quelque temps pour apercevoir ce qui la rend différente de tant d'autres villes commerçantes, sous toutes les latitudes. Comment faire imaginer, par exemple, une ville sans pigeons, sans arbres et sans jardins, où l'on ne rencontre ni battements d'ailes ni froissements de feuilles, un lieu neutre pour tout dire (Albert Camus,* *La Peste*).

B. Et Marie Belhomme, bébête, mais si gaie! raisonnable et sensée, à quinze ans, comme une enfant de huit ans peu avancée pour son âge, elle abonde en naïvetés colossales qui désarment notre méchanceté et nous l'aimons bien, et j'ai toujours dit force choses abominables devant elle, parce qu'elle s'en choque sincèrement, d'abord, pour rire de tout son cœur une minute après, en levant au plafond ses longues mains étroites.... Brune et mate, des yeux noirs longs et humides, Marie ressemble, avec son nez sans malice, à un joli lièvre peureux (Colette,† *Claudine à l'école,* 1900).

Exercice 4.6 Détails concrets

Les phrases qui suivent sont banales, elles manquent de détails piquants. Récrivez-les complètement, utilisant un langage plus détaillé et pittoresque.

EXEMPLES:

Original: Tu travailles beaucoup; tu devrais partir en vacances.
Version revue: Après avoir passé un mois entier à résoudre des problèmes de calcul et à rédiger une dissertation anglaise, tu mérites au moins une semaine au bord de la Méditerranée!

Original: La nourriture était saine, mais ennuyeuse.
Version revue: Elles n'avaient rien contre la salade de fruits, mais ce qu'elles voulaient vraiment, c'était un steak-frites.

Original: Quand j'étais petite, j'avais peur du noir.
Version revue: Quand j'étais petite, j'imaginais que le célèbre «Jack l'éventreur» se cachait au sous-sol pendant la nuit.

1. Quand j'aurai fini de laver la voiture, je vais bien m'amuser.
2. Si j'étais riche, je continuerais à travailler, même si ce n'est que quelques heures par jour.
3. La vie professionnelle des athlètes est courte.
4. Mon chien est très intelligent.
5. Un bon moyen de garder son calme en plein embouteillage est d'écouter sa musique préférée.

---

* Albert Camus (1913–1960) a écrit son roman allégorique, *La Peste,* à la suite de la deuxième guerre mondiale, pour montrer qu'il est possible de combattre le mal dans le monde.
† Sidonie Gabrielle Colette (1873–1954), romancière française, est connue pour ses fines observations psychologiques.

Exercice 4.7   Description d'un sentiment

Choisissez un des sentiments suivants et répondez aux questions ci-dessous. Ensuite, écrivez un paragraphe dans lequel vous parlez de ce sentiment tout en incorporant vos réponses aux questions.

le calme	le courage	la peur
la colère	la joie	la timidité

1. Où vous trouvez-vous quand vous éprouvez ce sentiment?
2. Qu'est-ce qui provoque ce sentiment?
3. Si ce sentiment était une plante, quelle plante serait-ce? Expliquez.
4. Si ce sentiment était un livre ou un film, lequel serait-ce? Expliquez.

Exercice 4.8   Détails précis

Pensez à une personne ou à un endroit que vos camarades de classe connaissent sans doute, par exemple, un étudiant (une étudiante) dans la classe, un endroit fréquenté par les étudiant(e)s, un monument historique, une personne célèbre. Sans mentionner le nom de la personne ou de l'endroit, écrivez un paragraphe qui le décrit. Utilisez un langage aussi précis que possible. Ensuite, lisez le paragraphe à haute voix et demandez à vos camarades de classe de deviner quelle personne ou quel endroit vous décrivez.

EXEMPLE:

C'était un chanteur célèbre dans les années 60 et 70. Il était grand et il avait les cheveux bruns et raides; à l'époque, on considérait qu'il avait les cheveux longs. Il portait de petites lunettes rondes, il aimait dessiner, il écrivait des livres et composait beaucoup de chansons qu'il chantait lui-même ou avec les trois autres membres de son groupe. Ses chansons, livres et dessins étaient parfois fantaisistes, parfois politiques, parfois ironiques et souvent impertinents et comiques. Il avait—et il a encore—un grand nombre de fans; ses admirateurs l'idolâtrent. Qui est-ce?*

Exercice 4.9   Une œuvre d'art

Vous avez visité l'Art Institute à Chicago et vous avez été très impressionné(e) par un tableau de Picasso, *Le Vieux Guitariste* (voir la page 52). Écrivez une lettre à une personne qui n'a jamais vu ce tableau, et décrivez-le aussi complètement que possible. Vous pouvez parler de l'apparence physique de l'homme, de son état émotionnel présumé, des lignes et des formes que vous voyez dans le tableau.

---

* Réponse: John Lennon

Le Vieux Guitariste de Pablo Picasso (1881–1973). Picasso est né en Espagne et a vécu long-temps en France. Le Vieux Guitariste (1903) date de son «époque bleue» qui correspond a ses pre-mières années en France. Cette période est ainsi nommée à cause de la prédominance de la couleur bleue dans ses œuvres. Plus tard, il a été l'un des chefs de file de l'école cubiste et a pratiqué aussi les styles surréalistes et expressionnistes.

*U*SING NARRATION

While description illustrates your point by showing what someone or something is like, narration shows your subject in action; it illustrates a point by telling a story. As in description, all the details help support your point of view. The following example shows a narration with a well-defined point.

Une bande de gendarmes[a] vient de s'abattre sur un palmier. Devant un régime de palmes mûres, rouges, gonflées[b] de substance, ces oiseaux se mettent plutôt à discuter.

Les uns disent:

—Mangeons-en! Mangeons-en!

Les autres:

—Emportons ce régime de palmes, emportons-le!

—Si nous le mangeons et qu'il nous arrive malheur, nous aurons au moins fait quelque chose, soutiennent les premiers.

—Si nous les emportons chez nous, nous en jouirons en toute propriété, personne ne s'avisera de[c] nous les prendre, répondent les seconds.

Mais pendant qu'ils discutent ainsi longuement, les noix de palmes, trop mûres, pourrissent[d] devant eux et le régime tombe à terre, et les gendarmes de s'envoler, pris de peur et de panique.

Il est bon parfois de ne pas trop discuter avant l'action, disent les vieux.

—L. ANOMA KANIÉ, *QUAND LES BÊTES PARLAIENT AUX HOMMES: CONTES AFRICAINS*, 1974

---

[a] *a type of bird*   [b] *swollen*   [c] s'avisera... *to think of*   [d] *rot*

In writing a narrative, be sure to select your details carefully and try not to include anything that doesn't directly support your point. The following example shows the above passage as it might look with additional details that may be interesting in themselves, but are not relevant to the point: that sometimes it's better to act quickly than to debate over what action to take. The irrelevant sentences are italicized.

Une bande de gendarmes vient de s'abattre sur un palmier. *Un lézard traverse le chemin à toute allure.* Devant un régime de palmes mûres, rouges, gonflées de substance, ces oiseaux se mettent plutôt à discuter.

Les uns disent:

—Mangeons-en! Mangeons-en!

Les autres:

—Emportons ce régime de palmes, emportons-le!

—Si nous le mangeons et qu'il nous arrive malheur, nous aurons au moins fait quelque chose, soutiennent les premiers.

—Si nous les emportons chez nous, nous en jouirons en toute propriété, personne ne s'avisera de nous les prendre, répondent les seconds.

Les oiseaux aiment beaucoup les fruits mûrs. Mais pendant qu'ils discutent ainsi longuement, les noix de palmes, trop mûres, pourrissent devant eux et le régime tombe à terre, et les gendarmes de s'envoler, pris de peur et de panique.

Il est bon parfois de ne pas trop discuter avant l'action, disent les vieux.

Exercice 4.10 Les détails pertinents

Pensez à un événement que vous avez vécu ou observé. Écrivez une phrase qui explique la signification de cet événement. Sur une autre feuille de papier, écrivez un ou deux paragraphes où vous racontez ce qui est arrivé. Ne commentez pas la signification de l'événement. Essayez de communiquer l'idée principale par votre manière de raconter l'histoire. Ensuite, lisez votre narration à haute voix et demandez à vos camarades de deviner la signification de cet incident. Demandez-leur quels détails les ont amenés à interpréter le texte de cette manière.

EXEMPLE:

Signification: Ce rendez-vous avec un inconnu était voué à l'échec (*destined to fail*) **dès le départ.**

J'ai dit à Nicole qu'elle pouvait donner mon numéro de téléphone à Philippe. Il m'a téléphoné; il avait l'air morose et sur la défensive. Il a dit qu'il avait souvent été déçu par les femmes; les gens en général ne l'intéressaient pas beaucoup. Alors, est-ce que je voulais sortir avec lui? Je pensais que non, mais j'ai décidé de tenter ma chance.

Le jour du rendez-vous, il m'a fallu une heure pour arriver au restaurant à cause d'un embouteillage. Je suis arrivée pleine d'excuses pour mon retard. Il était toujours là mais sur le point de partir. J'ai essayé de parler mais il ricanait (*snickered*) et raillait (*made fun of*) tout ce que je disais. Le repas a été bref, très bref: il a demandé l'addition après l'apéritif sans me consulter. Je suis retournée seule à ma voiture.

Exercice 4.11 Un échange

Écrivez rapidement une page où vous racontez quelque chose d'important qui est arrivé, à vous ou à quelqu'un que vous connaissez. Au début ou à la fin de la page, écrivez une phrase qui explique la signification de cette expérience. Échangez votre travail avec un(e) camarade. Lisez le paragraphe de votre camarade et soulignez chaque détail qui se rapporte directement au but de la narration; rayez (*cross out*) chaque détail qui paraît sans rapport avec le but. Ensuite, reprenez votre propre travail et échangez vos réactions.

Exercice 4.12 Le point de vue

Écrivez un ou deux paragraphes où vous racontez un passage tiré d'un film que vous avez vu. Ne racontez pas tout le film. Racontez ensuite le même passage du point de vue d'un des personnages, animaux ou objets dans l'histoire.

EXEMPLE:

Dans le film «L'Argent de poche» de François Truffaut,* une petite fille, Sylvie, veut absolument emporter un vieux sac sale en forme d'éléphant quand elle sort au restaurant avec ses parents. Elle refuse de céder aux menaces et aux plaidoyers de ses parents qui finissent par la laisser seule à la maison pendant qu'ils vont au restaurant. Pendant leur absence, Sylvie crie aux voisins par la fenêtre qu'elle a faim. Ceux-ci ont pitié d'elle et lui envoient de la nourriture.

Voici la même histoire racontée du point de vue de la mère:

Quel petit diable que ma fille Sylvie! Dimanche dernier, nous voulions aller manger au restaurant. Sylvie voulait apporter son vieux sac en forme d'éléphant, mais bien sûr je lui ai dit que c'était impossible. Je lui ai offert un autre sac mais elle a insisté. Finalement, Jean-Pierre et moi, nous sommes partis au restaurant sans elle.

Ce qu'elle a fait après est incroyable! Notre voisin, M. Lapin, nous a dit que Sylvie a crié par le porte-voix (*megaphone*) de Jean-Pierre (qu'elle n'a d'ailleurs pas le droit d'utiliser) qu'elle avait faim. Tous les voisins de l'immeuble l'ont entendue. Une famille l'a invitée à manger avec eux, mais elle a dit qu'elle était enfermée. Quel mensonge!

Finalement, deux petits garçons lui ont préparé un beau pique-nique qu'ils lui ont envoyé dans un panier par un système de cordes entre les fenêtres!

Tu peux imaginer la honte que nous avons ressentie en entendant cette histoire. Je ne sais pas ce que je vais faire de cette fille!

*U*SING COMPARISON

Another way to elaborate on your subject is to compare it to something else. Some subjects, in fact, require comparison to provide them with a point of reference. Such is the case with this statement.

Nous avons vécu ensuite une période où la femme a commencé à gagner du temps tout en subissant la dévalorisation économique de ce qu'elle faisait.

While the sentence makes sense on its own terms, a comparison with an earlier concept of women's roles provides a helpful context. In the passage below, the comparison between a twentieth-century and a turn-of-the-century household gives depth to what otherwise might seem to be a fairly commonplace observation about the economic value of women's work in the home.

---

* François Truffaut (1932–1984) a été un des membres de la «Nouvelle Vague» du cinéma français après la Deuxième Guerre mondiale. Les enfants jouent souvent des rôles importants dans ses films.

Nous avons vécu ensuite une période où la femme a commencé à gagner du temps tout en subissant la dévalorisation économique de ce qu'elle faisait. Au lieu de fabriquer, de transformer des produits de la nature en choses consommables, et donc d'y voir une valeur ajoutée, les vêtements et les produits alimentaires industrialisés se sont mis à être moins chers que ceux qu'elle réalisait.

Un homme qui, au début du siècle, se mariait, faisait une économie. Il avait besoin d'une femme pour lui laver ses chemises, pour allumer son feu, pour faire son ménage, pour faire sa cuisine. Cela coûtait cher d'être célibataire. En se mariant, il épousait une domestique qui lui faisait tout. En revanche, maintenant, un homme qui se marie, si sa femme ne travaille pas, est contraint à des dépenses. Il faut qu'il achète une machine à laver, un aspirateur, une machine à laver la vaisselle. Tout est fait maintenant pour que les produits soient moins chers dans le commerce que si on les fabrique soi-même. Par exemple, un chandail tricoté à la main,[a] cela montre qu'on aime son chéri, mais ce n'est pas du tout une économie, vu le temps qu'on y passe. Alors quantité de produits faits par des femmes ont perdu leur valeur économique, gardant seulement leur valeur affective (Evelyne Sullerot, «Les Femmes et le Travail», 1981).

---

[a] chandail... *hand-knit sweater*

As with all other forms of elaboration, the comparison should illuminate some point you want to make about your subject. If the above passage had compared women's roles in the home with their role in the workplace, it would have drifted from its purpose: to show how women's work in the home has lost its economic value. Most of all, by providing a new perspective on the subject, the comparison should help the reader see the subject in a new way.

À L'ORDINATEUR

Exercice 4.13　Une comparaison

Imaginez que vous avez une correspondante française qui vous a demandé de lui décrire la vie dans votre université.

1. Choisissez un aspect de la vie universitaire que vous allez lui décrire, par exemple, la vie dans les résidences, votre chambre, votre professeur de maths, l'apparence extérieure du campus, l'attitude des étudiants, les activités du vendredi soir, l'inscription (*registration*).
2. À l'ordinateur, écrivez rapidement une liste de vingt ou trente caractéristiques de l'aspect que vous avez choisi. Ne vous arrêtez pas pour penser (voir *Chapter 2*, pages 19–20).

3. Choisissez un terme de comparaison pour votre sujet. Par exemple, comparez votre chambre à l'université à votre chambre chez vos parents ou comparez l'apparence extérieure de votre université à celle d'une université française.
4. Toujours à l'ordinateur, écrivez rapidement une liste de vingt à trente caractéristiques de votre terme de comparaison.
5. Regardez les deux listes et trouvez cinq idées qui invitent à la comparaison directe. Utilisant la fonction «déplacer», rapprochez ces idées sur l'écran.
6. Toujours à l'ordinateur, écrivez en style libre pendant dix minutes (voir *Chapter 2,* pages 17–19), explorant les ressemblances et les différences dans le contexte des cinq idées que vous avez choisies.

Exercice 4.14   Explorer une comparaison

Choisissez un aspect de votre vie actuelle à l'université (vie sociale, travail scolaire, lieu de résidence, etc.) et comparez votre vie actuelle

1. à d'autres styles de vie que vous connaissez.
2. à votre vie avant d'aller à l'université.
3. à votre vie telle que vous l'imaginez dans dix ans.
4. à l'idée que vous vous étiez faite de cette vie avant de devenir étudiant(e).
5. à celle d'autres étudiants que vous connaissez.
6. à celle d'un animal au zoo.

USING SOURCE MATERIAL

Quotations

If you are writing on a literary topic in French, you will need to quote portions of the work you are analyzing as part of your evidence. You may also use quotations for non-literary papers when someone else's words are particularly eloquent or when they come from an expert and thus lend authority to your ideas.

Direct quotation is a powerful device. It can make your paper more interesting and more convincing but it must be used sparingly. Rather than build a paper on a large number of successive quotations, select a few striking statements. These can come from a variety of sources, such as people you have interviewed, books, articles, television shows, or lectures.

The rules for using quotations are much the same in French as in English. Quotations should be short, seldom more than twelve lines. Longer quotations, unless they are exceptionally interesting or relevant, usually tax the reader's patience. Quotations of less than two lines should be set off by quotation marks; quotations of more than two lines should be indented without quotation marks.

To make a quotation fit gracefully into your paper, you can use brackets and ellipses. Ellipses (...) indicate portions of the original quotation that you have deleted, to shorten the passage or because the portions deleted are irrelevant to your point. Brackets ([ ]), are used to add information that has been lost by removing the quotation from its context; they clarify the quotation.

Summaries

Most papers based on outside sources use short summaries as well as quotations. A summary—a short version of someone else's ideas, written in your own words— is almost always more effective than a long quotation. By reproducing the gist of the original, the summary is efficient and, unlike a long quotation, doesn't distract the reader from your purpose. Like any other form of illustration, the summary should support your thesis. If you are summarizing a plot, resist the temptation to retell the whole story; just describe the parts of the story that directly illustrate your idea.

The length of the summary depends on the degree of detail appropriate to your purpose; it can be anywhere from a few words to several pages long. Usually, however, a summary embedded in an essay should be as short as you can make it and still get your point across. For example, in a five-page essay a sentence or two is usually sufficient. Consider the following example. The summary is in italics.

> **Passage original:**
>
> Il y a plusieurs années, un ethnologue américain rentrant de France où il avait passé l'été, à son retour d'Afrique, me dit que ce qui l'avait beaucoup impressionné en France, c'était la méfiance des gens qui gardaient toujours leurs persiennes[a] fermées... Cela rendait les rues particulièrement lugubres, c'était comme si tous ces villages étaient inhabités, ou comme si on vous épiait de derrière ces volets (cet ethnologue ne faisait pas ses recherches en France).
>
> Quand ma mère est venue me rendre visite aux États-Unis, elle a beaucoup aimé le style «villa» ou «pavillon» des maisons, les grandes pelouses, la diversité, l'espace. Puis, nous étions tranquillement assis au salon, quand elle a brusquement pris conscience de la grande baie vitrée[b] et m'a dit, visiblement choquée: «Mais tu vis dans la rue!» (Raymonde Carroll, *Évidences invisibles: Américains et Français au quotidien,* 1987).

---

[a] *blinds* [b] baie... *bay window*

Résumé:

Le sens de l'espace personnel est très différent en France et aux États-Unis. Comme le remarque Raymonde Carroll, *les Américains sont choqués de trouver que les Français s'isolent du monde en gardant leurs persiennes fermées, tandis que les Français se sentent très mal à l'aise dans une maison américaine avec une grande baie vitrée donnant sur la rue.*

Whether you quote directly or summarize from an external source, you must provide a full reference: author, work, publisher, date and place of publication, and page numbers for written sources. Consult a research paper handbook, such as the *American Psychological Association (APA) Manual* or the *Modern Language Association (MLA) Stylesheet,* for guidelines on how to set up different kinds of references in footnotes.

. . . .

Exercice 4.15   Un résumé

Résumez en deux ou trois phrases le passage suivant.

Il n'y a pas de honte à avoir: en France, une personne sur deux (exactement 61 pour cent des femmes et 36 pour cent des hommes) a eu, à un moment quelconque, la volonté de maigrir, que ce soit par un régime, par le sport, ou les deux à la fois, par l'hypnose, l'acupuncture, les médecines douces, le fil à l'oreille, le taichi ou l'homoéopathie, bref, par n'importe quel moyen. Les kilos, c'est bien connu, rendent fou. Hélas, on a beau faire, les bourrelets[a] perdus à prix d'or reviennent à la première rupture de jeûne[b] et les muscles durcis à grand effort s'avachissent[c] en moins de quatre semaines.

Eh bien, tout cela est fini. Enfin... presque. On commence à comprendre qu'il ne faut pas chercher la ligne mais la forme. Le nouveau *fitness,* c'est d'être bien dans sa peau. Pas si simple; il faut savoir comment bien bouger, bien manger, bien se relaxer, connaître les pièges[d] à éviter, les trucs[e] pour réussir.

----

[a] *rolls of fat*   [b] *fast*   [c] *become flabby*   [d] *traps*   [e] *gimmicks*

$\mathcal{D}$EVELOPING AN ARGUMENT
. . . .

In contrast to papers that simply present facts—the results of an experiment, for example—or that describe personal experiences, an argumentative paper expresses an opinion and tries to convince the reader of the validity of this opinion. An argumentative thesis is controversial; it presents an idea not everyone would agree with. For example,

> Les aliments organiques ne sont pas plus sains que les aliments ordinaires.
> Les programmes athlétiques universitaires utilisent leurs athlètes, jusqu'au point de les exploiter.
> Les recherches en génie génétique ont pour but d'améliorer la qualité de la vie.

Although the methods of explaining and illustrating an argument are the same as those you would use for any other type of writing—describing, narrating, quoting, and summarizing—the strongest arguments use an additional device: they address the opposing viewpoint. Because an argument presupposes controversy, you must persuade readers who may disagree with you or who, at the very least, are aware of contrary positions. Your paper will be most convincing if it shows that you are aware of other opinions, and why you remain unconvinced by them. Therefore, a useful first step in writing an argumentative paper is simply to list the arguments supporting your point of view and the arguments supporting the opposing point of view.

EXEMPLE:

Thèse: On devrait éliminer les notes de cours parce qu'elles empêchent les étudiants d'apprendre.

Arguments en faveur de la thèse:

1. Les notes encouragent une sorte d'apprentissage superficiel, la mémorisation de détails pour les examens.
2. Le professeur gaspille son temps avec les notes; il passe des heures à faire un travail administratif au lieu de mieux préparer ses cours.

Arguments contre la thèse:

1. Les notes fournissent une bonne motivation aux étudiants.
2. Les notes aident les entreprises et les écoles supérieures parce qu'elles donnent des renseignements utiles à l'évaluation des candidats.

· ·

Exercice 4.16   Le pour et le contre

Vous trouverez ci-dessous des affirmations discutables qui pourraient servir de thèse à une rédaction persuasive. Discutez ces idées en groupe, et pour chaque affirmation, donnez au moins deux arguments en faveur de la thèse et deux contre.

1. Une année scolaire de douze mois améliorerait le programme d'enseignement aux États-Unis.
2. La télévision endort l'esprit.
3. L'exercice quotidien, que ce soit la gymnastique ou la course à pied, améliore la santé.
4. Tous les Américains devraient étudier une langue étrangère dès l'école primaire.

Another way of developing your argument is to imagine a dialogue between two people who have opposing opinions about your topic. In the following example, note that the two speakers do not simply list their own opinions; each one listens to what the other has said, and counters the opponent's arguments. The phrases that refer to what the opponent has said are in italics. Take special note of them as you read.

Question: Les athlètes devraient-ils être soumis aux mêmes critères que les autres étudiants pour l'entrée à l'université?

M. Monod, l'entraîneur des athlètes: Non. Beaucoup d'étudiants venant de classes sociales ou économiques moins privilégiées n'auraient jamais l'occasion d'aller à l'université sans leur talent athlétique. Un système spécial d'admission offre à ces étudiants la possibilité d'obtenir une bonne formation et de se préparer à une carrière d'athlète professionnel.

Professeur Martin: Mais *un tel système* n'est qu'une farce pour ces étudiants comme pour l'université. *Les étudiants dont vous parlez* n'ont pas la préparation nécessaire pour réussir à l'université. Ou bien ils échouent à leurs cours et abandonnent leurs études, ou bien on leur donne de bonnes notes qu'ils ne méritent pas, mais qui leur permettent de continuer à jouer. Dans les deux cas, ils n'apprennent rien.

Entraîneur Monod: Mais pour beaucoup de ces athlètes, *l'expérience à l'université* ouvre la voie à une carrière lucrative d'athlète professionnel. Sans cette expérience, ils seraient condamnés à des emplois mal payés et peu intéressants.

Professeur Martin: Il y a peu d'athlètes universitaires *qui réussissent dans le monde du sport professionnel.* La plupart d'entre eux ont simplement perdu quatre ans de leur vie.

Entraîneur Monod: Mais rien ne garantit qu'un autre étudiant *qui se destine*[a] *une certaine profession* y accède,[b] lui non plus. Ces athlètes ont le droit de prendre ce risque, s'ils le veulent.

Professeur Martin: L'université devrait être une institution où l'on vient pour apprendre, non pas *un centre de préparation à une carrière de sportif professionnel.*

Entraîneur Monod: Mais les universités profitent financièrement de leurs équipes de football et de basketball. Les sommes énormes que rapportent ces équipes *peuvent être utilisées à des fins éducatives.*

Professeur Martin: Le monde du sport universitaire est submergé de fraude; on entend tous les jours des histoires de comportement immoral. L'université ne doit pas souiller sa réputation *en acceptant des revenus qui proviennent de ce monde corrompu.*

---

[a] se... *is aiming for*   [b] y... *attains it*

··

Exercice 4.17 Un débat oral

Séparez-vous en groupes de trois ou quatre personnes. Chaque groupe préparera le pour ou le contre d'une des questions suivantes. Essayez de trouver au moins cinq arguments soutenant votre point de vue. Puis affrontez le groupe qui a préparé le point de vue opposé et discutez de la question. Écoutez les arguments de l'autre groupe pour pouvoir y répondre. Voici quelques expressions pour vous aider.

C'est complètement faux!   Il faut aussi considérer que...
Je ne suis pas du tout d'accord.   N'oubliez pas que...
C'est peut-être vrai mais...   À mon avis,...
Mais si cela est vrai, alors...

Questions

1. Le but réel des études universitaires est-il de préparer les étudiants à trouver un bon emploi?
2. La peine de mort est-elle une punition cruelle et inhabituelle, et donc non constitutionnelle?
3. L'énergie nucléaire est-elle la meilleure source d'énergie pour remplacer le charbon et le pétrole?
4. La pratique de la censure des livres viole-t-elle nos idéaux démocratiques?
5. Les expériences scientifiques utilisant des animaux sont-elles justifiables?
6. Sommes-nous responsables des personnes au chômage et sans domicile qui vivent dans la rue?

··

Exercice 4.18 Un débat écrit

Choisissez une autre question de l'exercice 4.17 et écrivez un débat entre deux adversaires. Écrivez le dialogue comme pour une pièce de théâtre, en donnant un nom à chaque interlocuteur (*speaker*). Chaque interlocuteur a deux tâches à accomplir: (1) présenter plusieurs arguments soutenant son point de vue; (2) répondre aux arguments de son adversaire. N'écrivez pas une série de monologues indépendants. Chaque réplique doit prendre en considération ce que vient de dire l'interlocuteur à la réplique précédente.

Once you have developed your arguments through brainstorming and dialogue writing, the next step is to incorporate your opponent's ideas and your objections to those ideas into your own presentation. That is, you need to describe your opponent's viewpoints briefly and then explain how you believe they are inaccurate, incomplete, or otherwise less valid than yours.

Notice how, in the example below, the writer

1. presents the opposing viewpoint (**On dit que...**)
2. refutes it implicitly by pushing the argument to its limits (**Faut-il alors... ?**)

3. arrives at a conclusion that few could agree with (**Si tel est le cas...**)

Thèse: Les équipes sportives permettent à des étudiants moins privilégiés d'entrer à l'université et les mènent souvent à une carrière dans les sports professionnels à laquelle ils n'auraient pas accès autrement.

(1) **On dit que** nous exploitons le pauvre garçon que nous recrutons pour les sports. Après avoir consacré quatre ans de sa vie au «programme athlétique» de l'université, il n'a souvent pas de diplôme. (2) **Faut-il alors** limiter l'accès à l'enseignement supérieur aux États-Unis aux jeunes gens intelligents et riches qui savent déjà où ils vont dans la vie, qui ont leurs deux parents et un foyer stable, qui peuvent s'acheter des livres? (3) **Si tel est le cas,** nous avons une société fort limitée (d'après Norman Ellenberger, "Tell It Like It Is: We Have to Make Money," 1987).

In the following example, the author

1. devalues his adversaries' arguments immediately by referring to them as **un ensemble de mythes** before ever presenting them
2. enumerates the myths (**Ils nous disent que...**) and acknowledges their face value (**Ces affirmations ont tous un air plausible...**)
3. refutes the entire list of arguments by saying that they are not consistent with the main mission of the university (**Étant donné que...**)

Thèse: Les universités ne devraient pas admettre d'étudiants pour leurs seuls talents athlétiques.

(1) **Les défenseurs des «programmes athlétiques» dans l'université ont créé un ensemble de mythes** pour convaincre le public qu'il est possible de remplacer le cerveau par les biceps. (2) **Ils nous disent que** les sports produisent des hommes bien formés, pleins de l'esprit de *fair-play*. Les sports sont bons pour la santé des joueurs; ils sont bons aussi pour le développement moral des spectateurs. Les qualités de chef sur le terrain de sport mènent à des qualités de chef dans la vie. Le football n'est qu'un supplément au travail intellectuel. **Ces affirmations ont toutes un air plausible. Beaucoup de personnes les acceptent.** Mais ce sont des mythes. (3) **Étant donné que** la tâche principale des universités est de développer l'esprit, les jeunes qui s'intéressent davantage à leur corps qu'à leur esprit ne devraient pas entrer à l'université (d'après Robert M. Hutchins, *Gate Receipts and Glory,* 1983).

··

Exercice 4.19   Réfutation d'un argument

Relisez le dialogue que vous avez écrit pour l'exercice 4.18 et décidez lequel des deux points de vue vous voulez défendre. Ensuite, écrivez deux ou trois paragraphes dans lesquels vous présentez et réfutez les arguments du point de vue opposé. Inspirez-vous des stratégies utilisées dans les deux exemples ci-dessus.

À L'ORDINATEUR

Exercice 4.20   Une affirmation controversée

Répartissez-vous en groupes de quatre à six personnes. Chaque groupe choisira une des questions de l'exercice 4.17. Ensuite, divisez chaque groupe en deux équipes: l'une répondra **oui** et l'autre **non** à la question posée. Il n'est pas nécessaire que vous partagiez vraiment ce point de vue.

1. En équipes, mettez-vous autour de l'ordinateur et faites une liste des idées qui soutiennent votre point de vue. Désignez une personne pour mettre vos idées sur ordinateur.
2. Changez de place avec l'équipe qui soutient le point de vue contraire, pour que chaque équipe puisse lire les arguments de ses adversaires (ou bien envoyez-leur vos arguments par courrier électronique).
3. Utilisant la fonction «insérer», écrivez la réfutation de chaque argument en lettres majuscules. Pendant ce temps, l'autre équipe fera de même.
4. Faites imprimer tout le fichier, avec vos arguments et les réfutations de l'autre équipe. Échangez cette copie sur papier avec un autre groupe qui traite d'un sujet différent.
5. Lisez les arguments et réfutations de l'autre groupe et décidez qui a le mieux défendu son point de vue.

*U*n portrait

I. *P*RÉPARATION

Activité A   Analyse d'une description

En lisant le passage suivant, observez bien la description du personnage. Faites une liste de tous les adjectifs utilisés dans ce passage, puis répondez aux questions qui suivent.

Quant à mon père, je le voyais peu. Il partait chaque matin pour le «Palais», portant sous son bras une serviette[a] pleine de choses intouchables qu'on appelait des dossiers. Il n'avait ni barbe, ni moustache, ses yeux étaient bleus et gais. Quand il rentrait le soir, il apportait à maman des violettes de Parme, ils s'embrassaient et riaient. Papa riait aussi avec moi; il me faisait chanter: *C'est une auto grise...* ou *Elle avait une jambe de bois;* il m'ébahissait[b] en cueillant au bout de mon nez des pièces de cent sous. Il m'amusait, et j'étais contente quand il s'occupait de moi; mais il n'avait pas dans ma vie de rôle bien défini (Simone de Beauvoir, *Mémoires d'une jeune fille rangée,* 1958).

---

[a] *briefcase* [b] *astounded*

1. Y a-t-il beaucoup d'adjectifs dans ce passage?
2. Quelles autres parties du discours l'auteur utilise-t-elle pour faire ce portrait?
3. Combien de fois trouvez-vous les verbes **être** et **avoir** dans ce passage?
4. Par quel(s) moyen(s) est-ce que l'auteur évite d'utiliser ces verbes?
5. Qui décrit ce personnage?
6. Quelle est l'idée principale de la description?

Activité B   Vocabulaire

Pour éviter d'utiliser trop d'adjectifs dans votre portrait, il faut développer systé-
matiquement votre vocabulaire. Pour chacun des adjectifs suivants, trouvez un
nom (substantif) de la même famille étymologique. Ensuite trouvez un verbe
d'une autre famille étymologique que vous associez aux deux premiers mots. Utilisez un bon dictionnaire français-français comme le *Petit Robert* pour vous aider.

EXEMPLE: *Adjectif*   *Nom*   *Verbe*
           triste   la tristesse   pleurer
           idéaliste   l'idéalisme (*m.*)   manifester

1. compétent   8. fin   15. patient
2. superficiel   9. enthousiaste   16. avare
3. cruel   10. pâle   17. joyeux
4. généreux   11. obstiné   18. fort
5. vaniteux   12. amusant   19. impétueux
6. délicat   13. original   20. beau
7. étrange   14. sincère

Activité C   Description

Écrivez dix phrases qui décrivent chacune une personne précise (Julia Roberts,
votre meilleur ami, etc.). Chaque phrase (1) évoquera une personne; (2) fournira un
contexte — des circonstances dans lesquelles se trouve cette personne; (3) fera une
description de la personne. Vous pouvez vous inspirer des mots dans l'activité B,
mais il n'est pas nécessaire de vous y limiter. Variez les structures et les verbes le
plus possible. Remarquez qu'on peut décrire sans adjectifs.

EXEMPLES: *En classe*   *Marie-Claire*   *a l'air fatigué.*
            (contexte)   (personne)   (description)

            Mon père   *nous regardait avec méfiance*
            (personne)   (description)

            le jour où je lui ai présenté mon fiancé.
                         (contexte)

Activité D   Langage concret

1. Écrivez quinze mots (adjectifs, noms et verbes) ou expressions que vous associez à une personne précise.
2. Choisissez cinq mots ou expressions tirés de votre liste et utilisez-les dans
   des phrases complètes.
3. Fermez les yeux. Imaginez cette personne dans un contexte précis (par
   exemple, dans son fauteuil préféré ou sur un court de tennis). Imaginez ce
   qu'elle fait, ses expressions, sa voix, la manière dont elle traite les autres
   personnes, ses vêtements, etc.

4. Ouvrez les yeux. Décrivez cette personne en utilisant les détails suivants.
   a. ses gestes
   b. ses vêtements
   c. son comportement
   d. son visage
   e. sa façon de parler (le ton de sa voix)

Activité E   Analogies

1. Regardez encore la liste de mots et expressions que vous avez faite à l'activité D.
2. Choisissez cinq mots ou expressions et utilisez-les pour créer des analogies (voir *Chapter 2,* pages 25–26) qui pourront animer votre description de la personne choisie.

Activité F   Narration

Pensez à une anecdote qui illustre un aspect du caractère de la personne que vous voulez décrire. Rédigez l'anecdote en réfléchissant bien aux principes de la narration esquissés dans *Chapter 4.* Écrivez l'idée centrale de cette anecdote sur une feuille volante. Passez le texte de votre anecdote à un(e) camarade de classe et demandez-lui quelle est, à son avis, l'idée principale. Si son interprétation est différente de la vôtre, demandez-lui de vous expliquer ce qui lui a suggéré cette interprétation. Ensuite, modifiez votre anecdote pour qu'elle illustre mieux l'idée que vous voulez communiquer.

II. RÉDACTION

Imaginez qu'un de vos amis souhaite participer à un programme d'échange international et qu'il vous demande d'écrire une lettre qui le présente à la famille qui le recevrait s'il était accepté. La famille demande les renseignements suivants:

- aspect physique
- caractère
- habitudes
- motivation pour un échange

Avant d'écrire la lettre, résumez en une phrase l'impression générale que vous voulez communiquer. Choisissez des détails qui contribuent à cette impression (voir *Chapter 4*) pour un exemple de portrait avec une thèse). Racontez au moins une anecdote qui illustre le caractère de votre ami. Si votre ami a des traits de caractère qui pourraient être considérés négatifs, ne les cachez pas, mais essayez de les incorporer judicieusement à votre thèse. Il s'agit non seulement de donner une impression favorable mais aussi honnête de la personne que vous décrivez.

III. *R*ÉVISION

A. Guide de commentaire

Utilisez ce guide pour réagir aux portraits préparés par les membres de votre groupe.

1. Esquissez au crayon la personne d'après le portrait écrit. Vous n'avez pas besoin d'être un grand artiste. Il s'agit simplement de traduire visuellement ce qui vous a frappé dans la description.

2. Vos talents artistiques vous ont-ils limité(e) dans l'expression de tous les détails que vous souhaitiez mettre dans votre dessin? Expliquez.
3. Où dans le texte voudriez-vous voir des exemples ou une description plus précise?
4. Quelle est l'idée centrale de la description? Si vous deviez choisir une couleur pour représenter votre impression générale, laquelle choisiriez-vous? Pourquoi?
5. Surlignez avec un feutre vert tous les emplois du verbe **être** et suggérez une façon de l'éviter dans au moins trois cas.
6. Accepteriez-vous cette personne comme hôte dans votre famille? Pourquoi ou pourquoi pas?

B. Deuxième brouillon

1. Les réponses de vos camarades aux questions 1, 2 et 4 correspondent-elles à vos intentions? Sinon, comment pouvez-vous modifier votre texte pour mieux communiquer votre vision de la personne décrite?
2. Utilisez les réponses aux questions 3 et 5 pour vous aider à améliorer le style de votre rédaction.
3. Si un(e) camarade du groupe a répondu «non» à la question 6, comment pouvez-vous modifier l'impression que vous avez donnée?

C. Version finale

Avant de remettre la version finale de votre lettre à votre professeur, revoyez bien les détails de la langue, suivant le guide au dos de la page de couverture de ce manuel. Surlignez avec un feutre rose tous les emplois du verbe **être** et avec un feutre bleu tous les adjectifs. Essayez de substituer des verbes plus expressifs dans quelques-unes de ces phrases. Dans la version finale, le verbe **être** peut être utilisé trois fois au maximum.

5 $\mathcal{O}$rganizing

$\mathcal{S}$ELECTING RELEVANT MATERIAL

In your early drafts, you may want to write rather quickly, jotting down your ideas in French without worrying about organizing or developing them. But once you have written down a good deal of information, you need to read your draft carefully and decide what material to keep, and how to arrange it. What you use depends on your thesis: Retain the material that most clearly supports the thesis.

One way to begin this process of selecting and organizing is to let your draft sit for a few days (or at least a few hours) so that you can read it with a fresh perspective. As you read, underline each sentence containing a new idea. Then look closely at what you have underlined. Is the sentence clearly connected to the thesis? If not, either delete it from the paper, or rewrite it to clarify its relationship to the thesis. Does any paragraph contain more than one major idea? If so, you will probably need to develop a paragraph for each new idea. Each of the italicized sentences in the following paragraph contains a new idea, giving the paragraph two extra topic sentences.

Il est maintenant possible de maintenir indéfiniment «en vie» des malades qui n'existent plus que dans un état végétatif permanent. *Cette situation crée des problèmes graves pour leurs familles.* On ne peut pas dire que ces personnes vivent vraiment. Elles ne parlent pas; elles ne mangent pas; elles ne semblent pas entendre les autres. Cependant, selon la morale traditionnelle, s'il existe un moyen de les maintenir en vie, les médecins doivent l'activer. Ces personnes représentent souvent un énorme fardeau économique pour leurs familles. De même les familles sont tenues de maintenir un contact personnel avec ces personnes, alors qu'aucun rapport réel avec le malade n'est possible. *Les compagnies d'assurances versent des sommes astronomiques pour les soins de ces personnes,* quand il n'y a plus le moindre espoir qu'elles puissent mener un jour une vie normale. Du fait *que leur corps vit encore tandis que leur cerveau est pour ainsi dire mort, leurs organes—cœur, reins, foie, et cetera—pourraient sauver la vie d'autres patients conscients qui ont besoin d'une transplantation.*

The second idea (the cost to insurance companies) and the third idea (the potential for organ transplants) do not belong in this paragraph about the problems of the families of these patients. If the writer wishes to make these points, he or she will need to create new paragraphs expanding on them.

Exercice 5.1 Choix d'idées

Lisez le paragraphe suivant et faites une liste des idées présentées. Identifiez une idée principale et écrivez un nouveau paragraphe qui développe cette idée seule.

> De plus en plus de jeunes Américains finissent l'école sans avoir appris à lire. On met en cause la compétence des professeurs. Il arrive que les parents reçoivent des lettres d'enseignants contenant des fautes de grammaire et d'orthographe. Il existe d'énormes inégalités entre les écoles des quartiers riches et les écoles des quartiers pauvres. Il y a beaucoup de violence dans les écoles urbaines; les élèves aussi bien que les professeurs trouvent difficile de se concentrer sur leur travail scolaire. Les écoles sont obligées de consacrer de plus en plus de temps à de nouvelles matières telles que l'éducation sexuelle ou antitabac, ce qui les empêche d'enseigner des matières essentielles comme la lecture, le calcul ou l'écriture.

The amount of material you use depends on the proposed length of your paper, the complexity of your subject, and the familiarity of your reader with the subject. In most cases, it is more effective to explain a few ideas in detail than to raise a great many issues without developing any of them satisfactorily. Thus, in a five-page paper, it is usually a better idea to present a thorough explanation and examples for each of two or three ideas than to attempt to present eight or ten ideas with few examples and little explanation. Of course, there is no ideal ratio of examples and ideas to length of text; you have to consider each essay individually. The following short essay provides sufficient detail for its purpose: an overview of the new class of managers in France.

Le nouveau patron français

Avant les années 80, les patrons français venaient surtout des classes dominantes de la société: la haute bourgeoisie et la noblesse. Ce n'est plus le cas aujourd'hui. La légitimité, dans les années 90, vient de l'histoire qu'on se fait soi-même: l'éducation, la carrière et le caractère jouent un rôle plus important que la naissance dans l'ascension d'un patron.

Ces nouveaux patrons comprennent mieux la nécessité de bons rapports entre le patronat et les salariés. D'après les psychologues, cette compréhension vient du fait que les nouveaux patrons sont souvent eux-mêmes fils d'ouvriers, et donc, dès leur jeunesse, ils ont été témoins des préoccupations des ouvriers.

Cette nouvelle classe de patrons professe une nouvelle philosophie de la gestion.[a] L'image à la mode n'est plus la figure paternaliste du «roi-patron», exploiteur des ouvriers. Le nouveau patron abandonne la discipline autoritaire au profit du modèle japonais où les salariés établissent eux-mêmes leurs propres conditions de travail. Les sociologues soutiennent que cette participation de l'individu le rend plus respectueux des règles et lui confère un sentiment de responsabilité pour la qualité de son travail.

On voit donc que l'arrivée au pouvoir d'une nouvelle classe de patrons est un changement positif pour l'industrie française. Le patronat n'est plus un cercle fermé auquel n'accèdent que des gens privilégiés. De plus, les ouvriers sont plus satisfaits de leurs conditions de travail, et il devrait en résulter une augmentation de la qualité ainsi que de la quantité de la production. Tout cela ne peut qu'améliorer la compétitivité de l'industrie francaise.

———————————

[a] *management*

This paper has two basic ideas: (1) The opening up of management positions to people from all social classes makes for better relations between management and workers, and (2) these improved relations benefit the company as a whole. The bulk of the paper explains how these changes came about and substantiates the results of the changes. A longer version of the paper might include specific examples of the changes and quotations from the psychologists and sociologists mentioned.

· ·
Exercice 5.2   Choisir des renseignements

Lisez les renseignements suivants et formulez une thèse au sujet de l'écologie en France. Choisissez ensuite les faits qui soutiennent votre thèse et utilisez-les comme point de départ d'une rédaction d'environ 200 mots.

1. En 1974, la France a vu son premier candidat écologiste aux élections présidentielles: l'agronome René Dumont.
2. En 1975, 400 scientifiques français ont protesté contre les centrales nucléaires d'électricité.
3. Le 18 mars 1967, le pétrolier géant *Torrey Canyon* s'est échoué sur les récifs au sud-ouest de la Cornouaille en Angleterre. Dans les semaines qui ont suivi cet accident, des dizaines de milliers de tonnes de carburant se sont déversées dans la mer et se sont dirigées vers la côte bretonne de la France.
4. En 1990, on proposait de construire un nouveau tronçon du réseau du Train à Grande Vitesse (TGV) qui traverserait des vignobles, des forêts de

cyprès et des champs d'oliviers en Provence. Les habitants se sont mobilisés contre l'avancée du «cheval de fer».

5. La France produit chaque année des millions de tonnes de «déchets[a] ultimes», déchets à forte teneur en substances toxiques — mercure, cyanure, arsenic, phénols, amiante, dioxine, pyralène — qui subsistent après traitement des déchets industriels et ménagers.

6. La France produit chaque année environ 300 kilogrammes de déchets ménagers par habitant.

7. Les mines de sel offrent un lieu idéal pour le stockage des déchets ultimes à cause de leur imperméabilité, mais personne n'en veut près de chez soi.

8. Aux élections municipales de 1989 en France, 1.400 écologistes ont été élus.

9. Atteintes par les nuages toxiques provenant des centres industriels de Lorraine et d'Allemagne, les forêts des Vosges, dans l'est de la France, commencent à disparaître. De l'autre côté du Rhin, dans la Forêt Noire allemande, la situation est encore pire.

10. En Camargue, une région marécageuse[b] de la Provence, des biologistes construisent des nids de flamants[c] roses pour les aider à se reproduire.

11. Les naturalistes croient que certaines lignes électriques, ainsi que des marais pollués, sont responsables de la disparition progressive des cigognes.[d]

12. Les «paysagistes» français se sont mis à réhabiliter les terrils.[e] À Loos-en-Gohelle, au nord de la France, on a transformé un térril en théâtre de plein air; d'autres sont reverdis au terme de recherches botaniques délicates.

13. Pour certains, la popularité du parti écologiste en France s'explique surtout par un désir des Français pour une politique qui soit enracinée dans la vie quotidienne et qui leur permette de participer aux décisions.

14. Certaines personnes pensent que le parti des Verts (écologistes) s'oppose à tout progrès et veut un retour au passé.

15. Depuis 1989, toute nouvelle construction dans les zones littorales non développées en France est interdite.

16. En 1989, la France est devenue le premier pays du monde à interdire toute importation d'ivoire.

17. Plus de 70 pour cent de l'électricité en France est produite par des centrales nucléaires.

18. La société de produits chimiques et pharmaceutiques Rhône-Poulenc prétend consacrer plus de 20 pour cent de ses investissements industriels à la sécurité et à l'environnement.

19. En 1989, le ministère de l'Environnement a autorisé des dépenses de 8,2 millions de francs pour le nettoyage du Rhin, 800 millions pour la Côte d'Azur et 1,2 milliards pour la côte bretonne.

20. Un nouveau mouvement politique écologiste en France se propose non pas de former un parti, mais de soutenir des candidats «verts», quelle que soit[f] leur orientation politique.

---

[a] *waste* [b] *swampy* [c] *flamingos* [d] *storks* [e] *slag heaps* [f] quelle... *whatever*

Choosing a Structure for Your Essay

Some writing projects, such as legal briefs, scientific reports, recipes, and resumés, must be constructed according to a predetermined form. Essays, however, can be organized in many ways—there is no one correct form. Writers tend to choose a structure that best suits their topic. They may set their essay up as a single paragraph or divide it into fifty paragraphs, state the thesis at the beginning or present it in the conclusion. An especially skilled writer may omit the thesis entirely, allowing carefully chosen details to create an inescapable conclusion. Whatever the strategy, it is never random; the writer consciously chooses the pattern that best expresses the topic.

While you may want to experiment with different methods of organization, a linear structure, in which each element of the essay is directly connected to a stated thesis, will accommodate almost any kind of writing you do. It is also relatively easy to control. The following is a typical procedure.

1. Begin with an introduction that leads directly into your thesis statement.
2. Follow the introductory paragraph with a series of explanatory paragraphs. Each paragraph should illustrate some feature of the thesis in detail.
3. Conclude with a sentence or paragraph that sums up or comments on the material presented in the essay.

The Topic Sentence

A topic sentence states the main point of the paragraph. It has the same function in the paragraph as the thesis statement has in the essay as a whole, and like the thesis, it makes your intentions clear to the reader and helps you, the writer, stay on track. Although topic sentences are easiest to use at the beginning of the paragraph, they can also function effectively within or at the end of a paragraph. Note the placement of the topic sentence (in italics) in each of the following examples.

> *L'industrie automobile a une santé précaire.* La production subit de fortes fluctuations. En effet, la croissance est liée à la demande du marché français, à la conquête des marchés extérieurs; la concurrence est vive. Les constructeurs américains sont solidement implantés en Europe; des productions nationales (Japon, Suède, Espagne, Pays-Bas) ont surgi en quelques années. Pour demeurer compétitive, l'industrie automobile française a besoin d'investir autant que ses concurrentes allemande ou italienne (d'après Victor Prévot et autres, *Connaissance de la France,* 1969).

Du XVIIème au XIXème siècle, le français a été la langue de l'aristocratie européenne et de la diplomatie mondiale. Aujourd'hui encore, 70 millions d'hommes sur le globe ont le français pour langue maternelle, autant d'autres au moins le parlent couramment et de nombreux États l'ont adopté comme langue officielle. Après une période critique, où l'anglais lui faisait une concurrence victorieuse, le français semble connaître un regain de faveur dans de nombreux pays étrangers. *Il conserve en tout état de cause un grand prestige* (Guy Michaud, *Guide France: Manuel de civilisation française, 1964*).

Je refuse la plupart des interviews, je ne fais pas le Salon du livre, j'ai mis des années avant même de rencontrer mon propre éditeur. Ça participe de cet écart que j'entretiens vis-à-vis du monde médiatique. *Pour moi, un écrivain, c'est quelqu'un de mystérieux.* Les gens que j'aime lire sont des gens dont je me demande toujours où ils sont, ce qu'ils font. Je ne vois pas l'intérêt de discuter de la façon dont je construis mes phrases (Patricia Oudit, *«Philippe Djian»*, dans *L'Étudiant,* juillet-août 1991).

. . . .

Exercice 5.3   Morales

Dans une fable, l'idée centrale (la morale) se trouve généralement à la fin. Complétez les fables ci-dessous par une morale convenable, choisie dans la liste qui les suit.

1. Pendant l'hiver, leur blé étant humide, les fourmis (*ants*) le faisaient sécher. La cigale (*cicada*), mourant de faim, leur demanda de la nourriture. Les fourmis lui répondirent «Pourquoi en été n'amassais-tu pas de quoi manger? — Je n'étais pas inactive, dit celle-ci, je chantais mélodieusement.» Les fourmis se mirent à rire. «Eh bien, si en été tu chantais, maintenant que c'est l'hiver, danse.»

2. Un jour, un vieillard, portant le bois qu'il avait coupé, faisait une longue route. Succombant à la fatigue, il déposa quelque part son fardeau (*burden*) et appela la mort. La mort arriva et lui demanda pourquoi il l'appelait. Alors le vieillard épouvanté (*horrified*) lui dit «Pour que tu soulèves mon fardeau.»

3. Tout attentif aux étoiles, un observateur d'astres par mégarde (*carelessness*) tomba dans un puits, mais un voyageur survenant dit à l'astrologue qui gémit: «Comment! tu appliques si bien ton esprit là-haut et tu ne vois pas la terre!»

Morales:

a. Toute personne même si elle est pauvre, aime la vie.
b. La plupart ignorent le présent et se vantent de connaître l'avenir.
c. Il ne faut pas être négligent en quoi que ce soit, si on veut éviter le chagrin et les dangers.

....

Exercice 5.4   Phrases titres

Écrivez une phrase qui contient l'idée centrale de chacun des paragraphes suivants. Insérez cette phrase titre à l'endroit convenable dans le paragraphe.

EXEMPLE:

Le fromage frais pris en grande quantité produit quelquefois des indigestions chez les personnes qui n'y sont point accoutumées. Le fromage fait (*aged*), pris aussi en trop grande quantité, excite la soif et produit une chaleur incommode dans l'estomac et dans les intestins. On prévient ces accidents en usant sobrement de cet aliment; et on les guérit en faisant avaler quelques verres d'eau froide (Diderot, *Article «Fromage»,* dans *L'Encyclopédie,* 1751–65). *Idée centrale: Le fromage n'est pas un aliment parfait.*

1. Mon père, homme de pensée, de culture, de tradition, était imprégné du sentiment de la dignité de la France. Il m'en a découvert l'histoire. Ma mère portait à la patrie une passion intransigeante à l'égal de sa piété religieuse. Mes trois frères, ma sœur, moi-même, avions pour seconde nature une certaine fierté anxieuse au sujet de notre pays... Rien ne me faisait plus d'effet que la manifestation de nos réussites nationales... Rien ne m'attristait plus profondément que nos faiblesses et nos erreurs révélées à mon enfance par les visages et les propos (Charles de Gaulle, «Mémoires de guerre», 1954).

2. Comment parler sur 135 millions d'Américains? Il faudrait avoir vécu dix ans ici et nous y passerons six semaines. On nous dépose dans une ville où nous piquons quelques détails, hier Baltimore, aujourd'hui Knoxville, après-demain La Nouvelle-Orléans, et puis nous nous envolons, après avoir admiré la plus grande usine ou le plus grand pont ou le plus grand barrage du monde, la tête pleine de chiffres et de statistiques (Jean-Paul Sartre, *Situations IV,* 1964).

3. Un auteur qui n'a pas fait de plan, qui n'a pas assez réfléchi sur son sujet, se trouve embarrassé et ne sait par où commencer à écrire. Il aperçoit à la fois un grand nombre d'idées; et, comme il ne les a ni comparées ni subordonnées, rien ne le détermine à préférer les unes aux autres; il demeure donc dans la perplexité. Mais lorsqu'il se sera fait un plan, lorsqu'une fois il aura rassemblé et mis en ordre toutes les pensées essentielles à son sujet, il s'apercevra aisément de l'instant auquel il doit prendre la plume..., il n'aura même que du plaisir à écrire: les idées se succéderont aisément, et le style sera naturel et facile...; tout s'animera de plus en plus, le ton s'élèvera, les objets prendront de la couleur; et le sentiment, se joignant à la lumière, l'augmentera, la portera plus loin, la fera passer de ce que l'on a dit à ce que l'on va dire, et le style deviendra intéressant et lumineux (Buffon, *Discours sur le style,* 1753).

À L'ORDINATEUR

....

Exercice 5.5   La structure d'une rédaction

Ouvrez le fichier contenant la rédaction que vous avez faite pour l'exercice 5.2 ci-dessus et qu'il serait préférable que vous n'ayez pas lue depuis un ou deux jours. Ensuite suivez ce procédé.

1. Appuyez deux fois sur la touche «retour» pour créer un blanc sur l'écran à la fin de votre texte.
2. Relisez chaque paragraphe de votre rédaction et soulignez-en l'idée principale.
3. Si vous ne trouvez pas de phrase à souligner, écrivez l'idée centrale du paragraphe et soulignez-la.
4. Utilisant la fonction «copier», transposez toutes les phrases soulignées en bas de votre rédaction. Conservez l'ordre des phrases.
5. Posez-vous les questions suivantes. Est-ce que toutes ces phrases ont un rapport avec la thèse? La succession des idées est-elle satisfaisante?

Composing the Opening Paragraph
....

Although it can be quite effective to begin a paper with the thesis sentence — especially if your paper is short — an introductory sentence or paragraph usually provides a more graceful beginning. The introduction can be a single sentence or a full paragraph, but it should, as its name suggests, *introduce* the thesis — that is, it should prepare the reader for the idea you are about to present. Although you may have been taught to begin with a general statement, *very* general openings are boring and usually cliché-ridden. It is far more informative and interesting to write something concrete about your subject. Compare the following opening sentences.

Trop général: Dans notre société, il est difficile de se débrouiller sans savoir lire.

Plus intéressant: L'enfant dyslexique sera handicapé tout au long de sa scolarité s'il ne reçoit pas d'attention particulière quand il est très jeune.

Trop général: La religion peut jouer un rôle très important dans la société.

Plus intéressant: À Haïti, le culte vaudou joue un rôle central dans la culture populaire.

Trop général: Le cyclisme est un sport très populaire en France.
Plus intéressant: Chaque été, 10 millions de Français regardent passer le Tour de France: des cyclistes suants, poudreux, hagards, portés par un souffle épique, s'offrant en héros aux populations ravies.

The following are some strategies for effective opening sentences.

1. Say what your subject is *not*.

    L'Encyclopédie n'est pas seulement un livre. C'est, ce fut d'abord un groupe d'hommes, nombreux, divers, dont la composition s'est d'ailleurs modifiée avec le temps (Jacques Proust, *L'Encyclopédie*, 1965).

2. Provide background information on your subject.

    Pendant des millénaires, les femmes ont occupé une place secondaire dans l'Histoire. Dans des domaines aussi variés que les créations littéraire et artistique, la pensée philosophique, les sciences ou l'action politique, d'Ève à la reine de Saba, de Brunehaut à Jeanne d'Arc, de Christine de Pisan à Colette, peu de femmes ont atteint au cours des siècles les sommets de la célébrité (Ney Bensadon, *Les Droits de la femme des origines à nos jours*, 1980).

3. Tell a brief story.

    Elle avait quinze ans lorsque chez son père... Anna rencontra pour la première fois le séduisant Nikolaï Boukharine. Elle en tomba aussitôt amoureuse. Plus tard, dans un isolateur du Guépéou, un instructeur-bourreau voudra lui faire avouer que leur mariage avait été non consommé, que leur fils était d'un autre que Boukharine, et d'autres insinuations insultantes. L'idée du KGB était qu'elle avait «couvert» par ce faux mariage l'établissement d'une liaison clandestine entre une organisation de jeunesse contre-révolutionnaire et le célèbre «opposant». En fait, leur histoire avait été celle d'un grand amour, mais le tragique l'avait très vite interrompu («Le Procès Boukharine» *Magazine littéraire*, avril 1991).

4. Use a short quotation.

    «On n'apprend plus l'histoire à l'école primaire. C'est devenu une sorte de mode de mettre la nation aux oubliettes», a déclaré M. Michel Debré. Deux élèves sur vingt ne savent pas que Charlemagne a été couronné en l'an 800. Il est temps de redonner à l'histoire la place qu'elle mérite dans l'enseignement.

5. Cite an arresting statistic, fact, or opinion.

    Aujourd'hui dans notre pays, quelque 10.000 personnes sont artificiellement maintenues en vie dans un état végétatif. La question est posée: Faut-il ou non prolonger la vie de quelqu'un qui mourrait inévitablement sans l'aide de machines, ou de quelqu'un qui veut mourir à cause des souffrances qu'il endure?

6. Define a term (but don't quote the dictionary).

L'étendue de l'esprit, la force de l'imagination et l'activité de l'âme, voilà le génie. De la manière dont on reçoit ses idées dépend celle dont on se les rappelle. L'homme jeté dans l'univers reçoit, avec des sensations plus ou moins vives, les idées de tous les êtres (Diderot, «*Article Génie*», dans L'*Encyclopédie,* 1751–1765).

Exercice 5.6   Une introduction

Utilisez un des procédés ci-dessus pour écrire une introduction à la rédaction sur l'écologie en France que vous avez rédigée pour l'exercice 5.2.

Giving Continuity to Your Paper

Once you have decided upon a structure for your paper and chosen a format for your introduction, it is important to link your ideas together so that the reader can easily follow your train of thought. The following devices will help you achieve continuity and coherence in French.

1. To show a sequence of ideas, use

D'abord,...
En premier lieu,...
Pour commencer,...

De plus,...
En outre,...
Il faut aussi remarquer que...
Quant à...

Enfin,...
Pour finir,...

2. To introduce contrasting ideas, use

toutefois
pourtant
néanmoins   *nevertheless, however*
cependant
toujours est-il que

en revanche
par contre   *on the other hand*

en dépit de
malgré   *despite*

3. To show a relationship of cause and effect, use

ainsi
aussi + *inversion* (*at beginning of sentence*)
donc
par conséquent
pour cette raison

4. To refer to nouns mentioned in a previous sentence or paragraph, use forms of **ce** and **tel**.

La construction de *ces* cathédrales a souvent duré plusieurs siècles.
Une *telle* situation était naturellement insupportable.

Exercice 5.7　La continuité

Révisez votre rédaction sur l'écologie (exercice 5.2) en ajoutant des expressions de transition là où elles conviennent.

Ending Your Paper

When your readers get to the end of your paper, they should feel a sense of completion. Rather than preface your final remarks with **en conclusion**—an unnecessary and clumsy addition—provide information that pulls together the main ideas of your essay. It is a good idea to restate your thesis in new terms (that is, don't simply duplicate the thesis statement you wrote in the introduction).

Introduction:
Il y a aujourd'hui sur la terre deux grands peuples, qui, partis de points différents, semblent s'avancer vers le même but: ce sont les Russes et les Anglo-Américains...

Conclusion:
Leur point de départ est différent, leurs voies sont diverses; néanmoins, chacun d'eux semble appelé par un dessein secret de la Providence à tenir un jour dans ses mains les destinées de la moitié du monde (Alexis de Tocqueville, *De la Démocratie en Amérique,* 1835).

Another strategy is to refer to information you used in the introduction—complete a story you told, answer a question you raised, match a quotation with a similar or contrasting one, or elaborate on a metaphor you created. The following passages constitute the opening and closing passages of a famous letter written by the novelist Émile Zola in defense of Alfred Dreyfus, a Jewish officer falsely accused of treason. In the conclusion he returns to the metaphor of the *light* of justice and truth which he presented in the introduction.

Introduction:
Me permettez-vous, dans une gratitude pour le bienveillant accueil que vous m'avez fait un jour, d'avoir le souci de votre juste gloire et de vous dire que votre étoile, si heureuse jusqu'ici, est menacée de la plus honteuse, de la plus ineffaçable des taches?...

Conclusion:
Je n'ai qu'une passion, celle de la lumière au nom de l'humanité qui a tant souffert et qui a droit au bonheur. Ma protestation enflammée n'est que le cri de mon âme. Qu'on ose donc me traduire en cour d'assises et que l'enquête ait lieu au grand jour! (Émile Zola, *J'accuse,* 1894).

Your conclusion is also a good place to enlarge on your subject by mentioning some of its implications. Although this can be a highly effective strategy, be sure not to choose an implication that itself may require lengthy explanation. The writers in the following two examples use this technique effectively. Both begin with a brief summary of the thesis and conclude by connecting the subject to something just—but not too far—outside the scope of their essays. In the first example the writer has been discussing changing fashions in clothing among the French. His conclusion draws a parallel between changes in fashion and changes in lifestyles.

Il en est des manières et de la façon de vivre comme des modes: les Français changent de mœurs selon l'âge de leur roi. Le monarque pourrait même parvenir à rendre la nation grave, s'il l'avait entrepris. Le prince imprime le caractère de son esprit à la cour, la cour à la ville, la ville aux provinces. L'âme du souverain est un moule qui donne la forme à tous les autres (Montesquieu, *Lettres persanes,* 1721).

In the following passage, having discussed at length the visual appeal of French cathedrals, the author concludes that their appeal goes beyond the purely aesthetic.

L'attrait qu'exercent sur nous les grandes cathédrales françaises n'a pas seulement pour cause leur masse imposante, la multiplicité et la beauté si humaine de leurs sculptures, la splendeur de leurs vitraux dont les couleurs varient suivant les heures du jour. Il tient aussi au fait que nous avons là un exemple qui ne s'est pas reproduit depuis plus de cinq siècles: l'exemple d'un art collectif et quasi anonyme. Les peintures et les statues exécutées depuis le XVème siècle sont pour nous l'ouvrage de personnalités dont nous n'ignorons ni les noms ni la vie. Il en est autrement des grandes cathédrales. Nous connaissons bien quelques noms d'architectes, mais nous ne savons rien de chacun de ces innombrables artisans qui ont taillé ces statues et composé ces vitraux. Les cathédrales ne sont pas pour nous l'œuvre de tel ou tel artiste, mais celle d'un peuple qui mit l'art au service d'une foi commune (René-Jacques, *Cathédrales de France,* 1959).

If you are writing a short paper (around five pages or less), you may not need a separate concluding paragraph at all. A sentence or two in the last paragraph of the body of the paper can wrap up your discussion. The passage below is the final paragraph of an essay written in 1965 on the dating habits of American college students. The paragraph introduces a new idea (**il en est un autre**) yet sums up the entire essay in its final sentence.

> Liberté et ennui. C'est bien une sorte de paradoxe. Maintenant il en est un autre. Ces jeunes Américains qui si facilement roulent à deux sur les routes, s'embrassent et se caressent sans encombre, changent de partenaire d'une semaine à l'autre sans encourir de blâme, ne sont pas, comme on pourrait le penser, frivoles. La «promiscuité» est, j'en suis convaincu, assez rare. Les amours de passage ne sont pas plus fréquentes que chez nous. Peut-être moins. Le jeune Américain a presque toujours des goûts, des aspirations domestiques, et cela très tôt dans la vie. C'est de la sécurité qu'il rêve, de la fidélité. Il est déjà dans un foyer. Les filles sont ainsi, comme partout ailleurs. Mais les garçons aussi, il me semble, en nombre exceptionnellement grand. Rien n'est plus sage au fond qu'un étudiant américain, et dans le domaine de l'amour sans doute plus que dans tous les autres (Jacques Lusseyran, «L'Étudiant américain», *Esprit,* avril 1965).

Exercice 5.8   Une conclusion

Utilisez un des procédés ci-dessus pour conclure votre rédaction sur l'écologie (exercice 5.2).

*S*tyle: Clarity and Authenticity

Like the information you include in your paper, your style—the tone and rhythm of your prose—will vary according to the writing occasion, audience, and purpose. You should develop a range of styles to suit different occasions for your French writing—compositions for class, job applications, personal letters, and so forth. However, regardless of the specific voice or sentence structure you choose, your language should be precise, your sentences clear, and your French authentic. Aim for a concise, direct style that is true to the conventions of idiomatic French.

*C*ONCISENESS

Writing is concise when it uses the fewest words necessary to make a point. This does not mean that you should write only short, simple sentences or that you should skimp on detail. It does mean that you should make every word count. Look at each word in your draft and ask yourself if it contributes something important to the sentence. Is it the most precise word for what you're trying to say? If you can make the same point and create the same effect with fewer words, do so. Non-functional words will only distract the reader from the content that matters. To prune your writing, try the following strategies. Keep in mind that no single word or phrase is in itself problematic; you must judge each one in its context.

1. *Remove unnecessary introductions to sentences.* Sometimes an introductory expression provides necessary information; other times, it only delays the point you want to make. Look at every sentence opener you use and decide whether or not you really need it. (Often these expressions are carry-overs from the spoken language, where they are more appropriate.)

Exemples: à mon avis
de nos jours
en général
il est curieux (de constater) que
il est important (de remarquer) que
il est intéressant (de noter) que
je pense que

Original: *Il est important de remarquer que* la consommation du tabac en
France continue d'augmenter.
Révision: La consommation du tabac en France continue d'augmenter.
(If the issue weren't important, you wouldn't be discussing it.)

Original: *À mon avis,* les pauvres ne pourront améliorer leur niveau de
vie que lorsqu'ils détiendront le pouvoir politique.
Révision: Les pauvres ne pourront améliorer leur niveau de vie que
lorsqu'ils détiendront le pouvoir politique.
(The reader can assume that your essay states your opinion.)

2. *Remove any redundant words or expressions.* While repetition can be a
powerful rhetorical device, unnecessary repetition — redundancy — drains
the force from your prose. Used effectively, repetition provides emphasis
and coherence, as in the following example.

> ...j'allais d'arbre en arbre, à gauche, à droite, me disant: «Ici plus de
> chemins, plus de villes, plus de monarchie, plus de république, plus
> de présidents, plus de rois, plus d'hommes» (Chateaubriand, *Essai
> sur les Révolutions,* 1797).

In this passage, the repetition of **plus de** serves to emphasize the wildness
of the landscape, the distance from civilization. When repetition has no
rhetorical function, it becomes redundancy.

Original: Je voudrais raconter mes souvenirs *du passé.*
Révision: Je voudrais raconter mes souvenirs. *(Memories are always of the
past.)*

Original: La guerre d'Algérie a été une *tragédie atroce* pour beaucoup de
Français.
Révision: La guerre d'Algérie a été une *tragédie* pour beaucoup de Français.

Original: Il parle d'une manière *subjective et pas du tout objective.*
Révision: Il parle d'une manière *subjective.*

3. *Replace circumlocutions with direct expressions.* Circumlocutions are
roundabout expressions. Compare the circumlocutions on the left with the
concise alternatives on the right.

Les lois au sujet de l'interdiction des drogues...

Les lois qui interdisent les drogues...

Le livre est à un prix excessif.

Le livre coûte trop cher.

4. *Use intensifiers sparingly, if at all.* Paradoxically, such terms as **beaucoup, très, toujours, évidemment, précisément, bien sûr, trop, si,** and **tellement** often weaken rather than intensify an assertion.

Original: La vie d'un travailleur immigré en France est *très* dure.
Révision: La vie d'un travailleur immigré en France est dure.

Original: Les familles des travailleurs émigrés souffrent *beaucoup* de leur absence.
Révision: Les familles des travailleurs émigrés souffrent de leur absence.

Original: Elle voulait être une femme *tellement* brillante et *tellement* élégante.
Révision: Elle voulait être une femme brillante et élégante.

À L'ORDINATEUR

....

Exercice 6.1   Mots inutiles

1. Créez un fichier où vous mettez une liste d'introductions, de redondances, de circonlocutions et d'adverbes tels que **beaucoup** et **très** qui paraissent souvent dans vos brouillons.
2. Quand vous êtes prêt(e) à réviser une rédaction, ouvrez le fichier où se trouvent ces expressions, et dans une autre fenêtre ouvrez le fichier où se trouve votre rédaction.
3. Utilisez la fonction «recherche» pour trouver ces expressions dans votre rédaction. Éliminez-les si nécessaire.

---

5. *Whenever possible, replace* **être, avoir,** *and* **il y a** *with strong verbs.* Verbs convey action. The more powerful the verb, the more vigorous your writing. **Être, avoir,** and **il y a** are weak constructions because they describe a state rather than an action. Compare the following sentences.

Original: Ma mère était joyeuse et a commencé à danser.
Révision: Ma mère a dansé de joie.

Furthermore, weak verbs convey little information and thus require additional phrases to create meaning, adding to the bulk of the sentence. Even the verb **faire,** although it suggests action, can be a weak verb because it requires a noun phrase to convey an idea that could be conveyed by a single verb. By replacing verb phrases with a single verb, you shorten the sentence and increase its power.

Original: Les philosophes Thoreau, Marx et Gandhi *ont eu une influence sur* Martin Luther King, Jr.

Révision: Les philosophes Thoreau, Marx et Gandhi *ont influencé* Martin Luther King, Jr.

Original: Dans les années 40, l'acteur Fernandel *était populaire* auprès du public français.

Révision: Dans les années 40, le public français *adorait* l'acteur Fernandel.

Original: Pour réduire la pollution causée par les centrales électriques, *il y a la possibilité d*'utiliser davantage l'énergie solaire.

Révision: *On peut* réduire la pollution causée par les centrales électriques en utilisant davantage l'énergie solaire.

Exercice 6.2   Verbes expressifs

Dans les phrases ci-dessous, remplacez la locution verbale en italique par un des verbes suivants. Dans certains cas il faudra réorganiser la phrase.

choisir	pouvoir	suggérer
distinguer	se ressembler	symboliser
interpréter		

1. C'est seulement la couleur de peau qui *fait la distinction entre* les personnes.
2. On *n'a pas le choix du* pays où l'on nait.
3. Cette conclusion *est une suggestion sur* l'avenir des personnages.
4. *Il y a une variété d'interprétations possibles de* ce titre.
5. Les trois passages *ont des ressemblances.*
6. L'image *est symbolique de* l'effet du mariage.

6. *Unless you have a special reason for using the passive voice, put your verbs in the active voice.* All verbs are either in the active or passive voice. A verb is in the active voice when its subject does the acting. It is in the passive voice when its subject is acted upon by another agent.*

Active voice: 1819 a été une année remarquable pour les arts européens. En Italie, Rossini **a composé** *La donna del lago;* en France, Géricault **a peint** *Le Radeau de la Méduse;* en Grande-Bretagne, Walter Scott **a écrit** *The Bride of Lammermoor.*

Passive voice: 1819 a été une année remarquable pour les arts européens. En Italie, *La donna del lago* **a été composée** par Rossini; en

---

* Be sure not to confuse passive voice with the **passé composé** of verbs conjugated with **être**. Both constructions consist of a form of **être** + past participle, but with the **passé composé**, the subject is performing the action.

> **Passive voice:** Les voitures Renault **sont fabriquées** à Boulogne-Billancourt. (Someone makes the cars, but the writer didn't think it important to say who.)
> **Passé composé:** Mes amis **sont partis** à minuit. (The friends are the ones who left.)

France, *Le Radeau de la Méduse* **a été peint** par Géricault;
en Grande-Bretagne, *The Bride of Lammermoor* **a été écrit**
par Walter Scott.

The passive voice is not as common in French as it is in English, but in
both languages it is usually a weaker construction than the active voice.
Because the subject of a verb is not performing any action, the sentence
can seem static and lifeless. The active voice, as its name tells us, describes
action and thus energizes the sentence.

Although the active voice is usually the stronger form, in the following
cases, you may deliberately choose a passive construction.

a. When you want to emphasize your subject's passivity or helplessness.

En 1431, Jeanne d'Arc **a été brûlée** vive par les Anglais.
Entre 1940 et 1944, la France **était occupée** par les Allemands.

b. When you don't know or don't want to emphasize who performed the
action. In this case, you can still avoid the passive in French by using
on or a reflexive **se** construction.

On parle français au Québec.
Le français se parle au Québec. *(French is spoken...)*

On vend des journaux dans les bureaux de tabac.
Les journaux se vendent dans les bureaux de tabac. *(Newspapers are
sold...)*

7. *It's better to violate all of the preceding guidelines than to write something
forced or strange.* Remember, there are no rigid rules in writing—only
choices. And every choice depends on context.

Exercice 6.3 Voix passive ou active?

Récrivez les phrases suivantes en utilisant une forme active du verbe. Si l'agent
n'est pas indiqué, utilisez **on** comme sujet. Mettez le verbe au même temps que le
verbe **être** dans la phrase à voix passive.

EXEMPLES: Les instructions ont été données par le juge.
Le juge a donné les instructions.
La pelouse devant la mairie est tondue (*mowed*) une fois par se-
maine en été.
On tond la pelouse devant la mairie une fois par semaine en été.

1. Chaque fois que je vais dans le bureau de mon patron, je suis interrogé
comme un criminel.
2. Les nouveaux élèves ont été appelés un par un.
3. Elle veut paraître forte et fière quand elle sera vue par les villageois.
4. Le mot «simple» est utilisé par l'auteur pour décrire la mentalité du personnage principal.

Exercice 6.4 La concision

Récrivez les paragraphes suivants de façon plus concise. Éliminez ou remplacez les mots en italique selon le cas. Il s'agit de simplifier sans changer le sens: tous les renseignements de base resteront.

1. Dans ce passage *il y a l'idée que* la nature est importante et *que la civilisation et la culture sont formées* à partir de la nature. La civilisation *n'a aucune chance* sans la nature.

2. Le nombre d'émissions télévisées *qui montrent de la violence* doit *être réduit*. Dans ces émissions, la violence *est présentée* comme la solution à tous les problèmes. *J'ai l'impression que* si les enfants continuent de regarder tous les jours cette violence, ils vont eux-mêmes *être violents*. Ils *n'auront pas la capacité de* trouver des solutions ingénieuses aux problèmes qui vont *être présents* dans leur vie adulte.

Exercice 6.5 Pensée claire et concise

Maintenant, c'est à vous de trouver les tournures problématiques et d'écrire des phrases plus concises et plus directes. Révisez les pages 83–88 avant de faire cet exercice.

1. Je trouve que ce style est bon parce qu'il crée du suspense grâce à des détails réalistes. L'auteur veut faire une impression très forte sur le lecteur. Quand nous lisons le récit, notre attention est fixée sur les détails parce que nous voulons avoir une idée sur celui qui a commis ce crime horrible.

2. À mon avis, les frais pour maintenir une personne en vie à l'aide d'une machine sont très élevés. Pour les familles qui n'ont pas beaucoup d'argent ou les familles qui n'ont pas les bénéfices d'une assurance, c'est un grand problème. Une personne peut être maintenue en vie longtemps par une machine, et elle sera toujours incurable.

AUTHENTICITY

In addition to making your French clear and straightforward, you should also strive for authenticity. When you revise your paper, try to be aware of language that sounds more English than French: words that don't exist in French (anglicisms), words that look similar in the two languages, but have different meanings (false cognates), or figurative expressions translated directly from English.

Anglicisms
• • • • • • • • • • • • • •

Although some anglicisms are common in the business world (**le marketing, le manager**) and in young people's slang (**cool, OK**), the **Académie française,** which strives to maintain the integrity of the French language, strongly frowns on such borrowings, and there is usually a preferred French alternative. When in doubt, consult a good bilingual dictionary.

False Cognates
• • • • • • • • • • • • • • • • • •

French has many words that resemble English words but have a different meaning. You are already familiar with some of these; others may be new to you. It's a good idea to keep a list of these words handy when you are writing to be sure you don't accidentally use them in their English sense. Below are a few of the most common ones.

actuel	current
actuellement	currently, right now
conférence	lecture
expérience	experiment (*also* experience)
expérimenté	experienced
formidable	great, fantastic
lecture	reading
prétendre	to claim
sensible	sensitive

Translations of English Idioms
• •

Ideally, you should be putting your thoughts directly into French without going through English, since the way to write fluently in French is to practice thinking in French. But when an idea does come to you in English, inspect the wording before translating it literally. It may suggest an image that would sound ridiculous in French. If it does, rephrase the sentence in simple, nonfigurative English first, then write it in French.

> **Idiomatic English:** He was beginning to get *burned out*.
> **Nonfigurative version:** He was beginning to get *tired*.
> **French translation:** Il commençait à *se fatiguer*.

Of course, sometimes there may be an equally colorful French expression you could use. You will learn these gradually. For now, you will want to be aware of idiomatic expressions and make sure not to translate them literally.

The following sentences contain idiomatic expressions that you would need to rephrase before translating.

Japanese auto makers are once again *on the fast track*.
I've got to *hand it to you*. You've done an excellent job.

To a fluent French speaker, word-for-word translation of such metaphoric language is at best comical and, at times, incomprehensible; learning to recognize such expressions when you come across them will help you avoid either pitfall.

. . . .

Exercice 6.6   Expressions idiomatiques

Traduisez les phrases suivantes. Faites particulièrement attention aux expressions en italique.

1. When he heard the news, he was *fit to be tied*.
2. I can't help you. I haven't *the foggiest idea* what to do.
3. We called off the picnic because it was *raining cats and dogs*.
4. My brother has a tendency to *fly off the handle* when he hears things like that.
5. The two women really *hit it off* together.
6. I *give up*. This game is *beyond me*.

*S*tyle: Voice and Tone

Your writing style is a lot like your style of dress: It expresses your personality, your intentions, the occasion, and your relationship with others on that occasion. Just as you might wear jeans to the movies, but a suit to a job interview, so you might confirm your date in a breezy note,

Hélène, on se retrouve au guichet à 19 h.

Robert

and your interview appointment in a formal letter.

```
                        Paris, le 4 juin 1993

Madame,
     Suite à notre conversation téléphonique du 2
juin, permettez-moi de confirmer notre rendez-
vous lundi 10 juin à 9 heures du matin dans
votre bureau. Si vous aviez un empêchement, je
reste à votre entière disposition pour fixer
une autre date.
     Je vous prie d'agréer, Madame, l'expression
de mes sentiments distingués.


            Robert Lacroix
```

The most effective style — in words or dress — is an appropriate one. It should suit your personality, the occasion, and your relationship with others.

LEVELS OF FORMALITY

One way to characterize a style is by its level of formality. At one extreme are brief, casual notes, written quickly, usually to someone you know well. At the other extreme are legal documents — impersonal, weighty, and authoritative. Between the flippant and the ponderous are many different levels of formality — from the most informal writing, addressed to children, your close friends, or readers of popular magazines to the more formal prose of most business communication and academic research.

The following examples are arranged in sequence from the least to the most formal. Notice that the more informal styles create a personal tone by using incomplete sentences, addressing readers directly (**vous**), playing with language (**je, tu, elle, on, nous**), appealing openly to their desires (**pratique, facile, réussir, !**), and asking questions. The formal styles sound more detached. They rarely address the reader directly, and often use long words, complex sentences, and distancing devices such as the passive voice. From an advertisement for a magazine:

JE, TU, ELLE, NOUS
ON S'ABONNE
A FEMME
ACTUELLE!

Plus pratique, plus facile, plus actuel, c'est ça l'abonnement à Femme Actuelle.

Des recettes de cuisine aux échos actualité, de la mode aux trucs beauté et santé, Femme Actuelle c'est plein de conseils et d'idées pour vous simplifier la vie!

From a bank advertisement:

Prêt Etudes
Jusqu'à 45.000 F Intérêt 8%*
T.E.G (hors assurance)

Vous cherchez à financer des études supé-
rieures, une formation professionnelle, une recon-
version, un perfectionnement, un apprentissage?...
Avec un "Prêt études" du CRÉDIT
MUTUEL, donnez-vous toutes les chances de réussir
votre vie professionnelle !
Venez vous renseigner au guichet du Crédit
Mutuel le plus proche.

From a classic work on feminism:

La bourgeoisie conservatrice continue à voir dans l'émancipation de la
femme un danger qui menace sa morale et ses intérêts. Certains mâles re-
doutent[a] la concurrence[b] féminine. Dans l'*Hebdo-Latin,* un étudiant décla-
rait l'autre jour: «Toute étudiante qui prend une situation de médecin ou
d'avocat nous *vole* une place»; celui-là ne mettait pas en question ses droits
dans le monde (Simone de Beauvoir, *Le Deuxième Sexe,* 1949).

---

[a] *fear* [b] *competition*

From an announcement
in a business magazine:

ECUREUIL INVESTISSEMENTS
SICAV ACTIONS FRANÇAISES
pour vos placements sur les grandes valeurs de la cote

CAPITALISATION DES REVENUS

*Lors de sa dernière réunion, le 3 avril 1990, le Conseil d'administration
d'Ecureuil Investissements a décidé d'opter, à compter de l'exercice
1990, pour la capitalisation des revenus. Aucun dividende ne sera donc
distribué en 1991.*

*Cette décision a été prise par l'assemblée générale extraordinaire des
actionnaires, le 3 avril 1990.*

*Ecureuil Investissements, Sicav investie en actions des grandes sociétés
françaises, vous offre désormais les avantages fiscaux de la capitalisation:*

– aucun impôt à payer pendant la durée de votre placement;

*– les plus-values réalisées lors de la revente d'actions sont imposées à un taux
réduit ou nul (si le montant de vos cessions de valeurs mobilières est
inférieur au plafond annuel fixé par la loi de finances).*

Les actionnaires, en désaccord avec cette décision, peuvent demander le rachat
de leurs actions sans frais.

**Vous souhaitez des informations complémentaires ?
N'hésitez pas à venir rencontrer nos conseillers financiers.**

Caisse d'Epargne Ecureuil
L'Ami Financier

Sicav gérée par Ecureuil Gestion,
filiale des Caisses d'Epargne et de Prévoyance et de la Caisse des dépôts et consignations.

• •

Exercice 7.1 Styles formel et informel

Choisissez deux passages tirés des exemples précédents—l'un formel et l'autre informel—et écrivez un pastiche (une imitation) de chacun. Essayez de préserver le ton et le niveau de formalité de l'original. Vous changerez le thème, tout en conservant le style et la structure du passage original.

EXEMPLE: Imitation de la publicité Crédit Mutuel

Carte été:
Jusqu'à cent sessions au choix.
Vous cherchez à perfectionner votre service au tennis, à mieux nager le crawl, à augmenter votre tonus musculaire?
Avec une «Carte été» du Club Santé, donnez-vous toutes les chances de réussir votre vie sportive.
Venez vous renseigner au bureau du Club Santé le plus proche.

$\mathcal{O}$THER VOICES

• •

Just as your writing style can be formal or informal, it can also express a wide spectrum of attitudes: authority, anger, encouragement, sarcasm, fear, self-righteousness, joy, playfulness, urgency, and so forth. An attitude, or voice, of a prose style is formed by the author's word choice and sentence length and structure. The voice of a text shapes its message, as you can see in the following passages written shortly after Edith Cresson was named the first woman Prime Minister of France in 1991.

> Au fait, comment faudra-t-il l'appeler désormais? Madame le Premier ou Madame la Première ministre? Ou bien encore la première des Premiers? Ça vous a un petit côté première de la classe (politique) plutôt sympathique. Quoi qu'il en soit, pour une Première, c'est une première. La première fois qu'on envoie, chez nous, une femme joker dans la cour des grands. Il n'y a eu aucun précédent dans l'histoire de France.
>
> —MICHÈLE FITOUSSI, «EN FIN!», 1991

> Edith Cresson elle-même, une farouche partisane de l'égalité des sexes—bien que non féministe déclarée—affirmait, il y a peu encore, qu'il faudrait des décennies (*decades*) pour qu'une femme ait une chance d'être élue, en France, à la tête de l'État. Sa nomination à Matignon* constitue assurément une belle accélération de l'histoire.
>
> —PHILIPPE TRÉTIACK, «LE MIETTES DU POUVOIR», 1991

———————————

* résidence du Premier ministre

Edith Cresson, Premier ministre de France, 1991–1992

Notice that while both authors are writing about a woman in a position of power, the tone of their prose and the message that this tone conveys vary considerably. The first writer takes a playful attitude toward Cresson's nomination and seems almost giddy with delight. She uses familiar language (**ça, sympathique**) and numerous puns on the word **première**. The second writer has presented Cresson's appointment more factually. Although both writers are pleased by the event, one approaches it playfully, the other seriously.

*V*OCABULARY

The larger your French vocabuiary, the better you will be able to adopt a style and voice suited to your topic. To expand your vocabulary, read as much and as widely as you can in French. In addition to looking up new words in the dictionary, pay attention to their connotations — all the associations they carry along with their literal definition. As you read, notice how each word functions in its context — how the mood and tone in the passage affect what the word means, as well as how the word affects the mood and tone of the passage.

Exercice 7.2   Augmenter votre vocabulaire

Vous trouverez ci-dessous des groupes de mots dont le sens est similaire mais qui ont des connotations différentes. Utilisez un bon dictionnaire français-français pour saisir les nuances. Choisissez ensuite deux mots de chaque groupe et créez pour chacun un contexte qui montre clairement la différence.

EXEMPLE: embêté/énervé/fâché/furieux/hors de soi

J'étais *furieux* quand mon frère, sans me demander la permission, a emprunté mon nouveau tee-shirt. Quand, de plus, j'ai constaté qu'il l'avait utilisé pour laver la voiture, j'étais *hors de moi* et je ne lui ai pas parlé pendant deux semaines.

1. dire/parler/bavarder/radoter/balbutier
2. voiture/automobile/bagnole/car/véhicule
3. marcher/se promener/déambuler/trottiner/aller à pied
4. voyager/se diriger/se rendre/aller/se déplacer
5. laisser/partir/quitter/sortir/filer
6. préoccupé/inquiet/perplexe/soucieux/anxieux/troublé

Exercice 7.3   La connotation

Vous trouverez ci-dessous deux passages littéraires suivis de listes de synonymes pour les mots en italique dans les passages. Récrivez les passages, en remplaçant chaque mot en italique par un des synonymes de la liste. Faites vos choix de sorte que le ton de votre passage soit cohérent. Utilisez des dictionnaires français-anglais et français-français pour vous assurer de la signification précise de chaque mot.

1. Dans ce passage, l'auteur présente son personnage principal, une femme qui n'est pas satisfaite de sa situation.

   C'était une de ces *jolies* et *charmantes* filles, nées, comme par une *erreur* du *destin,* dans une famille d'employés.[a] Elle n'avait pas de dot,[b] pas d'espérances,[c] aucun *moyen* d'être connue, comprise, aimée, épousée par un homme *riche* et *distingué* (Guy de Maupassant, «La Parure», 1884).

   ───────────────

   [a] *office workers*   [b] *dowry*   [c] *hope of inheritance*

   jolies: belles, gracieuses, mignonnes, agréables
   charmantes: séduisantes, délicieuses, ravissantes, enchanteresses
   erreur: faute, méprise, confusion, gaffe
   destin: fatalité, hasard, fortune, sort
   moyen: méthode, plan, manière, biais
   riche: cossu, fortuné, aisé, prospère
   distingué: brillant, célèbre, remarquable

2. Dans ce passage, le personnage principal est en train de découvrir qu'il peut traverser les murs.

   Dutilleul *venait d'entrer dans sa quarante-troisième année* lorsqu'il *eut la révélation* de son *pouvoir.* Un soir, une courte panne d'électricité l'ayant *surpris* dans le vestibule de son petit appartement de célibataire, il *tâtonna* un moment dans *les ténèbres* et, le courant revenu, se trouva sur le palier du troisième étage (Marcel Aymé, «Le Passe-Muraille», 1943).

venait d'entrer dans sa quarante-troisième année: venait d'avoir quarante-trois ans, venait de fêter son quarante-troisième anniversaire, avait quarante-trois ans, était âgé de quarante-trois ans
eut la révélation de: découvrit, prit connaissance de, apprit, vit, constata
pouvoir: faculté, puissance, autorité, force
surpris: étonné, déconcerté, ébahi, stupéfait
tâtonna: chercha à l'aveuglette, essaya de se retrouver, hésita
les ténèbres: l'obscurité, l'ombre, le noir

3. Maintenant écrivez deux courts paragraphes où vous comparez l'effet et le ton de vos passages à ceux des passages originaux.

*V*ARYING SENTENCE STRUCTURE

Your style depends not just on word choice, but also on the rhythm and structure of your sentences. The more sentence types you can manage, the more control you will have over your style. The following strategies will give you considerable stylistic flexibility.

1. *Use free modifiers to combine information from more than one sentence.* A free modifier is a word or phrase that elaborates on the word or phrase immediately before it. The free modifiers are italicized in the following examples.

Original: Un des passe-temps favoris des Français est de faire des petits travaux de rénovation et de construction autour de la maison. Le terme pour ce genre d'activité est bricolage.
Révision: Un des passe-temps favoris des Français est de faire des petits travaux de rénovation et de construction autour de la maison — *le bricolage.*

Original: La calligraphie est l'art de dessiner les caractères d'un texte. Au Japon, cet art se pratique à l'aide d'un pinceau (*paintbrush*).
Révision: La calligraphie, *l'art de dessiner les caractères d'un texte,* se pratique au Japon à l'aide d'un pinceau.

Original: Lucien était triste et fatigué. Il ne voulait pas continuer.
Révision: *Triste et fatigué,* Lucien ne voulait pas continuer.

2. *Combine information using subordinating conjunctions.* Subordinating conjunctions join related pieces of information together and show how they are related. The conjunctions marked with an asterisk introduce a verb in the subjunctive mood.

après que	jusqu'à ce que*	pour que*	sans que*
avant que*	lorsque	puisque	si
bien que*	parce que	quand	tandis que
de sorte que	pendant que		

Without subordination: Nous avons décidé de dîner au restaurant. Ainsi, Sylvie ne sera pas obligée de faire la cuisine le jour de son anniversaire.

With subordination: Nous avons décidé de dîner au restaurant *pour que* Sylvie ne soit pas obligée de faire la cuisine le jour de son anniversaire.

Without subordination: Mon père regardait la télévision. Pendant ce temps, le reste de la famille se promenait dans le jardin.

With subordination: *Pendant que* mon père regardait la télévision, le reste de la famille se promenait dans le jardin.

Without subordination: L'auteur commence et arrête souvent. Nous avons la sensation que le personnage est confus. Nous ressentons les battements rapides de son cœur.

With subordination: L'auteur commence et arrête souvent *de sorte que* nous sentons la confusion du personnage et les battements rapides de son cœur.

3. *Combine information from several sentences into one by using the relative pronouns* **qui, que, dont, où,** *or* **lequel**. Like subordinating conjunctions, relative pronouns connect two sentences and show how they are related. The difference is that while conjunctions tend to show a logical or temporal (time) relationship, relative pronouns show a grammatical relationship. You may need to consult a grammar review book for additional information on relative pronouns.

Original: Chaque jour, nos usines émettent de la fumée toxique. Cette fumée toxique peut causer plusieurs sortes de cancers.

Révision: Chaque jour nos usines émettent de la fumée toxique *qui* peut causer plusieurs sortes de cancers.

or: La fumée toxique *que* nos usines émettent chaque jour peut causer plusieurs sortes de cancers.

Original: Une femme a saisi mon bras et a commencé à crier. Elle était petite et vieille et portait un manteau noir.

Révision: Une petite vieille *qui* portait un manteau noir a saisi mon bras et a commencé à crier.

or: La femme *qui* a saisi mon bras et a commencé à crier était petite et vieille et portait un manteau noir.

Note that a different part of the sentence is emphasized depending on which part is placed in the relative clause. Generally the idea in the main clause is perceived as more important than the idea in the relative clause.

4. *Use the present participle to indicate actions that are parallel to or that explain the action of the main verb.*

   Original: Il marcha longtemps, il pleurait et il levait les yeux au ciel.
   Révision: Il marcha longtemps, *pleurant* et *levant* les yeux au ciel.

   Original: Elle n'est pas venue à la soirée parce qu'elle craignait d'y voir son ancien mari.
   Révision: *Craignant* d'y voir son ancien mari, elle n'est pas venue à la soirée.

5. *Use a preposition + infinitive to connect two verbs governed by the same subject.*

   Original: Il s'est couché. Il n'a pas soupé.
   Révision: Il s'est couché *sans souper.*

   Original: Je suis monté sur une chaise. Je voulais voir ce qui se passait.
   Révision: Je suis monté sur une chaise *pour voir* ce qui se passait.

   Original: Nous avons fermé la porte. Puis nous sommes partis.
   Révision: Nous avons fermé la porte *avant de partir.*

Exercice 7.4 Phrases complexes, phrases simples

Dans les passages suivants, isolez chaque proposition en éliminant dans la mesure du possible les modificatifs libres, les conjonctions de subordination, les pronoms relatifs, les participes présents et la construction préposition + infinitif.

EXEMPLE:

[Ma mère] avait deviné que Françoise n'aimait pas son gendre et qu'il lui gâtait le plaisir qu'elle avait à être avec sa fille, avec qui elle ne causait pas aussi librement quand il était là (Marcel Proust, *Du Côté de chez Swann,* 1913).

> Françoise n'aimait pas son gendre.
> Ma mère avait deviné cela.
> Françoise avait du plaisir à être avec sa fille.
> Son gendre lui gâtait ce plaisir.
> Elle ne causait pas aussi librement avec sa fille quand son gendre était là.

1. Pour l'enseigner à Gertrude j'ai dû moi-même apprendre l'alphabet des aveugles; mais bientôt elle devint beaucoup plus habile que moi à lire cette écriture où j'avais déjà assez de peine à me reconnaître, et qu'au surplus, je suivais plus volontiers avec les yeux qu'avec les mains (André Gide, *La Symphonie pastorale,* 1919).

2. Les statistiques, les témoignages et l'expérience personnelle de chacun montrent, sans conteste, qu'hommes et femmes sont en train de modifier en profondeur l'image qu'ils se font d'eux-mêmes et de l'Autre (Élisabeth Badinter, *L'Un est l'autre,* 1986).

Exercice 7.5 Combiner les idées

Récrivez les paragraphes suivants, en utilisant des modificatifs libres, des conjonctions de subordination, des pronoms relatifs, des participes présents et la construction préposition + infinitif. Variez la structure de vos phrases et faites attention à la bonne transition d'une phrase à l'autre.

1. D'abord je passai le Mohawk. Ensuite j'entrai dans des bois. Ces bois n'avaient jamais été abattus. Je fus pris d'une sorte d'ivresse d'indépendance. J'allais d'arbre en arbre. J'allais à gauche, à droite. Je me disais: «Ici plus de chemins, plus de villes, plus de monarchie, plus de république, plus de présidents, plus de rois, plus d'hommes.» Je voulais voir si j'étais vraiment libre. Je me livrais à des actes de volonté. Ces actes faisaient enrager mon guide. Dans son âme, il me croyait fou (d'après Chateaubriand, *Essai sur les Révolutions*, 1797).

2. Les Allemands ont occupé la France de 1940 à 1944. Cette occupation a produit des conditions de vie tout à fait nouvelles pour les Français. Rien ne les préparait à ces conditions. Peu à peu, la majeure partie de la nation est devenue complice d'un mouvement de résistance. Les activités de ce mouvement comprenaient la collecte de renseignements, la propagande et le combat armé. Tous les Français ne participaient pas activement à ce mouvement. Mais c'était un mouvement révolutionnaire. Les Résistants ont montré une foi énorme dans l'avenir (d'après Henri Michel, *Histoire de la Résistance*, 1965).

À L'ORDINATEUR

Exercice 7.6 Combiner les idées

Mettez les passages de l'exercice 7.5 à l'écran. Révisez-les selon les indications ci-dessus, utilisant les fonctions «déplacement», «annul» et «copier».

6. *Use the colon, dash, and semicolon.* One way to vary your sentence structure and to indicate relationships among your ideas is through punctuation.

    The colon can be used in place of **c'est-à-dire** or **par exemple** to introduce an explanatory list or clause or even a single word. The part of the sentence before the colon should be able to stand alone as a sentence.

    Aujourd'hui, plusieurs ateliers à l'enseigne de son patronyme fonctionnent en permanence: cinq à Paris, d'autres à Lyon, Bordeaux et bientôt à Rennes (*Lire*, février 1990).

Malgré ses succès littéraires précoces, Simenon a longtemps mis un point d'honneur à ne pas décrocher de ce qui fut son premier métier: le reportage (*Lire,* février 1990).

Use a semicolon to connect two closely related sentences.

Il n'aime pas la difficulté; il a peur du danger.

Il était une fois une petite fille de Village, la plus jolie qu'on eût su voir; sa mère en était folle, et sa mère-grand plus folle encore.

Use dashes to provide a strong pause within a sentence when you want to emphasize a point or add a parenthetical comment.

Les réunions ont lieu le soir ou le week-end — car la majorité des intéressés sont dans la vie active —, une fois par semaine, dans des locaux loués à cet effet (*Lire,* février 1990).

The following are the French names of the most common punctuation marks.

. point	? point d'interrogation
, virgule	! point d'exclamation
; point-virgule	— tiret
: deux points	« » guillemets

....

Exercice 7.7   La stylistique et la ponctuation

Le passage suivant est reproduit sans ponctuation à l'exception des points. Insérez la ponctuation convenable (virgule, point-virgule, deux points ou tiret) là où elle est nécessaire. Ensuite, regardez la page 103 et comparez votre ponctuation à celle du passage original. Si votre version est correcte, mais différente de l'original, considérez comment votre style de ponctuation change l'effet.

Le narrateur dans ce passage a été condamné à mort. Il observe attentivement ses propres pensées et réactions.

Dans l'état où j'étais si l'on était venu m'annoncer que je pouvais rentrer tranquillement chez moi qu'on me laissait la vie sauve ça m'aurait laissé froid quelques heures ou quelques années d'attente c'est tout pareil quand on a perdu l'illusion d'être éternel. Je ne tenais plus à rien en un sens j'étais calme. Mais c'était un calme horrible à cause de mon corps mon corps je voyais avec ses yeux j'entendais avec ses oreilles mais ça n'était plus moi il suait et tremblait tout seul et je ne le reconnaissais plus (d'après Jean-Paul Sartre, «Le Mur», 1939).

7. *Vary your sentences so that some are short, others long, some simple, and others complex.* A variety of sentence lengths is not only more interesting rhythmically, but it also provides another way for you to control what you want to emphasize. Very short sentences, for example, draw attention to themselves, as do questions and information introduced with a dash.

Il traversa la salle de classe, vide et glacée. Sur le tableau noir les quatre fleuves de France, dessinés avec quatre craies de couleurs différentes, coulaient vers leur estuaire depuis trois jours. La neige était tombée brutalement à la mi-octobre, après huit mois de sécheresse, sans que la pluie eût apporté une transition et la vingtaine d'élèves qui habitaient dans les villages disséminés sur le plateau ne venaient plus. Il fallait attendre le beau temps. Daru ne chauffait plus l'unique pièce qui constituait son logement, attenant à la classe, et ouvrant aussi sur le plateau à l'est. Une fenêtre donnait encore, comme celles de la classe, sur le midi (Albert Camus, «L'Hôte» dans *L'Exil et le Royaume*, 1961).

8. *Experiment with the cumulative sentence.* When you want to write a long sentence packed with information, try a cumulative sentence. The cumulative sentence is built on a series of clauses and phrases, all modifying a central assertion. In the following examples, the central assertion is italicized.

> *Il entra* suivi de la foule, avec trois autres étudiants, *dans une grande pièce,* éclairée par les fenêtres sans rideaux et garnie de banquettes, le long des murs (Flaubert, *L'Éducation sentimentale,* 1869).

> De temps en temps, quand je levais les yeux de dessus ma page, *je voyais M. Hamel* immobile dans sa chaise et fixant les objets autour de lui, comme s'il avait voulu emporter dans son regard toute sa petite maison d'école (Alphonse Daudet, «La Dernière Classe», 1873).

9. *For unity and emphasis use parallel structures.* Parts of a sentence are parallel to each other when they repeat a pattern. By arranging items parallel to each other, you draw attention to them and show that they belong together logically. The parallel elements are italicized in the examples below.

> Elle participait *à toutes mes amitiés, à mes admirations, à mes engouements* (Simone de Beauvoir, *Mémoires d'une jeune fille rangée,* 1958).

> Elle avait rêvé d'un travail *pur, sec, impersonnel,* où elle *n'aurait* manié *que* des feuilles de papier, *ne se serait* exprimée *qu'*en formules administratives, *n'aurait* connu des gens *que* leur numéro (Françoise Mallet-Joris, *L'Empire céleste,* 1958).

Exercice 7.8 Varier la structure

Récrivez le passage suivant dans un style correct et vivant. Variez la longueur des phrases et incorporez au moins deux exemples des structures suivantes: phrase cumulative et structures parallèles. Vous pouvez transformer le matériel librement, ajouter des mots pour clarifier des rapports ou expliquer, comme vous le jugez nécessaire.

Le chimpanzé est l'un des deux singes anthropomorphes de l'Afrique. L'autre est le gorille. Le chimpanzé est plus commun que le gorille. Le chimpanzé est plus petit aussi. Plus que le gorille, le chimpanzé ressemble aux êtres humains par toutes ses caractéristiques et par son intelligence. Outre sa taille, le chimpanzé diffère du gorille par ses grandes oreilles et son nez plus aplati. Debout, le chimpanzé mesure environ un mètre et demi. Il assume rarement cette position volontairement. Il marche en s'appuyant sur ses longs bras. Il met ses jointures de doigts sur la terre. La nuit, il dort dans un nid rude ou sur une plate-forme. Il construit le nid entre les branches les plus hautes des arbres.

10. *For practice, imitate the style of other writers.* The best way to expand your stylistic range is through word-for-word imitation exercises. Though you would never present your imitation exercise as original work, regular imitation will make you flexible and give you the tools to form your own style.

À L'ORDINATEUR

Exercice 7.9   Imitation

Copiez le passage suivant deux fois, mot à mot. Écrivez votre pastiche en remplaçant les mots du texte original. Changez le thème et autant de mots que vous voulez, mais maintenez le rythme original.

C'était sa passion à lui: une passion d'homme fait pour le défrichement[a] plutôt que pour la culture. Cinq fois déjà depuis sa jeunesse il avait pris une concession,[b] bâti une maison, une étable et une grange, taillé en plein bois un bien prospère; et cinq fois il avait vendu ce bien pour s'en aller recommencer vers le nord, découragé tout à coup, perdant tout intérêt et toute ardeur une fois le premier labeur rude fini, dès que les voisins arrivaient nombreux et que le pays commençait à se peupler et à s'ouvrir (Louis Hémon, *Maria Chapdelaine,* 1954).

[a] *clearing of fields*   [b] *piece of land*

Voici le passage original de l'exercice 7.7.

Dans l'état où j'étais, si l'on était venu m'annoncer que je pouvais rentrer tranquillement chez moi, qu'on me laissait la vie sauve, ça m'aurait laissé froid: quelques heures ou quelques années d'attente c'est tout pareil, quand on a perdu l'illusion d'être éternel. Je ne tenais plus à rien, en un sens, j'étais calme. Mais c'était un calme horrible—à cause de mon corps: mon corps, je voyais avec ses yeux, j'entendais avec ses oreilles, mais ça n'était plus moi; il suait et tremblait tout seul et je ne le reconnaissais plus.

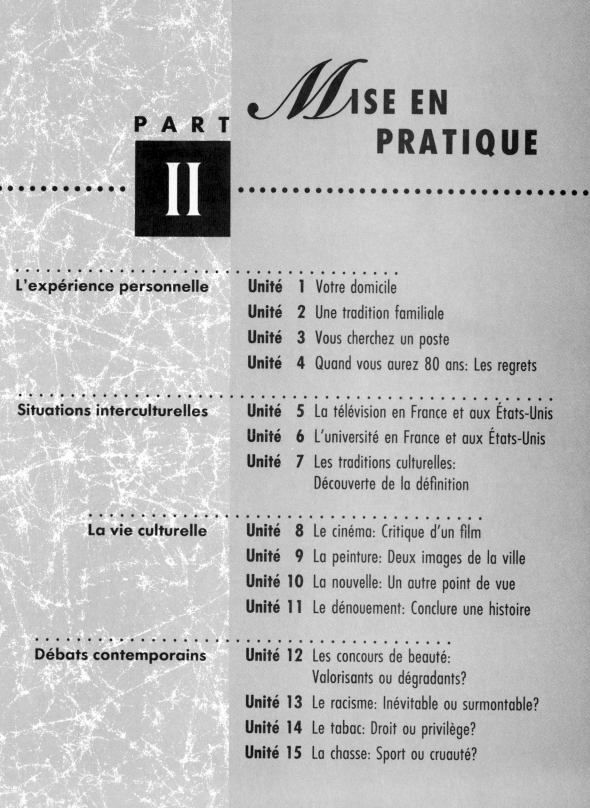

PART II

*M*ISE EN PRATIQUE

> "*C'est en écrivant que l'auteur se forge des idées sur l'art d'écrire.*"
>
> —JEAN-PAUL SARTRE

L'EXPÉRIENCE PERSONNELLE

Votre domicile

I. PRÉPARATION

Activité A   Lecture: Un cabinet de travail

Visiter la maison ou la chambre d'une personne ou d'une famille permet d'en mieux connaître les occupants. Lisez le passage ci-dessous, puis répondez aux questions qui suivent.

> Elle est maintenant tout à coup dans une grande pièce sombre au plafond enfumé — elle la reconnaît: c'est cette grande pièce dans une vieille maison délabrée,[a] qu'elle a revue ainsi déjà, dans des moments pareils de détresse, de désarroi — c'est le cabinet de travail de son vieil oncle. Des journaux sont entassés en piles sur les parquets, il y a des livres partout, sur les meubles, sur les lits, les tentures[b] sont fanées,[c] usées, la soie des fauteuils s'effiloche,[d] le cuir du vieux divan porte les traces des griffes des chats, les coins des tapis tachés sont rognés[e] par les dents des jeunes chiens, et elle, parmi tout cela, éprouve une sensation étrange... (Natalie Sarraute, *Le Planétarium,* 1957).

_____

[a] *run down* [b] *drapes* [c] *faded* [d] *is fraying* [e] *whittled down*

1. Quelle sorte de personne a travaillé dans cette pièce?
2. Par quels détails arrivons-nous à connaître cette personne?
3. Quel est le rapport entre cette personne et la pièce?

Activité B   Style libre: Là où j'habite

À l'aide du vocabulaire ci-dessous, décrivez votre domicile. Écrivez pendant dix minutes sans vous arrêter pour penser. Commencez par décrire le bâtiment où

Une ferme en Auvergne

vous habitez (maison de vos parents, résidence universitaire, immeuble) et progressez jusqu'à votre chambre. Posez-vous les questions suivantes.

1. Est-ce un domicile traditionnel?
2. Quelle est la première impression qu'on a en entrant?
3. Comment sont les meubles?
4. Le décor est-il purement fonctionnel ou y a-t-il des éléments ornementaux?
5. Comment est la chambre en ce moment? Propre ou sale? Rangée ou en désordre? Comment était-elle hier?
6. Y a-t-il des journaux ou des magazines?
7. Les rideaux sont-ils ouverts ou tirés?
8. Y a-t-il des livres sur la table? Comment est la table (moderne ou ancienne)?
9. Y a-t-il des plantes?
10. Où sont les vêtements? Dans l'armoire ou par terre?

Vocabulaire utile

pièces: la chambre (à coucher), la cuisine, la douche, la salle à manger, la salle de bains, la salle de séjour, le salon, le vestibule

meubles: l'armoire (*f.*), le buffet, le bureau, la chaise, la commode (*dresser*), le divan, l'étagère (*f.*), le fauteuil, le lit, le placard, la table

appareils électro-ménagers: la chaîne stéréo, le climatiseur, la cuisinière, le four à micro-ondes, la lampe, le lave-vaisselle, le lecteur de disques compacts, le magnétophone (*tape player*), le magnétoscope (*VCR*), l'ordinateur (*m.*), la radio, le réfrigérateur, le répondeur (*answering machine*), le téléphone, le téléviseur, le tourne-disque (l'électrophone)

Immeubles parisiens

à l'extérieur: l'arbre (*m.*), l'arbuste (*m.*) (*shrub*), le balcon, la fleur, le jardin, la pe-louse, la piscine, la plante, la véranda

couleurs (claires ou foncées): blanc, bleu, gris, jaune, noir, orange, pourpre, rose, rouge, vert

formes et dimensions: court, énorme, étroit, grand, immense, large, long, minus-cule, petit, rectangulaire

styles: classique, colonial, éclectique, élégant, exotique, moderne, provincial, ro-mantique, rustique, simple, traditionnel

autres mots utiles: le bois, les boiseries (*f.*), la brique, la cheminée (*fireplace*), la façade, la fenêtre, la moquette (*carpet*), le plancher, le plâtre, la porte, le stuc, le tapis (*rug*)

Activité C Commentaire: Le domicile et le caractère

En groupe, lisez la description qu'un(e) camarade de classe, qui restera anonyme, a rédigée pour l'activité B. Les membres du groupe doivent dire le genre de per-sonne que cette description leur suggère.

Activité D Remue-méninges: Votre style de vie

Divisez une feuille de papier en deux colonnes. Dans la colonne de gauche, éta-blissez une liste d'expressions qui se rapportent à votre style de vie: activités, goûts, rythme de vie, etc. Dans la colonne de droite, établissez une liste de mots qui se rapportent à votre résidence: objets importants, décor, état actuel (propre, sale, rangé, désordonné). Ensuite tracez des lignes qui indiquent des rapports entre les deux colonnes. Relevez autant de rapports que possible. Votre page ressemblera au diagramme suivant.

trois personnes dans la maison   grande cuisine

je travaille beaucoup à la maison   grande salle à manger

je n'aime pas faire le ménage   deux bureaux

j'aime faire la cuisine   un ordinateur

je suis souvent pressée   une machine à écrire

mon fils a 8 ans   des papiers partout

mon mari est musicien   deux grands fauteuils

j'aime lire   un piano

      une chaîne stéréo

      beaucoup de Legos

      des jouets par terre

II. *R*ÉDACTION

Vous avez une correspondante (*pen pal*) qui habite Dakar, la capitale du Sénégal (Afrique). Elle n'est jamais venue aux États-Unis et ne sait pas bien comment sont les maisons américaines. Elle vous a demandé de décrire l'endroit où vous habitez. Organisez votre description pour donner une image très claire de votre domicile. Voici quelques suggestions dont vous pourrez vous inspirer. Vous ne devez pas les suivre toutes.

- Pensez aux aspects de votre domicile qui reflètent le mieux votre style de vie.
- Comparez votre habitation avec celles des autres Américains. La vôtre est-elle typique? Pourquoi ou pourquoi pas?
- Décrivez votre résidence à un moment précis. Parlez des habitants aussi bien que des objets.

III. RÉVISION

A. Guide de commentaire

Utilisez ce guide pour commenter les rédactions des membres de votre groupe.

1. Quel semble être le fil conducteur (*organizing principle*) de la rédaction? Y a-t-il une idée centrale qui guide le lecteur à travers la description?
2. Après avoir lu la rédaction, fermez les yeux et imaginez que le passage que vous venez de lire est une matière première (*raw material*)—une motte d'argile (*lump of clay*), un morceau de bois ou une plaque de métal—et que vous êtes artiste ou artisan. Que feriez-vous de cette matière première? Comment la travailleriez-vous? N'essayez pas de parler logiquement, mais laissez flotter votre imagination.
3. Posez au moins trois questions à l'auteur. Par exemple, demandez-lui des précisions supplémentaires ou demandez-lui pourquoi il (elle) a inclu certains détails.

B. Deuxième brouillon

D'après les commentaires de vos camarades et les directives suivantes, révisez votre rédaction.

1. Si vos camarades n'ont pas trouvé de fil conducteur, essayez d'en établir un — ou de préciser celui que vous aviez envisagé — et de structurer votre rédaction autour de ce principe.
2. Que pouvez-vous apprendre de la rêverie qu'ont racontée vos lecteurs?
3. Essayez de répondre à leurs questions.
4. Surlignez avec un feutre rose tous les emplois du verbe **être** et de l'expression **il y a**. Trouvez une alternative pour trois de ces phrases (voir les suggestions aux pages 84–86).

C. Version finale

Avant de remettre la version finale de votre essai à votre professeur, examinez bien les détails de la langue, en suivant le guide au dos de la page de couverture de ce manuel. Dans cette version finale, le verbe **être** peut être utilisé un maximum de trois fois et l'expression **il y a** un maximum de deux fois.

*U*ne tradition familiale

I. *P*RÉPARATION

Activité A   Schéma: Un arbre généalogique

En vous inspirant de l'exemple ci-dessous, faites, d'une façon aussi complète que possible, l'arbre généalogique de votre famille et en remontant au moins jusqu'à vos grands-parents. Si possible, parlez à vos parents pour avoir plus de détails (par exemple, dates et lieux de naissance et de décès de vos ancêtres). Interrogez-les aussi sur tout ce qu'ils peuvent vous dire sur le passé de votre famille.

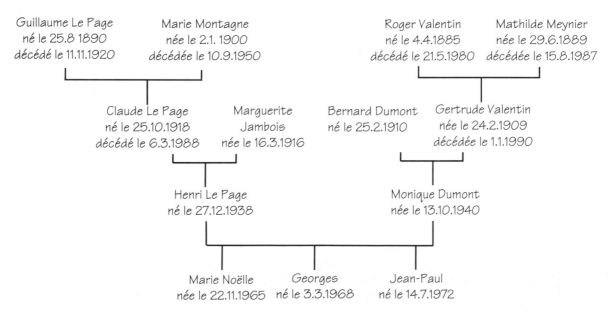

Guillaume Le Page
né le 25.8 1890
décédé le 11.11.1920

Marie Montagne
née le 2.1. 1900
décédée le 10.9.1950

Roger Valentin
né le 4.4.1885
décédé le 21.5.1980

Mathilde Meynier
née le 29.6.1889
décédée le 15.8.1987

Claude Le Page
né le 25.10.1918
décédé le 6.3.1988

Marguerite
Jambois
née le 16.3.1916

Bernard Dumont
né le 25.2.1910

Gertrude Valentin
née le 24.2.1909
décédée le 1.1.1990

Henri Le Page
né le 27.12.1938

Monique Dumont
née le 13.10.1940

Marie Noëlle
née le 22.11.1965

Georges
né le 3.3.1968

Jean-Paul
né le 14.7.1972

Une fête familiale

Activité B   Style libre: Votre nom et vos origines

Écrivez ce que vous savez sur l'origine de votre nom de famille ou celui d'un de vos ancêtres. Qu'est-ce que le nom révèle sur vos origines ethniques? Si vous n'en savez rien, vous pouvez aussi étudier les origines du nom à la bibliothèque.

Activité C   Recherches: Une date importante

Choisissez une date importante dans l'histoire de votre famille: le jour où votre grand-père ou votre arrière grand-mère est arrivé(e) aux États-Unis, le jour où votre mère est née, le jour où vous êtes allé(e) pour la première fois à l'école, etc. Cherchez à la bibliothèque au moins trois documents (journaux ou revues) portant cette date. Écrivez un paragraphe sur ce qui se passait dans le monde ce jour-là.

II. RÉDACTION

Racontez une anecdote ou une tradition familiale qui révèle un aspect de votre héritage culturel. Il peut s'agir d'une histoire qui s'est transmise de génération en génération, ou d'une expérience que vous avez eue ou observée vous-même. En présentant cette anecdote ou cette tradition, expliquez ce qu'elle représente pour votre famille ou comment elle se rapporte à votre héritage. Pourquoi est-elle importante pour votre famille?

EXEMPLE:

[Ma grand-mère] était une grande femme aux cheveux toujours noirs, mince, très droite, robuste, jeune encore à dire vrai... Elle avait perdu son mari très tôt, trop tôt, et moi je ne l'avais pas connu. Il arrivait qu'elle me parlât de lui, mais jamais longtemps: des larmes interrompaient bientôt son récit, si bien que je ne sais rien de mon grand-père, rien qui le peigne un peu à mes yeux, car ni ma mère ni mes oncles ne me parlaient de lui: chez nous, on ne parle guère des défunts qu'on a beaucoup aimés; on a le cœur trop lourd sitôt qu'on évoque leur souvenir (Camara Laye, *L'Enfant noir*, 1954).

III. RÉVISION

A. Guide de commentaire

Utilisez ce guide pour commenter les rédactions des membres de votre groupe.

1. D'après la rédaction, quelle semble être l'attitude de l'auteur à l'égard de sa famille? (par exemple: fierté, colère, sérénité, indifférence, etc.)
2. Quelle est, à votre avis, l'importance de cette anecdote ou tradition dans la famille de l'auteur? Comment est-ce que l'auteur arrive à communiquer cette qualité—explicitement ou simplement dans la façon de raconter l'histoire? Donnez des exemples précis.
3. Comment l'auteur pourrait-il mieux communiquer le sens de l'histoire?

B. Deuxième brouillon

D'après les commentaires de vos camarades et les directives suivantes, révisez votre rédaction.

1. Vos camarades ont-ils bien compris l'attitude que vous avez à l'égard de votre famille? Que voudriez-vous changer dans votre essai pour mieux communiquer votre attitude?
2. Si les observations de vos camarades sur la signification de l'anecdote ou la tradition que vous avez racontée vous semblent justes, essayez de suivre leurs recommandations pour raffiner votre récit.
3. Surlignez avec un feutre bleu tous les mots ou expressions qui donnent de la cohérence à la narration: **d'abord, puis, ensuite, ainsi, par conséquent,** etc. Ajoutez de telles expressions là où elles faciliteraient la compréhension du lecteur.

C. Version finale

Avant de remettre la version finale de votre essai à votre professeur, examinez bien les détails de la langue, en suivant le guide au dos de la page de couverture de ce manuel. Surlignez avec un feutre rose tous les verbes à l'imparfait et avec un feutre jaune tous les verbes au passé composé dans votre rédaction. Demandez des conseils à votre professeur pour les cas où vous n'êtes pas sûr(e) du temps du verbe.

3

$\mathscr{V}$ous cherchez un poste

I. $\mathscr{P}$RÉPARATION

Activité A   Remue-méninges: Les professions

Lisez attentivement la liste de professions ci-dessous. Établissez ensuite une liste de cinq professions qui vous intéressent particulièrement — sans être nécessairement dans la liste proposée. Enfin, sélectionnez une profession et expliquez pourquoi vous vous y intéressez.

acteur/actrice
agent de police
architecte
archiviste
assistant(e) social(e)
avocat(e)
bibliothécaire
biologiste
chef cuisinier
chef d'entreprise
conseiller(-ère) de réhabilitation
décorateur/décoratrice
forestier(-ère)
historien(ne)
infirmier(-ère)
informaticien(ne) (*computer scientist*)
ingénieur des télécommunications
journaliste

kinésithérapeute (*physical therapist*)
maire (*mayor*)
mannequin (*model*)
mécanicien(ne)
médecin
océanographe
pharmacien(ne)
photographe
physicien(ne) (*physicist*)
pilote d'avion
plombier
professeur d'université
psychologue
rabbin (*rabbi*)
romancier(-ère)
spécialiste en marketing
spécialiste de relations publiques
traducteur/traductrice

Activité B   Imitation: Les offres d'emploi

Vous trouverez ci-dessous quelques offres d'emploi tirées de journaux français.
Lisez-les, puis, en suivant le style des exemples, créez-en deux pour des postes qui
vous intéressent.

Nous sommes
**l'une des plus importantes
sociétés françaises
de distribution.**

Nous recherchons pour assister
notre état-major:

un(e) chargé(e) d'études
curieux(se) de l'évolution de la grande
distribution.

Vous êtes diplômé(e) d'une école
de commerce,
vous avez 2 à 3 ans d'expérience
en cabinet ou entreprise,
votre candidature nous intéresse.

**Envoyez C.V. et lettre manuscrite
à l'attention d'Elisabeth Marcelin,
L'Expansion, 8 rue Bayen, 75017 Paris,
qui transmettra en toute confidentialité.**

Service national d'accueil téléphonique dans
le secteur social, en cours de création
**CHERCHE
SON DIRECTEUR (TRICE)**

- 35 ans minimum
- Expérience de direction
- Double formation et/ou pratiques professionnelles
  dans des secteurs d'activité différents
- Pratique des situations de négociation, notamment
  dans le secteur public
- Maîtrise des problèmes de gestion et des enjeux de
  l'animation dans l'entreprise
- Il (elle) aura la responsabilité d'une structure d'une
  cinquantaine de salariés dont 3 cadres de direction

Salaire annuel: 240.000F brut. Implantation: **Paris.**
DISPONIBILITÉ RAPIDE SOUHAITÉE
Les candidatures sont à adresser à :
SOCIUS 3, rue Dulong, 75017 Paris (discr. assurée)

ORGANISATION PROFESSIONNELLE

A VOCATION EMPLOI ET FORMATION
5.000 adhérents – Gérant 120.000.000 F par an.
RECHERCHE
CONTROLEUR DE GESTION

(30–35 ANS MINIMUM)
Directement rattaché à la Direction Générale
Diplôme École de Commerce ou Equivalent
Capable de superviser le Service Comptable.
Connaissances Informatiques requises.

ADRESSER CURRICULUM VITAE.
photo et lettre de candidature manuscrite,
précisant la fourchette de rémunération souhaitée
à l'attention de M. de BLIGNIERES. 1 rue de Chazelles 75017 Paris

---

COMMUNICATION
D'ENTREPRISE

Chef de Pub
Marseille

Vous souhaitez valoriser vos qualités de contact, imagination, et rigueur. Nous vous proposons un poste de CHEF DE
PUBLICITE dans notre agence de MARSEILLE.

Vous aurez pour mission de gérer la communication de
recrutement d'une partie de nos clients.

Ils attendent de vous conseils, créativité rédactionnelle et
fiabilité pour définir avec eux les opérations à mettre en
place, les messages à délivrer, les supports à choisir...

Vous possédez une bonne formation (minimum BAC +3) et
une expérience de la vente de services. Grâce à notre souci
d'établir des relations de qualité avec nos clients, de leur
apporter innovation et professionnalisme, nous sommes
devenus rapidement la première agence française de
communication pour les ressources humaines.

Merci d'adresser votre candidature avec CV et photo sous
réf. CP II, à Marc Messina, Média-System Méditerranée, 46
boulevard Longchamp, 13001 Marseille.

MEDIA-SYSTEM
— **MÉDITERRANÉE**—

Activité C   Imitation: Un curriculum vitæ

Vous voulez postuler un emploi pour lequel vous avez rédigé l'offre à l'activité B. Préparez un curriculum vitæ avec les renseignements suivants: nom, adresse, téléphone, emploi postulé, formation scolaire, expérience professionnelle, langues étrangères, distinctions honorifiques, activités extra-professionnelles (sports, loisirs, etc.), affiliations professionnelles, références.

EXEMPLE:

**Francine Robinson
138 Woodlake Road
Roseville, MN 55113
(612) 555-7076**

Emploi postulé	Responsable du marketing pour société[a] française ou québécoise implantée aux États-Unis.
Expérience **1990–présent**	Pillsbury Corporation, Minneapolis, MN Chef de produit pour les pâtes à tartes congelées.
juillet 1989–décembre 1989	Belmont Winery, Rochester, MN Stagiaire[b]—Responsable de la promotion des vins Belmont auprès des restaurants régionaux.
septembre 1987–juin 1989	*The Student Voice,* Université de l'Arizona (journal d'étudiants) Responsable de la vente d'espace publicitaire dans le journal.
Formation **1985–89**	Université de l'Arizona B.S. (équivalent licence) en marketing et français
1987–88	Université Laval, Québec, Faculté des Lettres
Langues	Anglais et français: parle et écris couramment Espagnol: capable de lire un journal
Distinctions honorifiques **1989**	B.S. with honors (mention bien)
1989	*Who's Who in American Colleges*
1988–89	Présidente de l'American Marketing Association, Université de l'Arizona
Loisirs	Tennis, natation, chant choral
Affiliations professionnelles	American Marketing Association Alliance Française des Villes Jumelles (Minneapolis/St. Paul)
Référence	Marilyn Swedburg Marketing Department Pillsbury Corporation Golden Valley, MN 55432

---

[a] *company*   [b] *Intern*

Activité D   Analyse: Une lettre de demande d'emploi

Vous trouverez ci-dessous une lettre de demande d'emploi. L'auteur a décidé d'écrire sa lettre en français parce que le propriétaire de la société est un Français. Remarquez que le format et la façon de s'exprimer diffèrent assez d'une lettre analogue en anglais. Étudiez bien cet exemple et répondez aux questions qui le suivent.

Francine Robinson
138 Woodlake Road
Roseville, MN 55113

Roseville, le 5 mars 1993

Monsieur Robert Duplessis
Fromages Lafont
Route 2 Box 359
Waterford, WI 53692

Monsieur,

Suite à votre annonce parue dans le *Milwaukee Journal,* j'ai l'honneur de poser ma candidature au poste de Responsable du Marketing.

Vous trouverez ci-joint mon curriculum vitæ ainsi que des copies de mes diplômes. J'ai demandé à l'Université de l'Arizona de vous envoyer mon relevé de notes.[a] Comme vous pourrez le constater, je suis titulaire de diplômes en français et marketing. Dans ma fonction à Pillsbury, j'ai l'entière responsabilité de mon produit, dont les ventes ont augmenté de 60 pour cent depuis mon arrivée. Comme stagiaire à Belmont Winery, j'étais chargée des contacts-clients et j'ai pu ainsi développer mes talents pour les relations humaines.

Si je désire maintenant quitter Pillsbury, c'est d'abord pour retrouver l'ambiance familiale d'une petite entreprise, et ensuite pour pouvoir utiliser mes connaissances du français. Je pense que ma formation et mon expérience correspondent bien aux besoins de votre société.

Si vous désirez me convoquer pour un entretien, vous pourrez me joindre au (612) 555–7076. Je me tiens à votre entière disposition pour tout renseignement complémentaire.

Veuillez agréer, Monsieur, l'assurance de mes sentiments respectueux.

Francine Robinson

Francine Robinson

---

[a] *transcript*

1. Dans une lettre française, où met-on le nom et l'adresse de l'expéditeur (la personne qui envoie la lettre)?
2. Où met-on le nom et l'adresse du destinataire (la personne à qui on écrit)?
3. Trouvez les expressions qui correspondent à ces formules américaines.
   a. *In response to*
   b. *enclosed*
   c. *Please feel free to contact me*
   d. *Sincerely yours*
   e. *additional*
   f. *company*
4. Combien de fois le mot **Monsieur** paraît-il dans la lettre? Où?

....

Activité E   À votre tour: Une lettre

Maintenant écrivez votre propre lettre. N'hésitez pas à imiter le modèle là où il convient, mais il faut aussi que la lettre reflète votre propre situation (même si celle-ci est imaginaire).

II. ÉDACTION

Un sujet au choix:

1. Vous avez rendez-vous avec votre conseiller (conseillère) d'orientation pour discuter de votre avenir. Pour préparer cet entretien, vous devez écrire un essai dans lequel vous justifiez votre choix de spécialisation et de carrière. Parlez de vos aptitudes et talents particuliers et du rapport entre ceux-ci et la voie professionnelle que vous avez choisie.
2. Vous avez été convoqué(e) à une entrevue pour le poste auquel vous avez posé votre candidature à l'activité E. Pour bien préparer cette entrevue, vous avez consulté une liste des «30 questions les plus fréquemment posées», et vous en avez retenu quelques-unes en particulier. Avant d'aller à l'entrevue, vous décidez d'écrire vos réponses à trois de ces questions pour mieux formuler vos idées. Soyez précis(e), donnez des exemples et nuancez. Soyez honnête et sincère, mais n'oubliez pas que votre tâche principale est de faire valoir vos qualités. Vous pouvez écrire trois petits essais distincts ou bien intégrer vos réponses dans un seul essai.

a. Pour quelles raisons aimeriez-vous travailler dans notre société?
b. Si vous étiez totalement libre de choisir votre emploi, quel emploi souhaiteriez-vous dans notre société?
c. Aimez-vous les travaux routiniers?
d. Si vous deviez recommencer vos études, entreprendriez-vous les mêmes?
e. Préférez-vous travailler en équipe ou vous débrouiller vous-même?
f. Quel type de patron souhaiteriez-vous avoir?
g. Quel est votre principal atout (*strength*)?
h. Citez une ou deux expériences où vous avez fait preuve d'initiative (*Le Nouvel Observateur*, juin 1980).

III. RÉVISION

A. Guides de commentaire

Utilisez un des guides suivants pour commenter les rédactions des membres de votre groupe.

Sujet 1

Lisez l'essai comme si vous étiez le conseiller (la conseillère) et répondez aux questions suivantes.

1. Quels sont les principaux atouts de cette personne étant donné la carrière qu'elle souhaite?
2. Relevez une faiblesse de l'étudiant(e) — explicite ou implicite — qui risque de lui poser des problèmes s'il (si elle) poursuit la carrière envisagée.
3. Comment cette personne pourrait-elle encore mieux mettre en valeur ses talents et aptitudes (autres façons de dire les choses, autres détails à inclure, etc.)?
4. Quels conseils pourriez-vous offrir à cette personne au sujet de son avenir?

Sujet 2

Lisez les réponses comme si vous étiez la personne qui mène l'entrevue, puis rédigez un compte rendu pour votre supérieur(e) résumant vos impressions sur le candidat (la candidate). Pour soutenir votre point de vue, faites des références précises à ce que dit le candidat (la candidate), et considérez aussi à la façon dont il (elle) s'exprime. Dans votre compte rendu, répondez aux questions suivantes.

1. Quels sont les principaux atouts de cette personne compte tenu du poste souhaité?
2. Relevez au moins une faiblesse de ce candidat (cette candidate) — explicite ou implicite — qui risque de poser des problèmes dans votre société.
3. En général, les postes à responsabilité exigent aussi un certain talent pour la rédaction. Est-ce que ce candidat (cette candidate) écrit bien? Faites référence à des passages précis de son essai.
4. Recommandez-vous d'engager cette personne? Pourquoi ou pourquoi pas?

B. Deuxième brouillon

Tenez compte des réactions de vos camarades pour réviser votre rédaction. Essayez de répondre aux doutes exprimés par vos commentateurs. Décrivez par exemple un poste que vous avez occupé et dans lequel vous avez fait preuve de responsabilité et d'initiative, ou un cours que vous avez suivi et qui vous a préparé(e) pour un aspect particulier du poste auquel vous aspirez.

C. Version finale

Avant de remettre la version finale de votre essai à votre professeur, examinez bien les détails de la langue, en suivant le guide au dos de la page de couverture de ce manuel. Dans cette version finale, faites particulièrement attention à votre emploi du futur et du conditionnel. Vérifiez les formes dont vous n'êtes pas sûr(e).

*Q*uand vous aurez 80 ans:
Les regrets

I. *P*RÉPARATION

Activité A   Remue-méninges: Vos regrets personnels

Tout le monde vit des moments qu'il voudrait pouvoir revivre de façon différente—par exemple, une rencontre manquée, une dispute, une mauvaise décision.
Faites une liste de dix moments de votre vie que vous changeriez si vous le pouviez. Ne vous arrêtez pas pour penser, mais faites une liste aussi complète que possible. Il n'est pas nécessaire non plus de rester trop sérieux. Vos regrets peuvent
être frivoles si vous voulez.

> EXEMPLES: le jour où j'ai dit à mon ami qu'il était stupide
> ma décision d'étudier la pharmacologie
> la personne dans l'avion à qui je n'ai pas parlé

Activité B   Narration: Une occasion manquée

Choisissez dans votre liste de l'activité A le moment le plus intéressant—ou peut-
être le plus complexe—et racontez ce qui s'est passé. Suivez les principes de la
bonne narration (voir *Chapter 4*) pour raconter votre anecdote de manière à ce
que votre lecteur comprenne votre regret.

Activité C   Lecture: Les regrets des Français

Lisez le passage suivant, tiré de *L'Express,* sur les regrets des Français.

Et si c'était à refaire? Et si l'on pouvait, de temps en temps, reprendre le train pour le passé, et s'y installer un instant? Quels mots, cette fois, choisirions-nous d'user? Quelles décisions prendrions-nous? Et si l'on avait eu l'audace et l'insolence, l'appétit et le temps, si l'on avait su, si l'on avait pu.... Sondés[a] par *L'Express,* les Français répondent, nostalgiques: je saurais jouer du piano, j'aurais au moins une fois sauté en parachute, j'aurais voyagé de par le monde, je parlerais des langues étrangères, je serais sportif, et surtout j'aurais poursuivi mes études, plus longtemps, plus loin.

Un Français sur deux a le sentiment d'avoir, au cours de sa vie, raté une oc-casion, laissé passer la chance sans avoir su la saisir... Si c'était à refaire, les trois quarts des personnes interrogées affirment qu'elles mèneraient leur vie fa-miliale et sentimentale de la même manière. Comme si n'était arrivé que ce qui devait arriver... 42 pour cent des Français ne regrettent pas d'avoir été quel-quefois infidèles à leur conjoint.[b] Et 71 pour cent ne se repentent nullement de leur fidélité... Un sur trois—jeune, souvent—revoit encore cet être éphémère

---

[a] *surveyed*   [b] *spouse*

et sublime qui a traversé sa vie comme un fantôme pour aller se noyer dans l'inconnu...

Quand, avant toute question précise, on demande simplement aux personnes sondées si elles ont un grand regret dans leur vie, les réponses fusent sur le sujet du boulot.[a] L'une aurait voulu devenir esthéticienne:[b] elle est secrétaire. L'autre a refusé un poste intéressant, pour l'homme qu'elle aimait, et ne se le pardonne pas. Un fonctionnaire[c] se reproche d'être entré dans l'administration... Les regrets professionnels jaillissent[d] en premier, suivis de près par un fantasme d'ascension sociale avortée: ah! si j'avais poursuivi mes études... Près des trois quarts des Français reprochent amèrement à la vie de les avoir arrêtés trop tôt (Jacqueline Rémy, «Français, les regrets de votre vie». *L'Express,* 23 février – 1er mars 1990).

---

[a] *work (slang)*   [b] *beautician*   [c] *bureaucrat*   [d] *appear*

··

Activité D   Un peu de grammaire: Comment exprimer les regrets

A. Vous remarquerez dans le passage précédent qu'il y a plusieurs façons d'exprimer les regrets en français.

1. On peut utiliser le conditionnel pour indiquer comment la vie serait différente **maintenant** si on avait vécu différemment dans le passé.

   Je **saurais** jouer du piano.
   Je **parlerais** des langues étrangères.
   Je **serais** sportif.

2. On peut utiliser le passé du conditionnel, qui exprime peut-être plus de regret que le conditionnel tout simple, parce qu'il insiste davantage sur ce qu'on n'a pas fait.

   J'**aurais voyagé** de par le monde.
   J'**aurais poursuivi** mes études.
   J'**aurais** au moins une fois **sauté** en parachute.

3. On peut utiliser aussi le verbe **regretter de,** suivi d'un infinitif ou d'un infinitif passé, souvent au négatif.

   Regrettez-vous de ne pas connaître davantage de langues étrangères?
   Regrettez-vous d'avoir trop **mangé** dans votre vie?
   Regrettez-vous de ne pas avoir assez **pratiqué** de sport?

B. Vous trouverez ci-dessous les regrets de quelques Français célèbres. Jouez le rôle de ces personnes et dites d'abord ce que vous **auriez fait** différemment, puis en quoi votre vie **serait** différente. Essayez d'utiliser un langage précis. Ne vous limitez pas au vocabulaire de la phrase originale.

EXEMPLE: Jacques Chirac, chef du RPR*:
«Je regrette de ne pas avoir été archéologue.»
Dans ma vie idéale j'**aurais fait** des études d'archéologie et
j'**habiterais** en Égypte.

1. Antoine de Caunes, animateur à la télévision:
«Je regrette de ne pas être écrivain.»

2. Laurent Fabius, président de l'Assemblée nationale:
«Je regrette de ne pas savoir jouer du piano.»

3. Cavanna, écrivain:
«Je regrette de ne pas avoir fait d'études.»

4. Daniel Cohn-Bendit, jeune révolutionnaire de Mai 68[†]:
«Je regrette de n'avoir pas réussi à convaincre une chaîne de télévision
de m'embaucher (*hire*) comme grand reporter sportif.»

5. Jean-Marc Vernes, banquier:
«Je regrette de ne pas avoir été plus cultivé, comme François Mitterrand.[‡]»

Activité E   Conversation: Et vous?

En groupe, à tour de rôle, lisez les paragraphes que vous avez écrits pour l'activité
B. Discutez comment chacun aurait pu agir différemment dans une situation précise et comment sa vie aurait été affectée. Amusez-vous: n'hésitez pas à faire des
suggestions bizarres ou fantaisistes.

II. RÉDACTION

Imaginez que vous avez 80 ans et que vous vous penchez sur (*are looking back on*) votre
passé. Quel est le plus grand regret de votre vie?

1. D'abord, exprimez en termes généraux ce que vous regrettez. Par exemple, «Je regrette de ne pas avoir appris à jouer du piano.»

---

* Rassemblement pour la République, parti politique de droite; Chirac a été aussi Premier ministre de
1986 à 1988.
† En 1968, la France a été bouleversée par une révolte estudiantine suivie de grèves et de manifestations
qui ont duré tout le mois de mai et juin et qui ont profondément transformé la société française.
‡ Président (socialiste) de la République française depuis 1981

2. Ensuite, racontez votre passé. Par exemple, «Lorsque j'étais jeune je préférais jouer au football plûtot que répéter ma leçon de piano.»
3. Puis dites ce que vous auriez fait si c'était à refaire. Par exemple, «J'aurais écouté les conseils de ma mère.»
4. Enfin expliquez en quoi votre vie serait différente maintenant si vous aviez agi autrement dans le passé. Par exemple, «Je serais célèbre. Je ne m'ennuierais pas dans ma solitude.»

III. RÉVISION

A. Guide de commentaire

Utilisez ce guide pour commenter les rédactions des membres de votre groupe.

1. Est-ce que la rédaction donne vraiment l'impression que l'auteur a 80 ans? Qu'est-ce qui contribue à cette impression? Qu'est-ce que l'auteur pourrait changer, ajouter ou supprimer pour renforcer cette impression?
2. Le récit de cette vie passée est-il clair et intéressant? Peut-on facilement voir pourquoi cette personne a des regrets? Surlignez avec un feutre jaune les meilleures parties de ce récit. Indiquez par un astérisque les endroits qui mériteraient plus de détails.
3. Est-ce que l'auteur utilise bien son imagination dans les parties hypothétiques de la rédaction? Suggérez une autre façon de modifier sa vie passée et une autre conséquence pour sa vie actuelle.

B. Deuxième brouillon

D'après les commentaires de vos camarades et les directives suivantes, révisez votre rédaction.

1. Essayez de trouver au moins trois passages que vous pouvez améliorer en ajoutant des éléments plus détaillés et pittoresques. Pensez au grand public qui lira vos mémoires.
2. Quel est le ton général que vous voulez donner à votre rédaction? Par exemple, est-il sérieux? humoristique? ironique? mélancolique? Relisez votre rédaction pour analyser ce qui contribue à créer ce ton. Corrigez, ajoutez ou supprimez selon les besoins pour maintenir le ton.

C. Version finale

Avant de remettre la version finale à votre professeur, examinez bien les détails de la langue, en suivant le guide au dos de la page de couverture de ce manuel. Surlignez avec un feutre rose tous les verbes qui sont au passé du conditionnel et avec un feutre vert tous ceux qui sont au conditionnel présent. Demandez des conseils à votre professeur pour les cas où vous n'êtes pas sûr(e) de la forme ou du temps du verbe.

DESSIN DE WOLINSKI

SITUATIONS INTERCULTURELLES

La télévision en France et aux États-Unis

I. PRÉPARATION

Vocabulaire utile

le câble	cable
la chaîne	channel
la chaîne publique	government-owned station
l'émission (f.)	program
le feuilleton	soap opera; series
le journal (télévisé)	newscast
le ménage, le foyer	household
le bulletin météo	weather report
le petit écran	TV ("the tube")
le programme télé	TV schedule
la publicité	commercial
les téléspectateurs/téléspectatrices	viewers
le téléviseur (le poste de télévision)	television set
la télé(vision)	TV set; TV broadcasting

Activité A   Lecture et recherches: Une comparaison

Lisez les informations ci-dessous au sujet de la télévision en France et, pour cha-cune, essayez de comparer avec la télévision aux États-Unis. Dans certains cas vous serez obligé(e) de faire des recherches supplémentaires pour pouvoir bien com-parer. Cherchez, par exemple, dans les publications suivantes, que vous trouverez dans certaines bibliothèques: *Standard Rate and Data Service, Broadcasting, International Television and Video Almanac.*

1. En 1990, 95 pour cent des ménages français possédaient un téléviseur contre 86 pour cent en 1973.

Des Français devant
«le petit écran»

2. En 1990, 73 pour cent des Français regardaient la télévision tous les jours, et en moyenne vingt heures par semaine.
3. En 1990, 52 pour cent des Français disaient qu'ils allumaient la télévision en rentrant chez eux sans connaître le programme.
4. En France, 20 pour cent des enfants de 8 à 16 ans disposent d'un poste de télévision installé dans leur chambre.
5. En février 1990, environ 250.000 foyers français s'étaient abonnés au câble.
6. Une enquête menée récemment a révélé que plus de meurtres sont commis chaque jour à la télévision française qu'en un an à Paris. Les enquêteurs ont constaté, sur six chaînes, 670 meurtres, 848 bagarres,[a] 419 fusillades,[b] 27 scènes de torture, 15 viols,[c] 32 prises d'otages, 20 scènes d'amour poussées, 14 enlèvements,[d] 11 hold-up et 11 strip-teases.
7. Il y a quelques années, «La Roue de la fortune», version française du jeu télévisé américain, était suivie par près de 10 millions de personnes.
8. Les Français regardent depuis longtemps «Des Chiffres et des lettres» sur la chaîne publique Antenne 2. Dans cette émission, les concurrents doivent utiliser des chiffres tirés au sort pour arriver, par multiplications, divisions, etc., le plus près possible d'un nombre lui aussi tiré au sort. Ils doivent aussi combiner neuf lettres tirées au sort pour essayer de former le mot le plus long. Les spectateurs applaudissent mais personne ne crie ni ne saute en l'air.

---

[a] *fights* [b] *shootings* [c] *rapes* [d] *kidnappings*

9. Une nouvelle chaîne, Canal Enfants, a été créée en 1990, avec l'objectif de livrer aux enfants des émissions «de qualité». L'abonnement mensuel à cette chaîne cryptée[a] s'élèvera à 85 francs (presque 20 dollars).
10. Il y a en France deux chaînes publiques et trois chaînes privées, et aussi des chaînes cryptées et le câble.
11. Les chaînes publiques sont financées en grande partie par la **redevance,** un impôt que les Français paient sur chaque poste de télévision en leur possession. En 1990, cet impôt était de 566 francs par an.
12. En 1987, à la suite des élections législatives auxquelles les socialistes ont perdu leur majorité, la chaîne publique TF1, comme beaucoup d'entreprises nationalisées, a été privatisée.
13. Les chaînes publiques sont obligées de consacrer un certain nombre d'heures à des émissions de service public: émissions religieuses, campagnes électorales, débats parlementaires.
14. Les chaînes publiques passent aussi des spots publicitaires, et sont donc soumises aux mêmes contraintes commerciales que les chaînes privées.
15. Il y a quelques années, Christine Ockrent, journaliste sur la chaîne publique Antenne 2, touchait un salaire mensuel de 120.000 francs (à peu près 24.000 dollars).
16. La publicité est généralement diffusée en bloc entre les émissions.

---

[a] *scrambled*

Activité B   Style libre: Un contraste

Choisissez un des aspects de la télévision où vous avez trouvé un contraste frappant entre le système français et le système américain. Écrivez pendant vingt minutes en style libre, expliquant la différence et analysant les avantages et inconvénients de chaque système.

Activité C   Remue-méninges: Vive la différence!

En groupe, faites une liste des aspects de la télévision américaine qui surprendraient un Français. Dans chaque cas expliquez la différence.

Activité D   Remue-méninges: Les points communs

Étudiez les pages suivantes d'un programme de télévision français. TF1 est une chaîne privée et Antenne 2, une chaîne publique. En groupe, faites une liste des aspects de la télévision américaine qu'un Français connaît déjà.

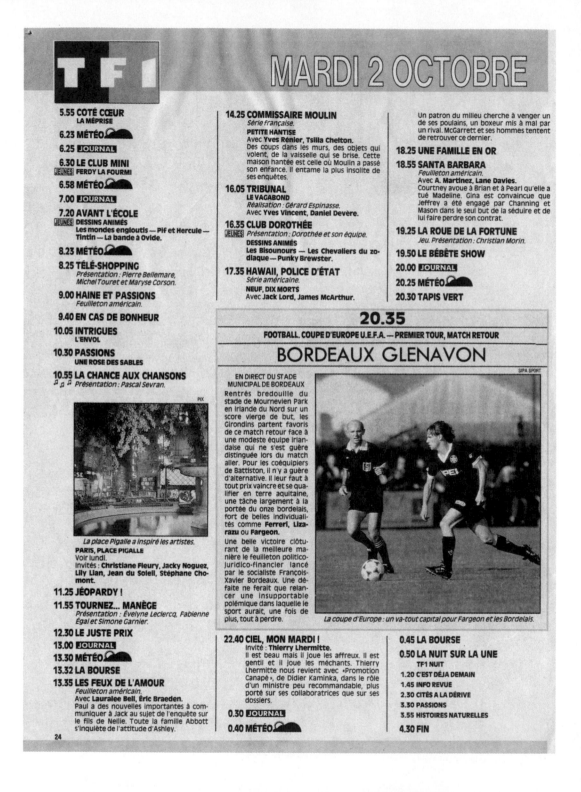

MARDI 2 OCTOBRE

5.55 COTÉ CŒUR
LA MÉPRISE

6.23 MÉTÉO

6.25 JOURNAL

6.30 LE CLUB MINI
JEUNES FERDY LA FOURMI

6.58 MÉTÉO

7.00 JOURNAL

7.20 AVANT L'ÉCOLE
JEUNES DESSINS ANIMÉS
Les mondes engloutis — Pif et Hercule —
Tintin — La bande à Ovide.

8.23 MÉTÉO

8.25 TÉLÉ-SHOPPING
Présentation : Pierre Bellemare,
Michel Touret et Maryse Corson.

9.00 HAINE ET PASSIONS
Feuilleton américain.

9.40 EN CAS DE BONHEUR

10.05 INTRIGUES
L'ENVOL

10.30 PASSIONS
UNE ROSE DES SABLES

10.55 LA CHANCE AUX CHANSONS
♪ ♫ ♬ Présentation : Pascal Sevran.

PIX

La place Pigalle a inspiré les artistes.
PARIS, PLACE PIGALLE
Voir lundi.
Invités : **Christiane Fleury, Jacky Noguez,
Lily Lian, Jean du Soleil, Stéphane Cho-
mont.**

11.25 JÉOPARDY !

11.55 TOURNEZ... MANÈGE
Présentation : Évelyne Leclercq, Fabienne
Egal et Simone Garnier.

12.30 LE JUSTE PRIX

13.00 JOURNAL

13.30 MÉTÉO

13.32 LA BOURSE

13.35 LES FEUX DE L'AMOUR
Feuilleton américain.
Avec **Lauralee Bell, Éric Braeden.**
Paul a des nouvelles importantes à communiquer à Jack au sujet de l'enquête sur
le fils de Nellie. Toute la famille Abbott
s'inquiète de l'attitude d'Ashley.

24

14.25 COMMISSAIRE MOULIN
Série française.
PETITE HANTISE
Avec **Yves Rénier, Tsilla Chelton.**
Des coups dans les murs, des objets qui
volent, de la vaisselle qui se brise. Cette
maison hantée est celle où Moulin a passé
son enfance. Il entame la plus insolite de
ses enquêtes.

16.05 TRIBUNAL
LE VAGABOND
Réalisation : Gérard Espinasse.
Avec **Yves Vincent, Daniel Devère.**

16.35 CLUB DOROTHÉE
JEUNES Présentation : Dorothée et son équipe.
DESSINS ANIMÉS
Les Bisounours — Les Chevaliers du zo-
diaque — Punky Brewster.

17.35 HAWAII, POLICE D'ÉTAT
Série américaine.
NEUF, DIX MORTS
Avec **Jack Lord, James McArthur.**

Un patron du milieu cherche à venger un
de ses poulains, un boxeur mis à mal par
un rival. McGarrett et ses hommes tentent
de retrouver ce dernier.

18.25 UNE FAMILLE EN OR

18.55 SANTA BARBARA
Feuilleton américain.
Avec **A. Martinez, Lane Davies.**
Courtney avoue à Brian et à Pearl qu'elle a
tué Madeline. Gina est convaincue que
Jeffrey a été engagé par Channing et
Mason dans le seul but de la séduire et de
lui faire perdre son contrat.

19.25 LA ROUE DE LA FORTUNE
Jeu. Présentation : Christian Morin.

19.50 LE BÉBÊTE SHOW

20.00 JOURNAL

20.25 MÉTÉO

20.30 TAPIS VERT

20.35

FOOTBALL. COUPE D'EUROPE U.E.F.A. — PREMIER TOUR, MATCH RETOUR

BORDEAUX GLENAVON

SIPA SPORT

EN DIRECT DU STADE
MUNICIPAL DE BORDEAUX
Rentrés bredouille du
stade de Mournevien Park
en Irlande du Nord sur un
score vierge de but, les
Girondins partent favoris
de ce match retour face à
une modeste équipe irlan-
daise qui ne s'est guère
distinguée lors du match
aller. Pour les coéquipiers
de Battiston, il n'y a guère
d'alternative. Il leur faut à
tout prix vaincre et se qua-
lifier en terre aquitaine,
une tâche largement à la
portée du onze bordelais,
fort de belles individuali-
tés comme **Ferreri, Liza-
razu** ou **Fargeon.**
Une belle victoire clôtu-
rant de la meilleure ma-
nière le feuilleton politico-
juridico-financier lancé
par le socialiste François-
Xavier Bordeaux. Une dé-
faite ne ferait que relancer une insupportable
polémique dans laquelle le
sport aurait, une fois de
plus, tout à perdre.

La coupe d'Europe : un va-tout capital pour Fargeon et les Bordelais.

22.40 CIEL, MON MARDI !
Invité : **Thierry Lhermitte.**
Il est beau mais il joue les affreux. Il est
gentil et il joue les méchants. Thierry
Lhermitte nous revient avec «Promotion
Canapé», de Didier Kaminka, dans le rôle
d'un ministre peu recommandable, plus
porté sur ses collaboratrices que sur ses
dossiers.

0.30 JOURNAL

0.40 MÉTÉO

0.45 LA BOURSE

0.50 LA NUIT SUR LA UNE
TF1 NUIT
1.20 C'EST DÉJÀ DEMAIN
1.45 INFO REVUE
2.30 CITÉS À LA DÉRIVE
3.30 PASSIONS
3.55 HISTOIRES NATURELLES
4.30 FIN

MARDI 2 OCTOBRE

6.00 UN PONT SUR LA MOSELLE
Feuilleton allemand.
Avec **Hans Putz, Liane Hielscher.**
C'est la fête viticole de Bacchus. Pour Hanna, c'est surtout l'occasion de gagner un peu d'argent.

6.30 TÉLÉMATIN
JOURNAL A 6.31, 7.00, 7.30, 8.00
MÉTÉO A 6.34, 6.56, 7.27, 8.11
FLASH A 6.44, 8.27
LES RUBRIQUES
6.37 Le marché de Vincent - **6.40** Chanson - **6.44** La Une des journaux - **6.47** Jardins et balcons - **6.51** A2 pour vous - **7.10** Culture - **7.14** Point de vue - **7.17** Emploi - **7.20** Clip - **7.24** Trouvailles - **7.38** K7 Vidéo - **7.41** Loisirs et spectacles - **7.44** Histoire du jour - **7.47** Les quatre vérités - **7.52** Dessin animé - **8.14** Les Rendez-vous de Télématin - **8.18** Chanson - **8.21** Santé - **8.25** Le Truc. Service Minitel au 36.15, code A2 télématin.

8.30 AMOUREUSEMENT VOTRE

9.00 AMOUR, GLOIRE ET BEAUTÉ

9.30 MATIN BONHEUR
Invités : **Philippe Bouvard** pour son livre «Cent voitures, sans regrets» (J.-C. Lattès) et **Jean Cordelier** pour «A l'arrache» qui fait suite à la «La Dérobade» (Lattès).
LES RUBRIQUES
Voir lundi. Et aujourd'hui **Cinéma** avec Francis Colnot - **Conseils aux parents** avec Christine Olivier - **Atelier** avec Françoise Fraisse - **Croque Tartine** avec Denis Cheissoux - **Le troisième œil** avec Jacques Pessis.

11.30 MOTUS

12.00 LES MARIÉS DE L'A2

12.30 DESSINEZ... C'EST GAGNÉ !

13.00 JOURNAL
Spécial réunification de l'Allemagne avec Philippe Lefait en direct de Berlin.

13.35 MÉTÉO

13.40 FALCON CREST

14.35 VOL POUR ISTANBUL
Film TV de Peter Dufell, dans la collection «Sentiments». D'après le roman de Francis King «The Cure». Avec **Jenny Seagrove, Caitlin Kiddy, Jean-Claude Dauphin.**
Déjà diffusé en janvier 1990.
Séparée de son mari, un lord anglais féru de haute finance et de politique, Helen ne supporte pas d'être privée de sa fille Linda. Elle décide de l'enlever et de s'enfuir en Turquie où l'attend le frère de son mari avec qui elle a eu une liaison. Lorsqu'elles arrivent à Istanbul, David ne donne aucun signe de vie. Luis, un bel étranger, se propose de les aider. Après quelques jours, Helen se trouve en difficulté financière et se tourne vers Luis.
Un film TV d'une grande platitude. On cherche en vain à s'intéresser aux personnages et à leurs aventures.

16.05 ÇA VA TANGUER
EN PAROLES ET EN CHANSONS
Thème du jour : **les huissiers.**

Invité du jour : **Bernard Menez.**

17.00 GIGA
JEUNES Des reportages et la série **Larry et Balki.**

17.35 DES CHIFFRES ET DES LETTRES

18.00 ÈVE RACONTE
JEAN GABIN

18.15 QUOI DE NEUF DOCTEUR ?
Série américaine.

18.45 MAC GYVER

19.40 LES DROLES DE TÊTES

Une bande de copains se réunissent dans une salle à manger, autour d'une table, à l'heure de l'apéritif, et discutent de choses et d'autres. Avec en alternance : **Claude Sarraute, Charlotte de Turckheim, Danièle Evenou, Amanda Lear, Isabelle Mergault, Sim, Guy Montagné, Jean-Pierre Coffe, Philippe Castelli, Jean Lefebvre, Jacques Mailhot, Michel Roux** et bien d'autres.

19.59 JOURNAL
Spécial réunification de l'Allemagne avec Henri Sannier en direct de Berlin.

20.33 MÉTÉO

20.40

LES DOSSIERS DE L'ÉCRAN PROPOSÉS PAR ARMAND JAMMOT

BETSY

COMÉDIE DRAMATIQUE. FILM DE DANIEL PETRIE (ÉTATS-UNIS, 1977) — DURÉE : 2 H 3
SCÉNARIO : WALTER BERSTEIN, WILLIAM BAST — D'APRÈS LE ROMAN DE HAROLD ROBBINS

Loren Hardeman I	**Laurence Olivier**	Angelo Perino	Tommy Lee Jones
Loren Hardeman III	**Robert Duvall**	Lady Boby Ayres	Lesley-Anne Down
Sally	**Katherine Ross**	Betsy	Kathleen Beller

Pour adultes et adolescents.

1920. Loren Hardeman I est le fondateur de l'empire Bethleem Motors Corporation. Magnat de l'industrie automobile, il collectionne également les conquêtes féminines. C'est auprès de lui que sa belle-fille Sally, délaissée par son mari faible et influençable, trouve réconfort. Craignant le scandale que peut provoquer cette situation, Loren I part pour l'Europe.
A son retour, il reprend en main les affaires que son fils a laissées à un autre, et retrouve Sally. Incapable de supporter l'épreuve, Loren Jr se suicide.
1970. Loren I, 90 ans se heurte dans la direction des affaires à son petit-fils Loren III. Le patriarche souhaite construire une nouvelle voiture, la Betsy, du nom de sa petite-fille. Il engage à cet effet un ancien pilote, Angelo Perino.

CE SOIR

Daniel Petrie s'est attaqué à son épopée de l'industrie automobile sans prendre le moindre risque. Adaptant l'un des romans de Harold Robbins (le Paul-Loup Sulitzer d'outre-Atlantique), il s'est contenté de faire un feuilleton digne de «Dallas» où les clichés se succèdent sans heurts sur un rythme lénifiant que sauve à peine l'interprétation de Laurence Olivier et la présence de somptueuses voitures de collection.

22.40 DÉBAT : LES BATAILLES DE L'AUTOMOBILE

PRÉSENTÉ PAR GILBERT KAHN.
PRÉPARÉ PAR
A.-M. LAMORY, L. BAUDOUIN.
RÉALISATION : J.-L. LERIDON.
LAURE BAUDOIN A S.V.P.

Amédée Bollée fut le créateur de la première automobile du monde. Elle s'appelait «L'Obéissante» et fit ses premiers kilomètres en avril 1873 au Mans, grâce à un moteur à vapeur. Ce soir, deux jours avant l'ouverture du Salon de l'automobile, les «Dossiers de l'Ecran» évoqueront cent dix

Un prototype à l'énergie solaire.

années d'histoire de la voiture, dresseront un tableau du parc automobile actuel et esquisseront l'avenir de nos autos. Invités : **Jean Panhard,** ancien président des établissement Panhard-Levasseur ; **Patrick Fridenson,** historien de l'automobile et **Jean-Pierre Beltoise,** ancien coureur automobile, **Philippe Bouvard** pour son livre : «Cent voitures et sans regrets», **Jean-Jacques Payan,** directeur des programmes de recherches chez Renault.

23.40 JOURNAL
Spécial réunification de l'Allemagne.

23.55 MÉTÉO

0.00 GRANDE FÊTE A BERLIN
Antenne 2 retransmet en direct la grande fête de la réunification de l'Allemagne depuis la porte de Brandburg.

0.15 SANS FRONTIÈRES : JAZZ
JORGE BEN
Réalisation : Jean-Christophe Averty.
Concert enregistré au 30e Festival International d'Antibes-Juan-les-Pins.

0.45 FIN

25

Activité E   Style libre: La télévision américaine

Choisissez trois émissions de genres différents (comédie, jeu, drame, dessin animé, documentaire, etc.) qui vous semblent particulièrement «américaines» et expliquez pourquoi vous les avez choisies. Écrivez en style libre pendant quinze minutes, puis comparez vos idées en groupe.

II. RÉDACTION

Imaginez que vous travaillez pour un réalisateur (une réalisatrice) de télévision en France. Votre patron(ne) veut se lancer sur le marché américain et cherche donc à se renseigner sur différents aspects de la télévision américaine pour savoir ce qui va intéresser le public et quels problèmes il (elle) pourrait rencontrer. Vous devez donc lui expliquer

1. les différences entre les émissions françaises et américaines
2. certaines différences entre les deux marchés (nombre de chaînes, variété dans les chaînes, habitudes des téléspectateurs, etc.)
3. le rôle de la publicité à la télévision américaine

Avant de préparer votre rapport, faites le portrait de votre patron(ne). Quels sont ses goûts personnels? A-t-il (elle) déjà voyagé à l'étranger? A-t-il (elle) l'esprit ouvert? Quelle sorte d'émission veut-il (elle) exporter? Préparez un rapport de trois à cinq pages dans lequel vous expliquez la télévision américaine à cette personne qui ne connaît que la télévision française. Faites-lui des suggestions précises pour la réussite de son projet.

III. RÉVISION

A. Guide de commentaire

Utilisez ce guide pour commenter les rédactions des membres de votre groupe.

1. Est-ce que l'auteur a bien compris les besoins de son lecteur? Expliquez. Surlignez avec un feutre bleu les endroits où il (elle) pourrait mieux adapter son discours au lecteur français.
2. Surlignez avec un feutre jaune les exemples précis cités dans le rapport. Est-ce que l'auteur en a fourni assez pour donner une image exacte de la télévision américaine? Pouvez-vous en suggérer d'autres?
3. Imaginez que vous êtes la personne à qui ce rapport est adressé. Quelles questions avez-vous après l'avoir lu?
4. Comment caractériseriez-vous l'attitude de l'auteur à l'égard de la télévision américaine? Par exemple, est-elle admirative? dédaigneuse? condescendante? ironique? défensive?

B. Deuxième brouillon

D'après les commentaires de vos camarades et les directives suivantes, révisez votre rédaction.

1. Après avoir suivi les suggestions de vos lecteurs en ce qui concerne les exemples et le style, aurez-vous répondu aux questions posées au numéro 3 du Guide de commentaire? Sinon, essayez d'y répondre.
2. Vos lecteurs ont-ils bien compris les sentiments que vous vouliez communiquer? Remarquez que, puisqu'il s'agit d'un rapport officiel, les sentiments que vous souhaitez transmettre ne reflètent pas nécessairement les vôtres. Faites les révisions nécessaires pour que le ton soit approprié.

C. Version finale

Avant de remettre la version finale de votre rapport à votre professeur, examinez bien les détails de la langue, en suivant le guide au dos de la page de couverture de ce manuel. En particulier, vérifiez l'emploi des guillemets (« ») pour les noms des émissions. Si vous avez trouvé nécessaire d'employer des mots anglais, soulignez-les.

UNITÉ 6

L'université en France et aux États-Unis

I. *P*RÉPARATION

Vocabulaire utile

le baccalauréat	exam required to enter a university
la bourse d'études	scholarship
l'enseignement supérieur	higher education
les frais (*m.*) d'inscription	registration fees

Activité A   Lecture et recherches: Une comparaison

Considérez les faits suivants concernant le système universitaire en France, et pour chacun, essayez de trouver les renseignements correspondants pour votre université. Si votre université est privée, cherchez aussi des renseignements sur les universités publiques, et vice versa. Des sources possibles d'information sont les bureaux administratifs de votre université, le *Chronicle of Higher Education, Academe* (Journal de l'American Association of University Professors) et divers guides à l'usage des jeunes pour les aider à choisir une université.

1. Les étudiants français paient environ 500 francs* par an en frais d'inscription.
2. L'État français dépense environ 21.000 francs par étudiant et par an pour l'enseignement supérieur. En 1964 cette somme était de 32.000 francs.
3. En 1990, environ 1.091.000 étudiants fréquentaient des établissements prévus pour en accueillir 500.000.
4. Dans les universités françaises, il y a un professeur pour 30 étudiants.
5. L'université est ouverte à tous les titulaires du baccalauréat. Aucune université n'a le droit de faire une sélection plus rigoureuse.

---

* En 1992, la valeur du franc était d'environ vingt *cents* américains.

Des étudiants devant «la fac»

6. Quarante pour cent des étudiants abandonnent leurs études avant la fin de la deuxième année.
7. Les universités sont si encombrées[a] que certains professeurs n'ont ni bureau ni téléphone.
8. Vingt-cinq pour cent des étudiants français bénéficient d'une bourse, dont le montant maximum est de 17.000 francs par an.
9. Dans les bibliothèques universitaires, il y a 30.000 places pour plus d'un million d'étudiants.
10. En 1990 cinquante-sept pour cent des étudiants français auraient été prêts à payer entre 1.000 et 3.000 francs par an pour améliorer les conditions dans les universités.

---

[a] *crowded*

....

Activité B   Visualisation: Un schéma Venn

Organisez les renseignements de l'activité A dans un schéma Venn (voir page 21 *Chapter 2*) qui vous permettra de visualiser les ressemblances et les différences entre les universités françaises et américaines. Travaillez en groupe et incorporez vos propres connaissances dans le schéma.

....

Activité C   Remue-méninges: L'accès à l'université

L'accès à l'université pour tous les titulaires du baccalauréat est une longue tradition en France. En groupe ou seul(e), faites une liste des avantages et des inconvénients d'un tel système.

Activité D   Style libre: Le coût des études

La quasi gratuité (*minimal tuition*) des études est aussi une longue tradition en France. Les Français sont souvent choqués d'apprendre le coût des études supérieures aux États-Unis, et quand, en 1986, le gouvernement français a proposé une hausse des frais de scolarité, les étudiants se sont révoltés en masse. Écrivez pendant quinze minutes en style libre, énumérant les arguments pour et contre le maintien de ce système.

II. RÉDACTION

Imaginez que vous faites partie d'une commission universitaire française qui vient de visiter plusieurs campus américains dans le but de trouver des idées pour améliorer la situation matérielle des universités françaises. Maintenant, vous êtes chargé(e) d'écrire un rapport dans lequel vous recommandez des changements dans le système français. Vous devez

1. comparer les deux systèmes en signalant les avantages et inconvénients de chacun (utilisant vos découvertes dans les activités de préparation)
2. proposer des réformes basées sur vos observations (augmentation des frais d'inscription, limitation de l'accès à l'université, etc.)
3. énumérer les bénéfices des réformes que vous proposez
4. anticiper et répondre aux arguments éventuels de vos adversaires (revoir les sections sur la comparaison et sur l'argumentation, *Chapter 4*)

III. RÉVISION

A. Guide de commentaire

Utilisez ce guide pour commenter les rédactions des membres de votre groupe.

1. Racontez sous forme de narration vos réactions à la lecture de la rédaction. Par exemple, «Au début j'étais d'accord avec ton idée de..., mais quand tu as dit que..., il m'a semblé que... »
2. Considérez les recommandations de l'auteur avec les yeux d'un Français. Quelles objections pouvez-vous faire? L'auteur a-t-il (elle) bien prévu ces objections?
3. Proposez un argument supplémentaire qui renforcerait les recommandations de l'auteur.

B. Deuxième brouillon

D'après les commentaires de vos camarades et les directives suivantes, révisez votre rédaction.

1. Que pouvez-vous faire pour contrôler les réactions négatives éventuelles de vos lecteurs? Utilisez les passages où ils ont répondu de manière positive comme modèle pour vos révisions.
2. Regardez bien la structure des paragraphes dans la rédaction. Sur une autre feuille de papier, expliquez le rôle de chaque paragraphe dans votre argumentation. Le rapport entre chaque paragraphe et votre thèse (la réforme que vous proposez) est-il clair? La progression d'un paragraphe à l'autre est-elle claire? Faites les révisions nécessaires.

C. Version finale

Avant de remettre la version finale de votre rédaction à votre professeur, examinez bien les détails de la langue, en suivant le guide au dos de la page de couverture de ce manuel. Surlignez avec un feutre rose toutes les propositions subordonnées introduites par **que**. Vérifiez l'emploi du subjonctif dans ces propositions. Consultez votre professeur pour les cas où vous n'êtes pas sûr(e) du mode du verbe.

UNITÉ 7

Les traditions culturelles: Découverte de la définition

I. PRÉPARATION

Activité A   Imitation: Une définition classique

Lisez la définition suivante du mot **animal**.

> Les animaux sont toutes les créatures vivantes de notre monde qui ne sont pas des plantes. Ce sont des êtres capables de mouvements et d'actions apparemment volontaires. Les animaux réagissent rapidement aux stimuli extérieurs. Ils mangent d'autres animaux ou des végétaux. Ils ne contiennent pas de chlorophylle et n'absorbent pas le gaz carbonique.

Notez la structure de cette définition, qui n'est encore qu'ébauchée (*rough*). La première phrase présente une définition formelle: elle situe le terme à définir (**animal**) dans une catégorie générale («les créatures vivantes de notre monde»), puis fait une distinction («qui ne sont pas des plantes»). Pour mieux clarifier sa définition, l'auteur a développé la distinction entre les animaux et les plantes.

Écrivez plusieurs phrases qui expliquent la signification d'un des mots suivants. Commencez par situer le terme dans une catégorie, puis définissez-le par une description plus précise, en utilisant des exemples et en le différenciant d'autres termes de la même catégorie. Surtout ne recopiez pas une définition dans le dictionnaire!

un appartement	un pantalon
une fenêtre	une université
un fruit	une ville
un livre	

Activité B   Variation: Une définition personnelle

Lisez la définition suivante de la réussite dans les études. Remarquez que l'auteur commence par suggérer une définition conventionnelle, mais substitue ensuite une nouvelle définition, plus originale, et peut-être plus conforme à l'expérience.

> Réussir ses études, est-ce vraiment suivre la meilleure formation en un minimum de temps? Difficile de s'en tenir à cette définition, tant il est vrai que les réponses à cette question fort compliquée sont nombreuses.
>
> Réussir ses études, c'est bien sûr éviter les redoublements,[a] obtenir de bonnes notes, décrocher[b] le diplôme brigué.[c] C'est aussi — certains l'oublient parfois — absorber et digérer des connaissances. «J'ai passé des années à ingurgiter des polys[d] huit jours avant les examens... , mais aujourd'hui je me demande bien pourquoi. Je n'ai pour ainsi dire rien retenu... », raconte Jean-Marc, qui avoue de surcroît n'avoir pris aucun plaisir à étudier.
>
> Or c'est bien aussi de plaisir qu'il doit s'agir... Sylvia a brillamment décroché son bac D puis son DEUG B avant de larguer la fac[e] pour un an de petits boulots et de cours de piano. Elle reprend ensuite ses études, s'inscrit en «prépa agrég»[f] mais renonce en milieu d'année à ce rythme d'enfer et à l'enseignement, fermement décidée à devenir journaliste. Angoisse paternelle: «Que va-t-elle chercher là?» De stage[g] en stage, Sylvia est aujourd'hui journaliste scientifique. Elle a sans conteste, mais avec du recul, réussi son parcours étudiant. Les études ne se réduisent pas à un seul cursus, suite logique du bac, mais sont souvent un ensemble de formations, difficile à cerner au départ... Tout complément d'études, loin de signifier que votre formation initiale est mauvaise, sert à enrichir votre culture ou à professionnaliser votre formation (Anne Vaisman, «Les points clés pour réussir ses études». *L'Étudiant,* septembre 1990).

---

[a] *repeating courses* [b] *get* [c] *sought after* [d] *photocopied lecture notes* [e] larguer... *leave school* [f] prépa... *prep course for the* agrégation, *a competitive exam for teachers* [g] *internship*

Choisissez une des notions suivantes et écrivez un paragraphe dans lequel vous en donnez votre définition personnelle, en partant d'une définition plus traditionnelle. N'oubliez pas de donner des exemples.

l'ami parfait (l'amie parfaite)   un mariage réussi
un bon professeur   une mère modèle
un enfant sage   les vacances idéales

Activité C   Expansion: Un phénomène culturel

Pour les Français, l'apéritif est une sorte d'institution culturelle, comparable à l'heure du cocktail aux États-Unis, mais ayant bien sûr son propre caractère. Dans le passage suivant, l'auteur explique ce qu'est l'heure de l'apéritif (l'apéro) à Paris.

L'apéro de sept heures à Saint-Germain-des-Prés

L'apéro de midi dans un quartier populaire

L'apéro de Paris, ce sont deux moments de la journée, et je ne sais encore lequel des deux est le plus important: l'apéro de midi ou celui de sept heures. Il rassemble autour des tables rondes ou rectangulaires, dans le foisonnement[a] des terrasses, dans le secret des bars et le long des comptoirs, autant d'acteurs à midi que le soir. Les conversations ne sont peut-être pas les mêmes, et le

_____

[a] *prolifération*

temps consacré est moins long. On demeure plus longtemps devant son verre à l'heure du dîner qu'à l'heure du déjeuner. On boit sans doute davantage le soir que le matin. Mais il y a dans l'apéritif du matin une fraîcheur, un coup de vitesse et une humeur pétillante[a] qu'on ne retrouve jamais le soir. En revanche, il y a un sérieux, une puissance de pensée et une sagesse dans l'apéritif du soir qui n'existent pas le matin.

L'apéritif parisien varie selon les quartiers: il est brillant avenue des Champs-Élysées, profond place Saint-Germain-des-Prés, anonyme sur les boulevards, violent et bref dans les quartiers populaires, empressé[b] autour des gares, tendre au Quartier latin, sinistre dans les avenues sans cafés. Mais un lien[c] secret relie alors les buveurs et les causeurs, une sorte de franc-maçonnerie circule de tempérament à tempérament et semble enserrer les bouteilles, les siphons, les soucoupes, les cendriers dans une même mélodie mystérieuse et captivante (Léon-Paul Fargue, *Le Figaro*, 8 août 1935).

---

[a] *bubbly, sparkling* [b] *impatient* [c] *bond*

Bien que ce passage soit autant une *évocation* qu'une *définition*, l'auteur utilise aussi les moyens traditionnels de la définition: la comparaison (midi et soir) et le passage du particulier (les quartiers) au général (les liens secrets) à la fin. Choisissez un événement bien connu dans votre culture et écrivez un paragraphe dans lequel vous évoquez cet événement comme quelque chose de *particulier* (d'après l'expérience des individus) aussi bien que comme un phénomène culturel *général*.

Événements possibles:

le bal du lycée (*prom*)
le cours d'aérobic
le dîner en famille
la fête d'étudiants

le mariage (*wedding*)
le match de football (américain)
la veille de Noël

. . . .

Activité D Association libre: Oppositions

1. Choisissez un des événements de l'activité C et par association libre, faites une liste de mots ou d'idées qui sont opposés à ce terme.

   EXEMPLE:

   Événement à définir: le match de football

   Oppositions: la tranquillité, la paix, la solitude, la bibliothèque, les bonnes notes, la tristesse, l'orchestre symphonique, le raffinement, etc.

2. Choisissez un mot dans votre liste d'associations et écrivez librement pendant cinq minutes sur les différences entre ce terme et le terme que vous voulez définir.

Activité E   Remue-méninges: Les questions journalistiques

Choisissez un des termes dans l'activité C (le même que dans l'activité D ou un autre) et répondez aux six questions journalistiques (**qui, quoi/quel, où, quand, pourquoi** et **comment**) par des phrases complètes.

II. RÉDACTION

Écrivez sur un des sujets suivants. Suivez les conseils ci-dessous.

1. Développez une des définitions que vous avez ébauchées dans les activités C–E. Imaginez que vous expliquez ce phénomène à quelqu'un qui vient d'une autre tradition culturelle.
2. Si vous connaissez une troisième langue, définissez un terme dans cette langue qui se réfère à un concept. Par exemple, en espagnol **machismo**, en allemand **gemütlichkeit**, en yiddish **chutzpah**. Quelle est la signification culturelle de ce mot pour ceux qui l'emploient? (Soulignez les mots étrangers dans votre texte.)
3. Choisissez un mot ou une expression qui est particulier à un groupe que vous connaissez, par exemple, votre famille, un groupe d'étudiants, un groupe ethnique. Définissez ce terme pour des personnes qui n'appartiennent pas au groupe. Parlez aussi de l'importance de ce terme pour les membres du groupe.

Conseils:

- Imaginez un lecteur spécifique: cela vous aidera à créer un ton convenable.
- Commencez par écrire en style libre, mais avant de réviser, formulez une thèse. Votre définition doit comporter un point de vue. Par exemple, l'idée principale du passage sur la réussite dans les études (page 141) se trouve dans la dernière phrase: «Tout complément d'études, loin de signifier que votre formation initiale est mauvaise, sert à enrichir votre culture ou à professionnaliser votre formation.»
- Inspirez-vous librement des activités de préparation.
- Si vous utilisez un terme hors de son contexte normal, mettez-le entre guillemets. Par exemple,

    Ouvrez la fenêtre, s'il vous plaît. (contexte normal)
    Ce que les Français appellent une «fenêtre» ne ressemble pas à la «fenêtre» américaine. (hors contexte)

III. RÉVISION

A. Guide de commentaire

Utilisez ce guide pour commenter les rédactions des membres de votre groupe.

1. Identifiez et soulignez la thèse. Si elle n'est pas explicite, essayez de l'exprimer dans vos propres termes.
2. Est-ce que l'auteur a expliqué les connotations de ce mot ou expression aussi bien que son sens littéral? Comment pourrait-il développer davantage cet aspect de sa définition?
3. Suggérez un autre exemple pour illustrer le terme à définir.
4. Écrivez trois questions se rapportant à la définition.

B. Deuxième brouillon

D'après les commentaires de vos camarades et les directives suivantes, révisez votre rédaction.

1. Est-ce que vos camarades ont bien compris l'idée principale de votre définition? Sinon, comment pouvez-vous la clarifier?
2. Essayez de suivre les suggestions de vos camarades pour les questions numéro 2 et 3 dans le Guide de commentaire et essayez de répondre aux questions posées dans le numéro 4.
3. Pourriez-vous enrichir votre définition par une comparaison avec un terme semblable dans un autre contexte culturel?

C. Version finale

Avant de remettre la version finale de votre essai à votre professeur, examinez bien les détails de la langue, en suivant le guide au dos de la page de couverture de ce manuel. Faites particulièrement attention à l'emploi des pronoms relatifs (**que, qui, dont, où, lequel**). Vérifiez aussi l'emploi des guillemets et du soulignement. Consultez votre professeur pour les cas où vous n'êtes pas sûr(e) de l'usage correct.

*L*A VIE CULTURELLE

*L*e cinéma: *Critique d'un film*

I. *P*RÉPARATION

Vocabulaire utile

l'acteur/l'actrice	actor/actress
le caractère	character, nature
le/la cinéaste	filmmaker
le dénouement	ending
l'intrigue (*f.*)	plot
le montage	editing
monter	to edit
le personnage	fictional character
le réalisateur/la réalisatrice	director
le scénario	script
les spectateurs/spectatrices	audience

Activité A   Remue-méninges: Votre film préféré

Établissez une liste de dix films que vous avez vus ou que vous voudriez voir. Dans cette liste choisissez un film qui vous paraît particulièrement intéressant ou bien réalisé. (Pour bien réussir cette activité, il serait souhaitable de voir le film deux fois, au cinéma ou sur vidéocassette. De préférence, regardez-le avant de faire cette activité et les activités B – E et encore avant de faire l'activité F et la rédaction.

Pourquoi avez-vous choisi ce film? Écrivez pendant quinze minutes sur votre choix. Qu'est-ce qui vous a frappé dans ce film? Pourquoi l'avez-vous aimé? Ne vous arrêtez pas pour penser et ne vous inquiétez pas pour les erreurs.

En rédigeant ce travail, souvenez-vous de souligner les titres des films. S'il s'agit d'un film qui a été tourné en anglais, ne traduisez pas le titre, à moins que vous n'ayez vu le titre officiel en français comme, par exemple, *Le Cercle des poètes disparus* (*Dead Poets Society*).

Activité B   Recherches: Renseignements sur un film

Fournissez les renseignements suivants sur le film.

1. titre
2. réalisateur
3. année
4. genre (comédie, drame, film d'épouvante,[a] etc.)
5. pays d'origine
6. acteurs principaux

_____

[a] *horror*

Activité C   Description: Les personnages principaux

Faites une liste des personnages principaux du film et décrivez chacun d'eux.
Faites une description physique et psychologique, et précisez le rôle de chaque
personnage par rapport aux autres.

Activité D   Narration: Le scénario du film

Résumez le scénario du film pour un(e) camarade de classe qui n'a pas vu le film.
Selon l'usage, dans la critique de cinéma on raconte l'action au *présent* (revoir la
section sur les résumés, *Chapter 4,* pages 58 – 59). La personne qui écoute le
résumé doit poser des questions quand elle ne comprend pas.

Activité E   Lecture: Critique d'un film

Lisez la critique ci-dessous. Puis répondez aux questions qui suivent. Remarquez
que l'auteur fait bien plus qu'un simple résumé de l'action et offre plus qu'une
série d'impressions subjectives.

LE GRAND CHEMIN

Il paraît que les Français sont un peuple de paysans, mais ces racines ne se
voient plus guère dans leur cinéma. Depuis une trentaine d'années, nos héros
vivent en ville. Comme leurs auteurs et comme leurs spectateurs.

Depuis peu, pourtant, la campagne est de retour sur nos écrans, et on
s'aperçoit que c'est un espace dramatique d'une richesse décidément excep-
tionnelle. C'est un décor presque exotique et pourtant toujours familier car
très fortement lié à l'enfance. On y trouve toujours ce qu'aiment tous les enfants: l'espace, les animaux, la liberté.

Et puis il peut encore s'y passer de belles histoires d'une simplicité et d'une force universelles, éternelles. Dans *Le grand chemin,* il s'agit de Pelo le menuisier[a] qui aime Marcelle d'amour fou, mais qui ne peut plus l'approcher depuis le jour où... Un couple qui se déchire depuis des années parce qu'à la campagne, on ne mêle pas les étrangers aux histoires d'amour. Mais cet été-là, leur vie va changer. Un petit garçon d'une dizaine d'années va s'introduire dans leur monde clos le temps d'un mois de vacances et les obliger à ouvrir les fenêtres, à se parler, à s'émouvoir et à rire ensemble des mêmes choses.... Car un enfant, ça pose des questions, ça bouge, ça souffre, ça aime, ça se met en danger. Ça vit. Alors qu'un couple qui ne communique plus que par le silence ou les scènes de ménage, ça meurt. La rencontre des ces deux destins aux mouvements contraires, la rencontre de l'enfant et du couple, fait toute la force du *Grand chemin,* en lui permettant de mêler le grave et le léger, le drôle et l'émouvant, l'espoir et le désespoir. On sort du film la tête pleine de bonnes choses, rempli d'émotions, de rires d'enfants, de soleil.

Le choix d'acteurs pour *Le grand chemin* était d'autant plus délicat qu'à force de vivre dans les villes, il y a de moins en moins d'acteurs qui peuvent être vraiment crédibles en menuisier de village sympa, et encore moins d'actrices qui peuvent égorger[b] et dépecer[c] un lapin à l'écran, étendre du linge et porter pendant tout le film un tablier bleu et les cheveux noués sans avoir l'air de faire un numéro de composition. Le choix d'Anémone et de Richard Bohringer, c'est bien pensé. Quand on voit l'émotion, la douleur, la sobriété naïve dont est capable Anémone dans un tel contexte, on se dit que son emploi «naturel», finalement, pourrait bien être plutôt côté larmes que côté rires. Pour Bohringer, l'enjeu était très différent. Pour la première fois, il est un vrai «gentil». Son humanité débordante n'est pas freinée, et son beau sourire et son beau regard n'ont plus à faire semblant d'être inquiétants. Il est magnifique.

C'est sûrement aussi pour cela que *Le grand chemin* est si réussi. C'est un film imprégné d'une sincérité et d'une intensité telles que le récit va au-delà de la simple crédibilité, qu'il se met à réveiller en nous des souvenirs ou des douleurs qu'on croyait enfouies à jamais, qu'il nous fait connaître et aimer non des personnages mais des «gens», des êtres humains. Que ce plaisir si fort et si subtil puisse s'acheter pour quelques pièces de monnaie demeure décidément l'un des privilèges majeurs de notre époque (D'après une critique par Marc Esposito, *Studio Magazine,* avril 1987).

---

[a] *carpenter* [b] *slaughter* [c] *cut up*

1. De quoi le critique parle-t-il dans les deux premiers paragraphes? Y trouvez-vous la thèse de cette critique?
2. Où dans cet article trouve-t-on le résumé de l'action? Le critique donne-t-il beaucoup de détails? Pourquoi ou pourquoi pas?
3. Comment le passage sur le choix des acteurs prolonge-t-il l'idée centrale de cette critique?
4. De quel aspect du film le critique parle-t-il dans le dernier paragraphe?

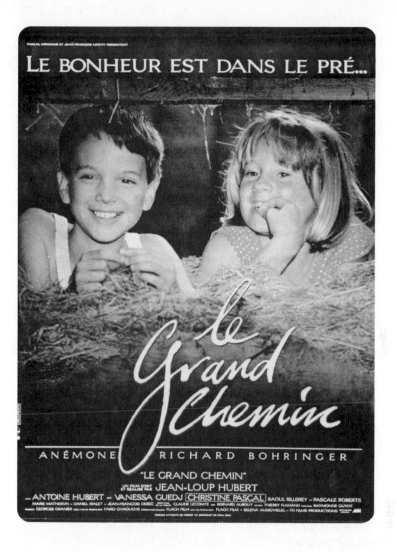

....

Activité F   Deuxième vision du film: Une analyse

Visionnez une deuxième fois le film sur lequel vous allez écrire. Répondez ensuite aux questions suivantes.

1. À votre avis, quelle est l'idée centrale ou le thème du film?
2. Quelles difficultés ce thème présente-t-il pour le réalisateur ou les acteurs?
3. Quelles techniques cinématographiques le réalisateur a-t-il utilisées pour traduire son thème en images?
4. Qui aimerait ce film et pourquoi?
5. Quels sont les aspects les plus intéressants du film?
6. Le film a-t-il des faiblesses? Expliquez.
7. Comparez ce film à d'autres films qui traitent du même thème.

Activité G   Étude de modèles: La thèse

Une bonne critique propose une thèse, c'est-à-dire une idée centrale. Lisez les exemples suivants.

> Ce n'est pas, de loin, la meilleure adaptation d'un roman du très prolifique et très torturé Stephen King (sur *Pet Semetary.* Dans *Première,* janvier 1990).

> D'un sujet très original, Bertrand Arthuys a fait un film (son premier) décon-certant[a] et attachant[b] (sur *Tom et Lola.* Dans *Première,* janvier 1990).

> Le film ne démarrant[c] jamais et se concluant avant que ses auteurs n'aient emprunté la moindre direction repérable, on s'interroge sur l'intérêt et l'op-portunité de cette réactualisation du mythe déjà très usé du vampire (sur *Vampire's Kiss.* Dans *Première,* janvier 1990).

> Voilà un film basé essentiellement sur l'émotion et la mémoire, la douceur des souvenirs et la dureté de la réalité (sur *Trip to Bountiful.* Dans *Première,* décembre 1986).

---

[a] *disconcerting* [b] *engaging* [c] *getting off the ground*

Maintenant composez la thèse de la critique que vous allez faire du film que vous avez choisi.

II. RÉDACTION

Vous êtes critique de cinéma du journal de votre Cercle français. Écrivez la critique d'un film de votre choix. Votre critique doit comporter les éléments suivants.

1. une introduction où vous annoncez votre thèse
2. une description des personnages principaux
3. un résumé de l'action
4. des commentaires sur les techniques cinématographiques
5. une appréciation de la valeur (dramatique, cinématographique, philosophique, etc.) du film

Ces éléments peuvent être intégrés les uns aux autres: il n'est pas nécessaire de faire un pa-ragraphe séparé pour chacun.

III. RÉVISION

A. Guide de commentaire

Utilisez ce guide pour commenter les rédactions des membres de votre groupe.

1. Quelle est la thèse de cette critique?
2. Est-ce que tous les éléments de la critique soutiennent l'idée centrale? Mettez des crochets ([ ]) autour des passages qui ne se rapportent pas à la thèse.
3. Surlignez avec un feutre jaune l'idée la plus frappante de la critique.
4. L'organisation de l'article soutient-elle le point de vue de l'auteur? Pouvez-vous suggérer une autre organisation qui serait plus appropriée?
5. Si vous avez vu le film, êtes-vous d'accord avec l'auteur de cette critique? Expliquez.
6. Le résumé de l'action est-il clair? Nécessite-t-il plus de détails? Pourrait-il être plus bref? Les détails choisis soutiennent-ils la thèse de la critique? Précisez.

B. Deuxième brouillon

D'après les commentaires de vos camarades et les directives suivantes, révisez votre rédaction.

1. Examinez les passages que vos camarades ont mis entre crochets. Révisez-les pour montrer le rapport avec la thèse ou bien supprimez-les.
2. Si vos camarades ont suggéré une organisation qui vous semble meilleure, utilisez-la.
3. Révisez votre résumé de l'action du film en tenant compte du commentaire de vos camarades.

C. Version finale

Avant de remettre la version finale de votre critique à votre professeur, examinez bien les détails de la langue, en suivant le guide au dos de la page de couverture de ce manuel. En particulier, vérifiez que

1. vous avez utilisé le *présent* pour raconter l'action du film et que les formes des verbes sont correctes;
2. vous avez utilisé le vocabulaire présenté au début de cette unité et bien distingué les mots **personnage** et **caractère** dans votre discussion.

La peinture: Deux images de la ville

I. PRÉPARATION

Activité A   Remue-méninges: Associations

En groupe, faites une liste de mots que vous associez à l'idée d'une *ville*. Ne vous arrêtez pas pour penser, mais écrivez tous les mots qui vous viennent à l'esprit — images, émotions, sons, activités, etc.

Activité B   Description: Deux images de la ville

Regardez bien les deux tableaux représentant des villes reproduits à la page suivante. Puis faites une description détaillée de chaque tableau, comme si vous parliez à quelqu'un qui ne peut pas voir ces reproductions. Dites-lui exactement ce que vous voyez, où se situe chaque élément des tableaux, les dimensions des différents éléments, etc.

Activité C   Style libre: Qu'est-ce qu'une ville?

Lequel de ces deux tableaux correspond mieux à votre idée d'une ville? Écrivez en style libre pendant quinze minutes pour expliquer votre choix.

Activité D   Une rêverie: Si vous étiez artiste

Si vous aviez à peindre une grande ville, comment le feriez-vous? Décrivez en détail votre tableau et expliquez ce qu'il communiquerait.

Claude Monet, Boulevard des Capucines.
Claude Monet (1840–1926) est le chef de file du groupe de peintres qu'on appelle impressionnistes. Ces artistes rejetaient les techniques traditionnelles de la peinture. Dans leurs tableaux ils voulaient recréer les effets de la lumière et de l'ombre. Ainsi ils peignaient surtout en plein air et préféraient les sujets mobiles et éphémères. Boulevard des Capucines date de 1873 et a été inclus dans la première exposition impressionniste en 1874.

Fernand Léger, La Ville.
Fernand Léger (1881–1955) a développé une technique personnelle en s'inspirant de celle des peintres qu'on appelle cubistes: Pablo Picasso et Georges Braque. Ces artistes découpaient leurs sujets en plans angulaires de manière à créer dans le tableau un monde indépendant, basé sur la réalité mais régi par ses propres principes. Dans La Ville (1919), Léger a réuni dans une composition assez abstraite de nombreux éléments d'une ville moderne.

Activité E   Comparaison: Un schéma Venn

Faites un schéma Venn (voir *Chapter 2*, page 21) pour comparer les deux tableaux. Mettez-y les ressemblances et les différences entre les deux tableaux en ce qui concerne

1. les éléments que chaque artiste a choisi de mettre dans son tableau
2. la manière dont chaque élément est représenté
3. l'organisation de ces éléments dans le tableau
4. l'idée que chaque artiste semble se faire d'une ville

II. RÉDACTION

Écrivez un essai cohérent dans lequel vous analysez et comparez les tableaux de Monet et de Léger.

Aspects possibles à considérer

- une description de chaque tableau
- les aspects techniques de la composition
- l'idée que chaque artiste semble se faire de la ville et comment il la communique dans son tableau
- une conclusion (sur l'évolution de la peinture, sur l'évolution dans la conception de la ville, etc.)

Votre essai doit avoir une thèse, c'est-à-dire une idée centrale, et tout ce que vous dites devrait contribuer au développement de cette idée.

III. RÉVISION

A. Guide de commentaire

Utilisez ce guide pour commenter les rédactions des membres de votre groupe.

1. Trouvez la thèse et surlignez-la avec un feutre bleu. Est-ce que tous les détails de l'essai se rapportent à la thèse? Surlignez avec un feutre jaune les phrases qui ne semblent pas se rapporter à la thèse.
2. Quels autres détails pourraient soutenir la thèse de l'auteur?
3. Est-ce que l'auteur semble préférer un tableau à l'autre? Comment exprime-t-il (elle) sa préférence?
4. Marquez d'un trait vertical dans la marge tous les passages descriptifs. Dans ces passages surlignez avec un feutre vert tous les emplois du verbe **être** ou de l'expression **il y a**. Est-ce que la structure des phrases est assez variée et expressive? Suggérez d'autres possibilités (revoir la section sur la description, *Chapter 4,* pages 47–51).

Le Musée d'Orsay à Paris

B. Deuxième brouillon

D'après les commentaires de vos camarades et les directives suivantes, révisez votre rédaction.

1. Relisez les passages que vos camarades ont surlignés en jaune. Pour chacun de ces passages, ajoutez une phrase qui rend explicite le rapport avec la thèse, ou bien supprimez-le.
2. Les réponses de vos camarades à la question numéro 3 dans le Guide de commentaire correspondent-elles à vos intentions? Si non, révisez les parties de votre rédaction qui donnent une impression erronée.
3. Essayez de réviser votre texte de sorte que vous utilisiez le verbe **être** un maximum de trois fois et l'expression **il y a** un maximum de deux fois.

C. Version finale

Avant de remettre la version finale de votre essai à votre professeur, examinez bien les détails de la langue, en suivant le guide au dos de la page de couverture de ce manuel. Faites particulièrement attention à l'accord des adjectifs.

La nouvelle: Un autre point de vue

I. *P*RÉPARATION

Activité A   Associations: De l'image à la parole

1. Regardez la photo ci-dessous. En groupe, faites une liste de mots que vous associez à cette scène: noms, adjectifs (couleurs), verbes, climat, etc.
2. Imaginez que vous vous trouvez au milieu de cette scène. Quels sont vos sentiments? Écrivez un paragraphe en style libre dans lequel vous transmettez directement vos impressions immédiates de cette scène.

Un marché aux Antilles

Activité B   Prélecture: Oppositions

Trouvez dans la liste de droite le contraire de chaque mot de la liste de gauche.

1. à l'écart de	a. à l'heure
2. avancer	b. s'en aller
3. bavarder	c. les femmes
4. la campagne	d. honteux
5. en retard	e. léger
6. fier	f. louer
7. gros	g. mince
8. les hommes	h. plein
9. les jeunes	i. près de
10. lourd	j. propre
11. maîtrisé	k. oublier
12. maudire	l. reculer
13. puer	m. sauvage
14. revenir	n. sentir bon
15. sale	o. le silence
16. se souvenir	p. se taire
17. le vacarme	q. les vieux
18. vide	r. la ville

Activité C   Lecture: Une nouvelle antillaise

la République Dominicaine

les îles Vierges

Antigua

Haïti

Porto Rico

la Guadeloupe

la Martinique

la mer des Caraïbes

la Barbade

Tobago

Trinité

la Colombie

le Venezuela

Comme vous le savez sans doute, plusieurs îles dans la mer des Caraïbes étaient autrefois des colonies françaises. Deux de ces îles, la Martinique et la Guadeloupe, font encore partie de la France en tant que départements d'outre mer. La majorité de la population est noire, puisque les colons français y ont amené des esclaves d'Afrique aux XVIIème et XVIIIème siècles. Dans ces îles, on parle français aussi bien que créole, une langue formée à partir du français et des langues africaines.

Comme dans d'autres régions francophones du monde (une partie de l'Afrique, le Québec, etc.), il s'est développé dans cette région une littérature, en français, qui traite de la situation particulière de ces gens qui ont subi des influences culturelles diverses. La nouvelle que vous allez lire, par Maguy Bibrac, a été publiée en 1988 à la suite d'un concours d'écriture pour auteurs guadeloupéens.

Hé Hé!? Ka Ki Rivé

par Maguy Bibrac

—«Hé hé!? Ka ki rivé»[a]

Julot se lève brusquement de la berceuse,[b] qui continue à se balancer à grand bruit sur le sol en ciment. Il oublie de prendre sa canne; il oublie la mauvaise douleur qui lui grimpe dans la jambe droite. La bouche ouverte, il suit Mancie

5 des yeux. Mais Mancie ne le voit pas, pas plus qu'elle ne voit la jolie balustrade en bois sculpté dont Julot est si fier et que, d'habitude, elle admire. Elle ne voit rien, elle court!

—«Ka ki fèt'on? Ka ki fèt?[c]»

Le cœur de Julot bat très vite. Mancie ne court jamais!

10 Depuis le temps qu'ils se connaissent, Julot n'a jamais vu Mancie courir. D'ailleurs, elle est trop grosse pour se déplacer vite!

La lourde silhouette de Mancie est déjà à cinquante mètres de là. Il se décide, il va la suivre. Il ramasse sa canne et se retourne vers le salon pour prévenir quelqu'un de son absence, mais la pièce est vide. La femme de son fils est encore

15 en train de bavarder quelque part, c'est sûr! Il est bientôt midi, et le repas sera en retard! Il aura le temps d'avoir faim. Mais allez lui dire quelque chose! Elle vous traite de vieux crabe et de bon à rien. Aïe!... les jeunes d'aujourd'hui n'ont plus aucun respect pour les vieux. Tant pis pour elle! Elle allait le chercher et n'allait pas le trouver. Bien fait!

20 Il traverse la petite galerie et pousse la porte de la balustrade.

Le soleil est haut dans le ciel, et la chaleur commence à se faire sentir.

Heureusement, le trajet n'est pas long à faire. Vingt maisons! C'est tout! Dix d'un côté et dix de l'autre! Au milieu, il y a une route en tuf qui envoie de la poussière sur tout et sur tous. Le village est cerné par un morceau de campagne

25 avec des arbres et des vaches à l'arrière, et à l'avant, la rivière salée. Puis c'est la mer! La mer qui les nourrit, qui les fait vivre depuis tant d'années! Depuis que les premiers pêcheurs sont venus s'installer là, le long des rives inhospitalières, livrées à la mangrove[d] et aux moustiques[e] et aujourd'hui maîtrisées.

Julot dépasse la maison des Jantou, celle des Robert, sans rencontrer âme

30 qui vive.[f] Les hommes sont en mer, d'accord, mais les femmes! d'habitude on les entend assez!

Ah! les voilà! Et cette coquine[g] de Raymonde est là aussi! Il aurait toujours pu appeler tout à l'heure... et voici Mancie! Mais qu'est-ce qu'elle fait!

---

[a] Ka... Qu'est-ce qui est arrivé?   [b] *rocking chair*   [c] Ka... Qu'est-ce qu'elle fait?   [d] *wooded swamp*   [e] *mosquitoes*
[f] âme... *a living soul*   [g] belle-fille

35 Mais qu'est-ce qu'elle fait?! On dirait... Ah, non alors! Elle les repousse! Mais enfin, qu'est-ce qui lui prend?

Julot s'arrête, en sueur,[a] découragé et en colère. Il arrivera trop tard, c'est sûr, et il lui reste au moins cinquante mètres à parcourir! Mais qu'est-ce qui se passe? Si la commère[b] refuse de parler, c'est que c'est grave. Il maudit ses vieilles jambes et se remet en marche...

40 Aïe! Mancie est rentrée chez elle et a fermé sa porte! Eh bien, voilà! Il ne reste plus qu'à demander aux autres ce qui se passe!

Julot! Hé, Julot!

C'est Estéfane qui l'appelle là-bas, avec de grands gestes du bras. Il est un peu à l'écart du groupe des femmes, avec Thomas. Julot se dirige vers eux. Au 45 passage, il salue Léonce, Bertille, la vieille Jeanne, Carence et quelques autres.

Mais Thomas le presse:

—Julot, c'est la police! Elle arrive!

—Quoi? La police, ici? Pas vrai!

—Mais je te dis! Ils viennent pour Mancie par rapport à son garçon!

50 —Jean?

—Ouais!

—Ouais quoi? Tu le fais exprès, Thomas!

Celui-ci baisse le ton.

—Paraît-il qu'il en a fait de belles[c] en ville, et les gendarmes sont à sa 55 recherche.

—Hein ben...! C'est eux qui t'ont dit ça!

—Hon, hon! C'est Germaine. Elle descendait du car et elle allait prendre le sentier pour venir, et ils étaient là, et ils lui ont demandé pour la maison de Mancie. Elle les a envoyés de l'autre côté du pont, et elle a couru prévenir 60 Mancie, et Mancie est venue s'enfermer chez elle.

—Ah, ouais, je l'ai vue courir! rigole Julot.

—Nous aussi!

Estéfane découvre des gencives[d] aux dents rares. Je pensais pas* qu'elle courait aussi vite!

65 —La pauvre! Elle a pas eu de chance avec son garçon. Il voulait pas être pêcheur comme nous autres. Il disait qu'ici ça puait le poisson.

Thomas arrête de parler et tourne la tête vers la rivière. Sur le talus, un gros tas de déchets de poissons finit de pourrir sous la lumière crue du soleil et le bourdonnement[e] des mouches.

70 Ils se taisent, et les femmes aussi, car au loin est apparue la voiture bleue de la police, dans un nuage de poussière. Ah! Ils ont fini par trouver...

Les deux policiers descendent devant chez Mancie. Ils regardent et saluent ces hommes, ces femmes et ces enfants muets et curieux et lèvent la tête pour vérifier le numéro. C'est bien ça, le numéro 20!

75 Julot se détourne et crache par terre. Il se souvient du jour où l'homme de la

---

[a] en... *sweating* [b] femme *(familiar)* [c] en... *has gotten into trouble* [d] *gums* [e] *buzzing*

---

* Dans le discours populaire, on omet souvent le **ne** de la négation. Il faut comprendre: «Je **ne** pensais pas».

D.D.E.* était arrivé pour inscrire des numéros sur leurs maisons. Personne n'avait été d'accord. Alors il avait poliment demandé à l'homme de repartir très vite avec son matériel et sa peinture, s'il ne voulait pas avoir ses numéros inscrits

80 au centre de sa personne. Mais l'homme ne s'était pas laissé intimider; il avait répliqué que, d'abord, il faisait son travail et qu'on le payait pour ça, et qu'ensuite peindre des numéros sur les maisons permettait au facteur[a] de faire plus vite son boulot.

Comme Julot adorait recevoir des lettres, il avait dit oui. Et les autres aussi.

85 Mais aujourd'hui le n° 20 permettait d'identifier Mancie...

Celui qui semble être le chef frappe fort contre la porte fermée.

Julot chuchote à l'oreille de Thomas:

—Tu crois que Jean est chez Mancie?

Thomas hausse les épaules. De toute façon, on le saura bientôt.

90 —Ouvrez, s'il vous plaît!

Seul le silence lui répond. Le gendarme frappe encore. Il reprend d'une voix patiente:

—Madame Gaston, nous savons que vous êtes chez vous, ouvrez!

Rien, toujours rien. Un murmure dans son dos le fait se retourner. Chez tous

95 ces gens, le même air de curiosité amusée. Il se retourne vers son adjoint. Celui-ci demande à voix basse:

—Enfoncer la porte?

Le brigadier Combet sourit.

—Quand même pas, non. Ça n'en vaut pas la peine!

100 Clac! Un bruit sec le fait sursauter légèrement. On vient de faire sauter[b] le crochet de fer qui maintenait fermée la porte en bois à deux battants du salon de Mancie.

D'un même mouvement, les deux gendarmes portent la main à la ceinture et reculent d'un pas. Les curieux, eux, avancent.

105 Tout doucement, la porte s'ouvre. Et après d'interminables secondes, Mancie apparaît.

Un cri de stupéfaction s'élève et tout le monde se met à parler en même temps. C'est qu'il y a de quoi!

Mancie est tout bonnement resplendissante.[c]

110 Elle a revêtu sa plus belle robe doudou, celle qu'elle met pour les grandes occasions. Elle est dans les tons bleus et verts et le tissu chatoyant brille quand elle bouge. Et ses bijoux? Et ses bijoux?! Les colliers en or, les bagues, les bracelets, une grosse broche en forme de fruit, elle les a tous mis!

Et pour compléter l'ensemble, un petit chapeau noir et rond, orné d'une

115 grosse fleur bleue en tissu.

Ses yeux sont un peu rouges et un léger tremblement agite ses mains tandis qu'elle pose à ses pieds une grosse valise marron en carton bouilli. Mais elle se tient bien droite et déclare:

—Je suis prête!

---

[a] *letter carrier* [b] *pop open* [c] *dazzling*

* Direction Départementale de l'Équipement

Puis elle tend ses poignets[a] aux gendarmes.

120 Carence, l'émotive,[b] ne peut s'empêcher d'applaudir sa vieille amie. Ah oui! Mancie part dignement pour la prison.

D'autres applaudissements éclatent, et c'est une foule excitée et bavarde qui entoure les deux représentants de la paix.

—Silence!!!

125 Le cri fait taire les voix.

—Madame, dit le brigadier s'adressant à Mancie, vous êtes bien madame Francine Gaston, dite Mancie?

Elle croise les bras et le toise:[c]

—Oui, c'est moi. Mais Mancie, c'est pour les amis! Pour vous, c'est madame

130 Veuve Gaston! et je suis prête à aller en prison à la place de mon garçon.

—En prison? mais non!

Le brigadier est surpris. —Nous vous ramenons votre mari!

—Hein?

—Monsieur Joseph Gaston! C'est bien votre mari, non?

135 ...Joseph!!? Mancie a pâli, elle titube.[d] Joseph!... Après toutes ces années... Elle le croyait mort pour de bon... Mon dieu!

Les gendarmes se dirigent vers l'arrière de la voiture, et ouvrent la portière.

—Réveillez-vous! Sortez de là.

Deux enfants pressent leur visage contre la vitre. C'est la première image que

140 retient l'homme sorti brutalement de son sommeil d'ivrogne.[e] On l'entraîne au milieu des gens, on le plante devant une maison, en plein soleil, on le pousse vers une femme qui semble être sur le point de tomber par terre si on la touche.

—Hé, hé!

Il rit brusquement. Mancie! C'est Mancie? Sa femme? Il rit encore...

145 La foudre semble être tombée sur le village. Tous dévisagent cet homme tombé du ciel, que certains ont du mal à reconnaître et que d'autres voient pour la première fois. Leurs regards vont de Mancie à l'homme, de l'homme à Mancie. Celle-ci n'a toujours pas ouvert la bouche.

Brusquement, elle semble reprendre vie. Elle se précipite sur sa valise, recule,

150 et pour la deuxième fois de la journée, claque la porte au nez de ses amis... et de son mari.

Ce dernier semble ravi; il regarde avec intérêt autour de lui et salue tous ceux qu'il reconnaît, pas du tout gêné par son apparence négligée et sale.

Les gendarmes partent après avoir recommandé à Joseph de se tenir tran-

155 quille, sinon la prochaine fois, ce serait la prison.

Léonce réagit la première:

—Écoute, Joseph, tu n'aurais pas dû faire ça à Mancie! Elle a dit à tout le monde que tu étais mort, et tu reviens... Mais qu'est-ce qui te prend? Tu savais qu'il fallait plus revenir... Va-t'en, allez, va-t'en!

160 Carence s'approche et renifle[f] dédaigneusement:

—En plus, tu pues le rhum, et tu es sale! Une personne aussi propre que Mancie, tu vas la faire dérespecter! Va-t'en, tu entends?

---

[a] *wrists* [b] *emotional one* [c] *le... eyes him scornfully* [d] *staggers* [e] *drunkard* [f] *sniffs*

— Mais vous êtes folles? Vous z'avez pas changé, tiens! Vous z'êtes qu'un tas de commères. C'est à cause de vous si mon ménage a pas marché. Si vous croyez

165 que j'avais envie de revenir! Mais maintenant que je suis là, JE RESTE!

Jeanne s'approche à son tour, menaçante:

— Si tu fais seulement semblant de rester, Joseph, elle deviendra veuve pour de bon, la Mancie, et personne te regrettera, tu peux être sûr de ça!

Joseph gronde:

170 — Hé ben bon! Et c'est toi qui vas me tuer la vieille? Alors essaye! Là! Je suis prêt! Essaye, allez...!

Et il avance vers Jeanne une poitrine à peine couverte d'un tricot déchiré et d'une vieille veste.

Les trois femmes lui font face, nullement intimidées par ce geste de défi.

175 Elles ont les yeux à demi fermés, le visage froid et dur. Elles n'auront aucune pitié.

Julot intervient:

— Écoutez, laissez-le parler! Il a peut-être changé; moi, je dis que Mancie a besoin d'un homme dans sa maison... Les femmes seules, c'est pas bon, ça prend

180 des airs d'indépendance et ça vous gâte les femmes mariées... surtout les jeunes... Attendez, j'ai pas fini... attendez, je vous dis... Raymonde, tu dois pas me toucher! Je suis le père de ton mari! Hé...!

Les femmes crient et injurient Julot. Thomas et Estéfane, venus lui prêter mains fortes, sont à leur tour pris à partie. Joseph a ramassé par terre une grosse

185 pierre et la tient levée en direction de Carence qui avance vers lui, la jupe relevée bien haut sur ses jambes afin de ne pas être gênée dans ses mouvements.

— Envoie-la,... envoie-la si tu l'oses, allez... Attrape-moi avec ta roche et je te dis que toi et tes microbes, vous allez finir dans la Rivière Salée!

Les enfants hurlent et s'accrochent aux jupes de leur mère.

190 Les plus grands ont à la main un bâton qu'ils ont cherché en hâte dans les fourrés... On ne sait jamais!

Le vacarme est épouvantable.

Soudain, quelques gouttes de pluie tièdes s'écrasent sur un bras, sur un nez... On s'arrête, on lève la tête. Le soleil a disparu, et au-dessus du village un gros

195 nuage noir est près de crever.

Et il crève brutalement en une averse aux grains serrés et brutaux, qui anéantit le paysage, provoquant le retrait des deux camps pris de panique. En quelques secondes, la place est nette.

Pas tout à fait, cependant... Un homme est resté debout sous la pluie,

200 insensible aux piqûres des gouttes d'eau. La tête baissée, il semble réfléchir... Puis il regarde la maison de Mancie.

— Hé, Mancie! Hé!

Il l'appelle, l'appelle encore... Il s'approche de la maison et s'appuie contre le bois mouillé. Il ferme les yeux.

205 Quelques minutes plus tard, deux enfants qui se cachent de la pluie sous un canot renversé, le voient se diriger vers la rivière, longer la rive un court instant et disparaître dans la mangrove.

Activité D   Réflexions: Les personnages et le décor

Répondez aux questions suivantes sur la nouvelle que vous venez de lire.

1. Que savons-nous de Julot: âge, apparence physique, intérêts, situation de famille, amitiés?
2. Que savons-nous de Mancie: âge, apparence physique, intérêts, situation de famille, amitiés?
3. Où se passe l'action de la nouvelle? Relevez tous les passages qui nous aident à imaginer le décor.
4. Comment les habitants du village gagnent-ils leur vie?
5. Relevez tous les passages qui indiquent qu'il y a un sens de communauté, de solidarité dans le village.

Activité E   Style libre: Les oppositions

Malgré une certaine solidarité dans le village, la nouvelle semble être basée sur une série d'oppositions. Choisissez une des paires suivantes et écrivez un paragraphe dans lequel vous expliquez comment les deux éléments sont opposés dans la nouvelle.

jeunes/vieux   hommes/femmes
gens du village/police   gens du village/Mancie
village/monde extérieur   sale/propre
nature/civilisation
femmes seules/femmes mariées
apparence/réalité intérieure (Mancie)
gens du village/ceux qui quittent le village

Activité F   Spéculations: Lecture entre les lignes

1. Selon vous, pourquoi Mancie s'est-elle habillée de manière si resplendissante? Qu'est-ce que cela nous révèle au sujet des rapports entre les habitants du village et le monde extérieur?
2. La fin de la nouvelle laisse beaucoup de place à l'imagination. À votre avis, qu'est devenu Joseph? Qu'a fait Mancie en rentrant dans sa maison? Qu'est-ce qui s'est passé dans le village après l'orage?

Activité G   Analyse et imitation: Le style

1. Vous avez peut-être remarqué que la nouvelle est écrite à la troisième personne, mais que généralement nous percevons l'action à travers les yeux des personnages, le plus souvent Julot. Énumérez les moyens que l'auteur utilise pour nous donner l'impression que c'est Julot qui raconte l'histoire. (Cette technique s'appelle le *style indirect libre*.)

2. Écrivez un paragraphe du point de vue de Mancie, racontant ce qui se passe entre le moment où elle ouvre la porte et le moment où elle la ferme pour la deuxième fois. Que voit-elle? Qu'entend-elle? Que fait-elle? Que pense-t-elle? Essayez d'imiter le style indirect libre.

II. RÉDACTION

Choisissez un des sujets suivants.

1. Racontez l'histoire du point de vue de Mancie. Imaginez qu'après avoir fermé la porte pour la deuxième fois, elle s'est mise à écrire une lettre à sa sœur qui est mariée et qui habite un autre village. En quoi les détails seront-ils différents de ceux de la nouvelle? Pourquoi Mancie écrit-elle? Qu'est-ce qu'elle veut communiquer à sa sœur? Notez que vous allez écrire d'un point de vue différent, et aussi dans un temps différent et d'une perspective temporelle différente. L'histoire est déjà terminée quand Mancie commence à écrire.

2. Écrivez le rapport qu'auraient rédigé les brigadiers en rentrant au poste de police. Qu'est-ce qui les aurait frappés dans ce qu'ils ont vu? Quelle serait leur attitude à l'égard des gens du village? de Mancie? de Joseph? Notez que vous allez écrire d'un point de vue différent, et aussi dans un temps différent et d'une perspective temporelle différente. L'histoire est déjà terminée quand ils commencent à écrire.

III. RÉVISION

A. Guide de commentaire

Utilisez ce guide pour commenter les rédactions des membres de votre groupe.

1. Le texte de votre camarade est supposé être écrit par un narrateur (Mancie ou les brigadiers) qui joue un rôle dans l'histoire. Le point de vue de ce narrateur est donc forcément limité. Par exemple, Mancie ne peut pas sa-

voir ce qui s'est passé dehors après qu'elle a fermé sa porte. Est-ce que l'auteur a inclus dans son histoire des détails que le narrateur n'aurait pas pu connaître? Surlignez avec un feutre vert les passages qui ne sont pas compatibles avec ce point de vue limité.

2. Résumez en une ou deux phrases l'attitude du narrateur par rapport aux événements dans le texte de votre camarade. Y a-t-il des endroits où le texte suggère des attitudes que ce narrateur, selon vous, ne partagerait pas? Surlignez ces passages avec un feutre jaune.

3. Surlignez avec un feutre rose les passages qui semblent particulièrement bien transmettre le point de vue du narrateur (connaissances et attitude).

4. Surlignez avec un feutre bleu deux passages qui semblent trop généraux. Pour chacun, proposez une autre formulation plus détaillée et plus évocatrice pour le lecteur.

B. Deuxième brouillon

D'après les commentaires de vos camarades et les directives suivantes, révisez votre rédaction.

1. Si vos camarades ont trouvé des passages qui ne correspondent pas bien au point de vue de votre narrateur, récrivez-les ou supprimez-les.

2. Est-ce que vos camarades ont bien compris l'attitude que vous vouliez communiquer dans votre voix narrative? Faites les révisions nécessaires pour mieux transmettre cette attitude.

3. Bien que la nouvelle que vous avez lue soit écrite au présent, vous avez peut-être choisi de mettre votre récit au passé. Êtes-vous satisfait(e) du choix que vous avez fait?

4. Les révisions proposées par vos camarades sont-elles conformes à vos intentions? Pouvez-vous vous-même améliorer certains passages en utilisant un langage plus précis, en substituant au verbe **être** des verbes actifs, ou en faisant appel aux sens (*senses*) du lecteur?

C. Version finale

Avant de remettre la version finale de votre histoire à votre professeur, examinez bien les détails de la langue, suivant le guide au dos de la page de couverture de ce manuel. Il est, bien sûr, permis de garder les «fautes» de grammaire qui caractérisent le discours des personnages.

Si vous avez mis votre récit au passé, surlignez avec un feutre jaune tous les verbes à l'imparfait et avec un feutre bleu tous les verbes au passé composé. Consultez votre professeur pour les cas où vous n'êtes pas sûr(e) de votre choix.

Le dénouement: Conclure une histoire

I. PRÉPARATION

Activité A Étude de vocabulaire: Une distinction

Cherchez les mots **jalousie** et **envie** dans un bon dictionnaire français-français. Quelle est la différence entre les deux? Décrivez une situation où vous avez été (ou quelqu'un que vous connaissez a été) jaloux (jalouse).

Activité B Discussion: La vie amoureuse

Complétez les phrases suivantes. Puis comparez vos réponses à celles de vos camarades de classe.

1. Quand deux personnes viennent de tomber amoureuses elles...
2. Quand quelqu'un est jaloux il...
3. La jalousie résulte de l'amour mais...

Activité C En groupe: La classification

1. Étudiez les mots suivants. Cherchez ceux que vous ne connaissez pas dans un dictionnaire.
2. Par groupes de trois ou quatre étudiants, essayez de classer ces mots en plusieurs catégories. Donnez un titre à chaque catégorie.
3. Disposez vos listes de mots sur la page de manière à pouvoir relier les mots de différentes catégories par une ligne pour dégager d'autres rapports.
4. Comparez votre classification à celle de vos camarades.

aimer	s'enfuir	mater
le bonheur	enlever	la prison
chanter	ensemble	le remède
châtier	épris(e)	séquestrer
la confiance	la geôle	le silence
débarrassé(e)	guérir	le soulagement
la douleur	injurier	tendre
écarter	la laisse	vaincu(e)
l'égarement (*m.*)	lutter	verrouillé(e)

Activité D   Un peu de grammaire: Le passé simple

Comme vous le savez, on utilise le **passé simple** dans la littérature et dans les écrits journalistiques pour raconter des événements, comme on utilise le passé composé dans la conversation. Voici les formes du passé simple des verbes réguliers.

Verbes en *-er*

arriver	il/elle/on arriva	ils/elles arrivèrent
entrer	il/elle/on entra	ils/elles entrèrent

Verbes en *-ir*

finir	il/elle/on finit	ils/elles finirent
sortir	il/elle/on sortit	ils/elles sortirent

Verbes en *-re*

entendre	il/elle/on entendit	ils/elles entendirent
rendre	il/elle/on rendit	ils/elles rendirent

Pour les verbes irréguliers, le passé simple ressemble souvent au participe passé. Complétez le tableau suivant, selon le modèle.

INFINITIF	PARTICIPE PASSÉ	IL/ELLE/ON	ILS/ELLES
savoir	su	sut	surent
croire			
avoir			
vivre			
comprendre			

Autres formes à connaître

venir	il/elle/on vint	ils/elles vinrent
être	il/elle/on fut	ils/elles furent
faire	il/elle/on fit	ils/elles firent
voir	il/elle/on vit	ils/elles virent

Activité E   Lecture: Une nouvelle de Colette

Sidonie Gabrielle Colette (1873–1954)
est une des femmes de lettres les plus re-
nommées du vingtième siècle. Auteur de
nombreux romans et contes, elle a un
sens très fin de la psychologie. Comme
beaucoup d'autres romanciers, elle a souvent écrit au sujet de l'amour, mais aussi
de l'enfance, des animaux et des voyages.
«L'Impasse» est un des ses contes dont
le sujet est l'amour. On vous présente ici
tout le conte à l'exception des dernières
lignes, dans lesquelles on trouve le dénouement.

Portrait de Colette

L'Impasse
par Colette

Il l'avait prise à[a] un autre homme, cette blonde longue et magnifique, qui
ressemblait à une lévrière[b] en laisse. Il l'avait suivie partout, abordée[c] roma-
nesquement et enlevée. Ils ne savaient même pas ce qu'était devenu l'autre
homme et ne le surent jamais. L'autre homme se comporta en vaincu correct et
5 cessa d'exister pour eux. Le vainqueur — admettez qu'il s'appelait Armand, et la
femme Elsie — y songea peu, car Elsie l'aimait, et d'ailleurs il ne s'occupa que de
prouver son amour et sa naïveté en organisant cette geôle qu'on nomme la vie à
deux. Elle l'y aida, flattée comme toutes les femmes qu'on prétend séquestrer
amoureusement. Quelques semaines d'hôtel et de voyage eurent pour terme
10 naturel la villa au bord d'un lac, où, de bonne foi, ils crurent toucher le gîte du
bonheur.

   Une certaine paresse, les soins de sa beauté, la lenteur de ses gestes raccour-
cissaient[d] pour Elsie les heures du jour. Celles de la nuit, confiées au sommeil ou
à l'amour, semblaient brèves. Ayant affirmé tous deux, en temps utile, qu'entre
15 amants le silence est auguste,[e] ils pouvaient se taire impunément,[f] jusqu'à nouvel
ordre. Ils ne sortirent, ne rentrèrent, n'errèrent dans les bois qu'ensemble,
appuyés l'un à l'autre, ou lui derrière elle, elle traînant sur ses pas un ruban, le
bout d'un voile, le pan d'une robe, comme une laisse rompue.

---

[a] l'... *had taken her from*   [b] *greyhound*   [c] *approached*   [d] *shortened*   [e] *noble, majestic*   [f] *and get away with it*

20 Ils n'eurent pas de peine,[a] éloignés de Paris, à assurer leur solitude; le specta-cle de l'amour suffit à écarter les amis les meilleurs. On peut rechercher un homme épris, une femme amoureuse. La fréquentation d'un couple heureux, qui montre son bonheur, ennuie et choque le goût que nous portons aux divertissements modérés et à la saine harmonie.

25 Ils vécurent donc ensemble, seuls, avec la bravoure inconsciente et stupide des amants. Elle n'eut pas peur, certains jours où l'heure crépusculaire, le ciel qui s'abaisse, le vent qui se tait et attend l'orage, où la nature entière couve[b] une tragédie, elle n'eut pas peur de trouver en face d'elle cet étranger, ses larges épaules, ses sourcils farouches et ses gestes prompts. Car la femme garde, au fond d'elle-même, une confiance dédiée au ravisseur.

30 Armand, lui, ne songea guère au passé de la femme, puisqu'il la tenait contre lui, la nuit et le jour, et puisqu'il ignorait[c] tout le passé de celle qu'il aimait. Le passé d'Elsie, pour Armand, c'était un pauvre homme, trompé, bu par l'ombre et par l'oubli. Il se demandait parfois, et comme par devoir: «Mais avant ce pauvre homme?... » et revenait vite au présent sans nuages ni secrets.

35 Le mal lui vint un matin qu'il contemplait le lac et sa buée d'étain rose,[d] derrière une haie[e] enflammée de géraniums pourpres, et qu'Elsie chantait à mi-voix, au premier étage, en s'habillant. Il s'avisa qu'il ne connaissait pas cette chanson, et qu'Elsie ne l'avait encore jamais chantée. Il s'étonna, et conjectura qu'elle songeait, en chantant, à un temps révolu, à des gens dont il ne savait pas le
40 nom, peut-être à un homme inconnu...

Quand sa maîtresse le rejoignit, il la trouva un peu différente de celle qu'il attendait, et le lui dit avec une tendre sollicitude. Elle répondit, sans défiance, que les premières pluies d'automne la rendaient frileuse,[f] et elle parla de calori-fère[g], de grands feux de bois, de fourrures, avec un air de convoitise[h] et de
45 crainte coquette. Alors il cessa de la regarder et se mit, les yeux baissés, à faire le compte des mois qu'ils venaient de passer ensemble, et il pensa qu'elle avait peut-être envie de repartir. L'image qu'il se forma de l'absence d'Elsie le reporta au temps où il vivait sans elle, et il trembla, en songeant qu'en ce temps lointain il était capable de vivre d'une autre vie. Il releva les yeux sur Elsie et son cœur ne
50 fondit pas d'amour, mais battit à coups serrés et pénibles, parce qu'il pensait:

«J'ai été un homme comme les autres hommes. Elsie est une femme comme les autres femmes, sauf qu'elle est plus belle. Celui à qui je l'ai prise est sans doute redevenu un homme pareil aux autres hommes, un homme débarrassé du bon-heur, un homme normal, triste, léger. Celui qui me succédera... »

55 Il trébucha[i] mentalement, cessa de raisonner et comprit qu'il entrait, bas et courbé, dans la jalousie sans objet, celle que l'innocence ne guérit pas.

Il cacha son mal comme il put, en redoublant d'exigence tendre. Mais il gagnait, au soin qu'il apportait à mater son arrière-pensée, une fatigue cérébrale qui atteignit vite sa maîtresse. Il lutta, sûr de son visage et de ses paroles, et ce fut
60 Elsie qui souffrit de malaises, bâilla[j] nerveusement, tressaillit[k] en voyant sur la muraille, un soir de pleine lune, l'ombre d'Armand debout, expressive et vivante

---

[a] *trouble* [b] *is brewing* [c] *knew nothing of* [d] *buée... mist the color of pink pewter* [e] *hedge* [f] *chilly* [g] *heater* [h] *desire* [i] *tripped* [j] *yawned* [k] *shuddered*

comme un tiers[a]... Il enregistra ses faiblesses, les imputa au regret, au désir d'évasion, et, un jour, injuria vivement sa maîtresse, que cet éclat[b] rassura et enorgueillit.[c] En lui-même, il grondait:

65 «Ah! la prison... le harem verrouillé... »

Mais en même temps il doutait de tout remède et, anxieux pour[d] une séparation de quelques moments, voyait pourtant reparaître sans gratitude celle dont il ne pouvait se passer.[e] Il lui cherchait à présent des tares,[f] appelait sur elle, altéré de[g] repos, les marques de l'âge, mais il la haïssait lorsque, moins belle
70 aujourd'hui que la veille et que le lendemain, elle semblait obéir à sa volonté hostile.

Il vécut dans l'égarement qui châtie ceux que l'amour abuse[h] en leur inspirant de recommencer le paradis terrestre. Il essaya même de s'éloigner d'Elsie, sous des prétextes futiles, mais il revint chaque fois plus agité et plus vindicatif,
75 car il ne s'absentait pas assez longtemps pour prendre pied sur un terrain de douleur normale, la douleur de la privation, et son soulagement d'avoir quitté sa maîtresse cédait tout de suite à l'intolérable supposition qu'elle s'était enfuie pendant son absence.

Un jour qu'il avait laissé Elsie à la villa,...

---

[a] *outsider*   [b] *outburst*   [c] *made proud*   [d] anxieux... *worried about*   [e] se... *do without*   [f] *flaws*
[g] altéré... *thirsty for*   [h] *deceives*

....

Activité F   Étude du texte: De la langue au sens

1. Pour bien saisir le style et les intentions d'un auteur, il est utile d'étudier les plus petits détails de la langue. Faites une photocopie de ce texte, puis surlignez tous les verbes qui sont au **passé simple**, à l'**imparfait** ou au **présent**, utilisant une couleur différente pour chacun de ces temps. Ne marquez pas ceux qui sont au passé composé, au plus-que-parfait ou au futur. Notez qu'il sera difficile de distinguer entre le passé simple et le présent des verbes en **-ir**. Laissez-vous guider par le contexte.

2. Normalement, le passé simple représente une action précise qu'on peut situer à un moment précis dans le temps. Est-ce le cas pour tous les verbes au passé simple dans ce texte? Y a-t-il des phrases où l'imparfait semblerait plus «normal» que le passé simple? Comment peut-on interpréter cette abondance de verbes au passé simple? Voir, par exemple, les lignes 16–29.

3. Étudiez les phrases où le verbe est au présent. Quelle est la fonction de ces phrases dans le texte?

4. Dans ce texte, les personnages sont souvent présentés comme des types qui représentent tout un groupe de personnes. Par exemple, Elsie ressemble à «toutes les femmes qu'on prétend séquestrer amoureusement» (ll. 8–9). Relevez d'autres exemples où Elsie, Armand ou le couple Elsie-Armand sont présentés comme des types plutôt que des individus. Quel est l'effet de cette technique?

5. Il y a beaucoup d'allusions à la captivité dans ce texte. Faites-en une liste.

6. À partir du sixième paragraphe il est clair que le bonheur du couple ne va pas durer. Le saviez-vous plus tôt? Par quels indices Colette nous suggère-t-elle dans les cinq premiers paragraphes que ce bonheur ne sera que provisoire?

7. Colette nous décrit en grand détail le mécanisme psychologique de la jalousie, émotion souvent irrationnelle. Pourquoi Armand était-il «sans gratitude»? Pourquoi cherchait-il des «tares»? Pourquoi la «haïssait»-il? Pourquoi éprouvait-il un «soulagement» en quittant sa maîtresse? Qu'est-ce qui serait, selon Colette, une «douleur normale»?

8. Que savons-nous des sentiments d'Elsie? Que pouvons-nous supposer?

II. RÉDACTION

Écrivez en deux ou trois paragraphes un dénouement pour cette histoire. Inspirez-vous de toutes les observations que vous avez déjà faites en analysant le style, les images et la psychologie des personnages. Il ne s'agit pas de deviner ce que l'auteur a écrit, mais d'écrire un dénouement qui suive la logique de l'histoire, qui soit fidèle au style de l'auteur, et qui soit compatible avec ce qui précède. Demandez à votre professeur si vous devez utiliser le passé composé ou le passé simple.

III. RÉVISION

A. Guide de commentaire

Lisez les dénouements écrits par les membres de votre groupe et commentez les aspects suivants.

1. Quels aspects du style de Colette l'auteur a-t-il (elle) réussi à imiter?

2. Surlignez en couleurs différentes les verbes au passé simple (ou au passé composé) et ceux à l'imparfait. Quel effet l'auteur a-t-il (elle) créé par son choix des temps des verbes?

3. Analysez la logique de l'auteur. Quels éléments de l'histoire ont inspiré son dénouement?

4. En quoi le dénouement proposé par votre camarade diffère-t-il du vôtre? Vos dénouements respectifs supposent-ils une interprétation différente de l'histoire? Expliquez.

B. Deuxième brouillon

Est-ce que les commentaires de vos camarades vous suggèrent des révisions? Ne changez pas votre dénouement pour le faire ressembler à ceux de vos camarades, mais pour le rendre plus cohérent et plus conforme à vos intentions.

Le «vrai» dénouement de l'histoire

80   Un jour qu'il avait laissé Elsie à la villa, et qu'il marchait, seul, au bord du lac, soumettant son aberration à une sorte de discipline sans espoir, il entendit courir derrière lui, se retourna et vit venir une servante d'Elsie, singulière et défaite, qui s'arrêta, haletante, à quelques pas de lui.

—Ah! Monsieur... Madame...

85   Il s'écria, sur un ton haut et factice:

—Madame?... Oui? Elle vient de partir, n'est-ce pas?

La servante ouvrit et referma la bouche, ne put parler tout de suite, puis articula quelques mots où l'homme comprit qu'un accident... la chute sur les degrés[a] de marbre... une fracture du crâne... la mort immédiate... la mort... Il

90   s'assit, détendu, sur le talus d'herbe:

—Ah! soupira-t-il, j'ai eu peur...

---

[a] *steps*

Deuxième commentaire

1. Quelle a été votre réaction en lisant le dénouement que Colette a donné à son histoire? Avez-vous été surpris(e)? choqué(e)? triste? soulagé(e)?

2. Comment interprétez-vous les dernières paroles d'Armand: «j'ai eu peur...»? De quoi avait-il peur? Qu'est-ce que ces paroles nous révèlent au sujet d'Armand?

3. Comment Colette a-t-elle préparé son dénouement? Donnez des exemples précis.

4. Écrivez un ou deux paragraphes dans lesquels vous comparez votre dé-nouement à celui de Colette. Quel effet chacun de ces dénouements a-t-il sur le lecteur? En quoi la «logique» de Colette diffère-t-elle de la vôtre?

$\mathcal{D}$ÉBATS CONTEMPORAINS
$\mathcal{L}$es concours de beauté:
Valorisants ou dégradants?

I. $\mathcal{P}$RÉPARATION

Activité A   Lecture et discussion: Les concours de beauté dans le monde

Lisez les renseignements ci-dessous, puis discutez les questions suivantes en classe: Pourquoi la popularité des concours de beauté augmente-t-elle dans les pays de l'Est tandis qu'elle décroît aux États-Unis? Que pensez-vous de ces tendances? Servez-vous du vocabulaire à la page suivante.

Grâce à «glasnost», les habitants de Moscou ont fait l'expérience pour la première fois de leur propre concours de beauté en juin 1988. C'est la jeune Maria Kalinina qui a gagné le titre de Mademoiselle Moscou.

Aux États-Unis, le nombre de femmes qui participent au concours de «Miss America» diminue depuis quelques années. En même temps, le nombre de femmes candidates à des postes politiques a augmenté.

Les Chinois aussi ont connu leur premier concours de beauté en 1988, avec la sélection de Mademoiselle Beijing.

Vocabulaire utile

les droits (*m.*) de la femme	women's rights
la femme au foyer	housewife
le maillot de bain	swimsuit
le maquillage	makeup
le mouvement de libération des femmes	women's liberation movement
le phallocrate	male chauvinist

Activité B Style libre: Le pour et le contre

Vous trouverez ci-dessous des arguments pour et contre les concours de beauté. Lisez les arguments, puis répondez à la question: Approuvez-vous les concours de beauté? Écrivez pendant dix minutes en style libre. Ne vous inquiétez pas pour les erreurs et ne vous arrêtez pas pour penser.

Arguments pour:

1. Celles qui participent aux concours de beauté gagnent souvent beaucoup d'argent.
2. Les concours offrent aux concurrentes[a] des occasions de contact avec des gens de diverses professions, y compris le milieu des affaires et les médias (presse, télévision, etc.).
3. Les candidates et les gagnantes reçoivent aussi des bourses pour suivre des études universitaires.
4. Le concours de «Miss America» fait partie intégrante de la tradition américaine. C'est un élément important de notre culture.
5. Les concours sont amusants pour le public et pour les concurrentes.
6. Les concours offrent aux concurrentes et aux gagnantes l'occasion de voyager.
7. Les concours offrent la possibilité de connaître d'autres femmes de milieux différents.

Arguments contre:

1. Les concours de beauté retransmis à la télévision présentent une image de beauté idéale. Cette image communique l'idée que les femmes sont de véritables articles de consommation. Elle implique que la réussite féminine dépend entièrement de la beauté et que cette beauté peut s'acheter (grâce à un mari riche, par exemple).
2. Depuis 1921, dans le concours de «Miss America», il n'y a eu que quatre finalistes noires. Et on n'a vu aucune gagnante portoricaine, mexico-américaine, hawaïenne ou amérindienne.
3. Le concours de «Miss America» perpétue l'image de la femme belle et sotte: apolitique, ennuyeuse et inoffensive.

---

[a] *contestants*

4. Les concours de beauté ressemblent aux foires du club 4–H où l'on compare des animaux (vaches, cochons, chevaux, etc.) selon leur apparence physique.

5. En temps de guerre, «Miss America» a toujours fait des tournées pour divertir les troupes américaines. Son image devient ainsi intimement liée à celle de la guerre.

6. Dans notre société démocratique, les garçons aspirent à devenir président des États-Unis et les filles aspirent à devenir «Miss America». Cette tradition limite les ambitions des jeunes filles.

7. Les femmes qui participent aux concours de beauté ont tendance à s'habiller et à se maquiller de manière peu naturelle. Elles mettent des faux cils,[a] des soutiens-gorge[b] spéciaux et, quelquefois, elles ont recours à la chirurgie esthétique[c] pour gagner plus de concours (Adapté de «No More Miss America!» Dans *Sisterhood is Powerful,* ed. Robin Morgan, 1970).

---

[a] *eyelashes* [b] *bras* [c] chirurgie... *plastic surgery*

··

Activité C   Jeu de rôles: Un dialogue

Écrivez un dialogue de deux ou trois pages entre l'auteur des arguments contre les concours de beauté et une Miss France imaginaire. Les deux personnes discuteront des aspects sociaux, politiques, économiques et personnels des concours de beauté. Si vous voulez, vous pouvez jouer ces rôles oralement en groupe avant d'écrire. Relisez la section sur l'argumentation, *Chapter 4,* pages 59 – 64. Il faut que chaque étudiant(e) soutienne les idées du personnage qu'il (elle) incarne et réponde aux arguments de son adversaire.

II. *Rédaction*

···

Un sujet au choix:

1. La nouvelle «Miss America» vient de Bloomfield, Iowa. Ses parents sont agriculteurs. C'est la première fois qu'une gagnante vient de l'Iowa. Avec le titre, elle a gagné une bourse de trois mille dollars pour ses études. Elle a gagné aussi plusieurs prix, y compris une Corvette rouge, un collier de perles, et deux billets d'avion à destination de New York (pour que ses parents puissent venir la voir pendant son règne comme «Miss America»).

    a. Pour les femmes: Imaginez que vous avez été élue vous-même la nouvelle «Miss America». Expliquez ce que cela signifie pour vous, personnellement, que d'être «Miss America».

    b. Pour les hommes: Imaginez que vous êtes le père ou le petit ami de la nouvelle «Miss America». Écrivez ce que ce titre signifie pour vous en tant que proche de la gagnante.

2. Pour les femmes: Vous travaillez dans la succursale[a] d'une grande banque. Vous assumez beaucoup de responsabilités dans votre poste et vous exécutez votre travail de manière très compétente. Selon votre chef, vous êtes une employée exemplaire. Chaque fois qu'il y a des promotions, pourtant, des hommes moins bien préparés que vous sont choisis pour les meilleurs postes. Vous soupçonnez vos supérieurs de discrimination sexuelle. En plus du problème des promotions, beaucoup d'employés mâles dans la banque ont tendance à vous traiter comme un objet sexuel, malgré votre comportement professionnel. Vous en avez assez! Expliquez la signification pour vous des concours de beauté, par rapport aux problèmes que vous rencontrez au travail.

3. Pour les hommes: Vous êtes le mari d'une ancienne «Miss America», et vous êtes naturellement fier des talents de votre épouse. Pourtant, vous et votre femme êtes souvent l'objet de commentaires superficiels et même de plaisanteries dégradantes de la part de connaissances professionnelles aussi bien que personnelles. Décrivez le problème et comment vous y réagissez, comme si vous écriviez pour un magazine sur la vie moderne.

---

[a] *branch*

III. *R*ÉVISION

A. Guide de commentaire

Utilisez ce guide pour commenter les rédactions des membres de votre groupe.

1. Quelle est la thèse de l'auteur?
2. Fermez les yeux et réfléchissez à ce que vous venez de lire. Si vous étiez météorologue, comment décririez-vous le «climat» de cette rédaction (ensoleillé, orageux, etc.)? Expliquez votre choix.
3. Surlignez avec un feutre jaune les passages qui ne sont pas compatibles avec ce «climat». Comment est-ce que l'auteur pourrait rendre le ton plus uniforme?
4. Jouez le rôle de l'avocat du diable en proposant deux arguments du point de vue opposé.

B. Deuxième brouillon
·······························

D'après les commentaires de vos camarades et les directives suivantes, révisez votre rédaction.

1. Vos lecteurs ont-ils bien compris votre thèse? Relisez votre essai pour vérifier que chaque paragraphe soutient votre idée principale.
2. Que pensez-vous du «climat» ressenti par vos lecteurs? S'il est conforme à vos intentions, essayez de réviser les parties incompatibles. Si vous n'acceptez pas leur «climat», quel est celui que vous voudriez créer? Révisez votre travail pour donner le ton désiré.
3. Avez-vous tenu compte des arguments de vos adversaires? Y avez-vous suffisamment répondu dans votre rédaction?

C. Version finale
·························

Avant de remettre la version finale de votre essai à votre professeur, examinez bien les détails de la langue, en suivant le guide au dos de la page de couverture de ce manuel. Surlignez avec un feutre bleu tous les mots et expressions qui aident le lecteur à suivre le fil de votre argument (voir *Chapter 5*, pages 79 – 80). Ajoutez d'autres expressions de cohérence là où c'est nécessaire.

13

Le racisme:
Inévitable ou surmontable?

I. *P*RÉPARATION

Avant de commencer cette unité, relisez les renseignements sur les Maghrébins en France (voir *Chapter 2*, pages 24–25).

Activité A   Style libre: Lecture et réactions

Vous trouverez ci-dessous une liste de faits et opinions sur le racisme. Lisez la liste en entier, choisissez un fait ou une opinion et réagissez-y, écrivant en style libre pendant dix minutes. Écrivez toutes les idées qui vous viennent à l'esprit; ne vous arrêtez pas pour penser.

1. Le racisme est la théorie qui soutient la supériorité de certaines races sur d'autres.
2. Un raciste a mis le feu à la porte de la chambre de Tim Rey, étudiant à l'université d'Indiana. Le raciste a laissé deux inscriptions sur la porte: *KKK* et *nigger*. Tim Rey avait affiché sur sa porte un tract contre l'*apartheid*.
3. Aristote considérait que les hommes naissent inégaux: cela explique pour lui l'esclavage, un phénomène qui aurait donc ses origines dans la nature humaine.
4. Le meurtre est, aux États-Unis, la principale cause de décès chez les mâles noirs entre 15 et 44 ans.
5. Une étudiante dans une université américaine a dit: «Quand j'entre dans la salle de classe tout le monde me regarde; parmi les cinquante étudiants de la classe, je suis la seule noire.»
6. À l'Université de Californie à Los Angeles, 44 pour cent des étudiants sont d'origine ethnique minoritaire—asiatique, hispanique, africaine, etc.
7. Il y a quelques années, un groupe de «skinheads» français déguisés en militaires, armés de matraques (*clubs*), couteaux et barres de fer ont terrorisé

Une manifestation à Paris

les villes de Rouen et de Brest, pour montrer qu'ils voulaient «défendre les
valeurs spirituelles de l'Occident chrétien» et «nettoyer la France du Noir
et de l'Arabe».

8. Ils ont si bien su faire
    si bien faire les choses
    les choses
    qu'un jour nous avons tout
    nous avons tout foutu[a] de nous-mêmes
    tout foutu de nous-mêmes en l'air.
    Il ne faudrait pourtant pas grand'chose
    pourtant pas grand'chose
    pour qu'en un jour
    tout aille
    dans le sens de notre race
    à nous nous.
    Il ne faudrait pas grand'chose.*

---

* Léon Damas, cité dans G.R. Coulthard, *Race and Colour in Caribbean Literature*, 1962

[a] *thrown away* [vulgaire]

9. À l'origine, le mot **barbare** voulait simplement dire **étranger,** mais pour les habitants de la Grèce antique, les étrangers — et en particulier les Scythes, peuple nomade du sud de la Russie — paraissaient grossiers et rudes. C'est ainsi que le mot **barbare** a peu à peu acquis son sens péjoratif. Les Romains appelaient ainsi les tribus germaniques, les Européens mediévaux avaient la même attitude envers les Tartares, et dès le quatorzième siècle les Italiens traitaient les Allemands de barbares.

10. Adolf Hitler (1889–1945) dans son livre *Mein Kampf* a dit que l'idée de race est le concept central de l'existence humaine, et que c'est à partir de ce principe que les Juifs et les Aryens entrent en conflit. Il considérait que c'était le destin des Aryens de contrôler l'humanité.

11. À la fin des années 80, un groupe antiraciste de Baltimore, *The National Institute Against Prejudice and Violence,* a répertorié 130 incidents raciaux sur les campus universitaires américains au cours d'une année et les quatre premiers mois de l'année suivante.

12. Au printemps 1990, certains propriétaires sur la Côte d'Azur en France ont reçu une lettre du «Comité d'Action Maghrébine en France», condamnant le racisme des Français et exigeant que les riches propriétaires laissent leurs maisons aux Maghrébins et que les Français aillent habiter dans les immeubles H.L.M. (Habitations à Loyer Modéré) des Maghrébins.

13. Dans le drame musical *West Side Story,* l'intrigue tourne autour du conflit entre une bande de Portoricains et une bande de blancs.

14. Martin Luther King (1929–1968) était un pasteur protestant américain, champion de l'intégration raciale. Il a reçu le prix Nobel de la Paix en 1964. Il a été assassiné en 1968.

15. Dans un célèbre discours, l'ancien Premier ministre du Japon, M. Nakasone, a déclaré que le Japon était une société «plus intelligente» que les États-Unis à cause de son homogénéité raciale.

16. Plusieurs organisations en France luttent activement contre le racisme, dont «SOS Racisme» et «France Plus». Selon Arezki Dahmani, dirigeant de «France Plus», la France n'est plus divisée entre la droite et la gauche, mais plutôt entre les racistes et les antiracistes.

17. La France détient le record absolu en Europe pour les mariages mixtes franco-étrangers.

18. Dans son œuvre *La Politique,* Aristote a prétendu que les Asiatiques, venant de pays où il fait généralement chaud, sont intelligents mais paresseux, et ainsi facilement asservis; les Européens du Nord, venant de pays froids, sont pleins d'énergie mais manquent d'intelligence, ce qui fait qu'ils sont libres, mais n'arrivent pas à gouverner efficacement; les Grecs, habitant un pays à climat tempéré, réunissent l'intelligence et l'énergie, et pour cette raison méritent de gouverner le monde.

19. Le Front national est un parti politique en France dont le slogan est «La France aux Français». Il est ouvertement anti-Arabe, anti-Juif, anti-étranger. Les candidats du Front national ont obtenu 14,5 pour cent des voix aux élections régionales de 1992.

Yannick Noah, champion de tennis français

20. «Les Juifs contrôlent notre argent, les Noirs prennent nos emplois et ceux de nos enfants, qu'ils (*let them*) retournent en Israël, et en Afrique. Je suis un raciste et fier de l'être. Le Klan seul est capable de défendre les jeunes contre la drogue, l'homosexualité et la perversion. Vive la race blanche!» (Jeune membre du Ku Klux Klan. Cité dans «Les Enfants du Pouvoir Blanc», *Enfant d'abord*, octobre 1990)

Activité B   Remue-méninges: Le vocabulaire du racisme

En groupes de trois ou quatre, faites une liste de vingt mots qu'on associe au racisme (par exemple: **préjugé, conflit, fanatique**). Vous pouvez utiliser le diction-naire. Laissez une colonne à droite de votre papier pour écrire des catégories qui relient deux ou plusieurs de ces mots: par exemple, «types de personnes», ou «causes du racisme». Les catégories que vous créez dépendent des mots de votre liste. Tracez des lignes entre les mots et les catégories auxquelles ils appartiennent. Un mot peut appartenir à plusieurs catégories.

Activité C   Jeu de rôles: Un intolérant

C'est parfois un bon exercice que d'écrire d'un point de vue que l'on ne partage pas. Choisissez un personnage connu pour son intolérance (Archie Bunker, Jean-Marie Le Pen, Homer Simpson, un membre du Ku Klux Klan, etc.) et jouez le rôle de cette personne. Choisissez un groupe contre lequel votre personnage a des préjugés (les Arabes, les Blancs, les Noirs, les Juifs, les Japonais, etc.) et exprimez vos sentiments. Écrivez sans vous arrêter. Donnez les raisons de votre point de vue, par exemple, «J'ai perdu mon emploi parce que... » ou «Je n'approuve pas leur coutume de... ». Pensez aux stéréotypes ethniques et aux termes péjoratifs utilisés par les racistes. Analysez l'origine possible de «vos» préjugés (événement traumatisant, attitudes de vos parents, etc.).

Si vous préférez, vous pouvez faire cette activité à la troisième personne. Par exemple, «Homer Simpson pense que... parce que... ».

II. RÉDACTION

Un sujet au choix:

1. Racontez une expérience personnelle que vous avez eue avec le racisme. Choisissez des détails piquants pour rendre votre narration plus vigoureuse et pour mieux démontrer au lecteur votre point de vue par rapport à cet incident. Souvenez-vous que votre narration doit avoir un but, et que les détails que vous choisissez doivent vous aider à montrer ce but (voir la section sur la narration, *Chapter 4,* pages 51–55).
2. Utilisez les renseignements dans la liste ci-dessus et vos propres connaissances et opinions pour soutenir un des points de vue suivants.
   a. Le racisme est universel et inévitable.
   b. Par l'éducation et la patience on pourra lutter contre le racisme.
   N'oubliez pas de soulever les arguments probables de vos adversaires et d'y répondre (voir la section sur l'argumentation, *Chapter 4,* pages 59–64).

III. RÉVISION

A. Guide de commentaire

Utilisez ces guides pour commenter les rédactions des membres de votre groupe.

Sujet 1

1. Selon l'auteur, que montre cette anecdote? Le but de l'auteur est-il clair? Surlignez avec un feutre jaune les passages qui vous aident à comprendre l'idée centrale de la narration.
2. Surlignez avec un feutre rose les passages qui ne renforcent pas cette idée.
3. Proposez une interprétation différente de cette anecdote, qui suppose un autre point de vue.

Sujet 2

1. Identifiez et soulignez la thèse.
2. Mettez entre crochets ([ ]) les passages qui ne semblent pas soutenir la thèse.
3. Surlignez avec un feutre jaune la partie la plus persuasive de la rédaction.
4. Surlignez avec un feutre rose les parties qui ne sont pas claires. Posez des questions pour montrer ce que vous ne comprenez pas.
5. Surlignez avec un feutre vert les passages qui traitent des arguments du point de vue opposé. Suggérez-en d'autres si possible.

B. Deuxième brouillon

D'après les commentaires de vos camarades et les directives suivantes, révisez votre rédaction.

Sujet 1

1. Vos camarades ont-ils bien compris le but de votre narration? Si non, révisez de sorte que le but est plus clair.
2. Considérez les interprétations différentes suggérées par vos camarades. Votre rédaction anticipe-t-elle ces interprétations possibles? Comment pouvez-vous réviser votre texte pour persuader tous vos lecteurs que votre interprétation est la seule possible?

Sujet 2

1. Relisez les passages que vos camarades ont mis entre crochets et révisez-les pour mieux montrer le rapport avec la thèse, ou bien supprimez-les.
2. Essayez de répondre aux questions posées par vos camarades sur les passages surlignés en rose.
3. Si possible, répondez aux arguments supplémentaires proposés par vos camarades.
4. Relisez la liste des faits et opinions dans l'activité A pour voir si vous pouvez en utiliser d'autres pour soutenir votre point de vue. Pendant que vous rédigez cet essai, prêtez attention au journal et aux informations à la radio et à la télévision pour trouver d'autres renseignements utiles.

C. Version finale

Avant de remettre la version finale de votre essai à votre professeur, examinez bien les détails de la langue, en suivant le guide au dos de la page de couverture de ce manuel.

Si vous avez choisi le sujet 1, surlignez avec un feutre vert tous les verbes qui sont à l'imparfait et avec un feutre bleu tous les verbes qui sont au passé composé. Consultez votre professeur pour les cas où vous n'êtes pas sûr(e) du choix du temps du verbe.

Si vous avez choisi le sujet 2, surlignez avec un feutre vert toutes les propositions subordonnées. Marquez d'un astérisque les verbes qui sont ou qui devraient être au subjonctif. Consultez votre professeur pour les cas où vous n'êtes pas sûr(e) du mode du verbe.

$\mathcal{L}$e tabac: Droit ou privilège?

I. $\mathcal{P}$RÉPARATION

Activité A   Lecture et classification: L'usage du tabac

Lisez les opinions et faits suivants, puis organisez-les en catégories (par exemple, «Ramifications économiques du tabagisme») sur des fiches ou sur un arbre (voir *Chapter 2*). N'hésitez pas à ajouter vos propres idées ou d'autres faits pour compléter le tableau.

1. Il y a en France environ 14.000 planteurs de tabac.
2. Chaque Français de 15 ans et plus a fumé, en moyenne, 2,27 kilogrammes de tabac en 1989, contre 2,20 kilogrammes en 1987.
3. En Grande-Bretagne et aux États-Unis la consommation du tabac a baissé en 12 ans respectivement de 29 pour cent et de 16 pour cent.
4. Traditionnellement, les Français fumaient des cigarettes «brunes», plus fortes que les cigarettes américaines dites «blondes». En dix ans, la consommation française de cigarettes «légères» est passée de 2 à 25 pour cent.
5. Selon un sondage publié en janvier 1990, 72 pour cent des Français sont pour l'interdiction absolue de fumer dans les endroits publics.
6. La publicité pour le tabac en France représente un marché d'environ 630 millions de francs.
7. En France, 60.000 décès par an sont attribués à l'usage du tabac.
8. Selon un projet de loi proposé en 1990, toute publicité pour le tabac en France serait interdite à partir de 1993.
9. En 1987, le tabac représentait 1,1 pour cent des dépenses des ménages français contre 1,5 pour cent en 1970.
10. Les organisations professionnelles de la publicité trouvent «anormal que puisse être restreinte la communication sur des produits ou des services dont la commercialisation est par ailleurs licite».

11. On devrait interdire toute publicité pour le tabac afin d'empêcher les jeunes gens de commencer à fumer.
12. On ne devrait plus passer les films de Humphrey Bogart, car son image glorifie le tabac.
13. Si la tension actuelle continue, bientôt fumeurs et non-fumeurs habiteront des villes différentes et ne se fréquenteront plus.
14. Le tabac représente une industrie beaucoup trop importante pour l'économie pour qu'on puisse risquer une baisse dans la consommation.
15. «Je suis fumeur et mes droits d'individu comptent autant que les vôtres. Je fumerai quand et où je voudrai.»
16. Si les fumeurs veulent se tuer en fumant trois paquets par jour, c'est leur droit.
17. Les effets bien établis de la «fumée passive» justifient l'interdiction de fumer dans les lieux publics.
18. Les journées de travail perdues à cause de maladies respiratoires dues aux cigarettes représentent une énorme perte de productivité pour l'économie.
19. Personne n'a jamais commencé à fumer à cause d'une publicité.
20. Au lieu d'interdire toute publicité pour le tabac, on pourrait demander aux publicitaires de contrebalancer cette publicité par des communiqués sensibilisant les consommateurs aux abus du tabac et les incitant à la modération.

Activité B   Synthèse: Un paragraphe

Ayant classé les faits et opinions dans l'activité A en différentes catégories, choisissez une de ces catégories et écrivez un paragraphe bien structuré qui expose un des aspects du problème du tabagisme.

Activité C   Style libre: Une opinion personnelle

Fumez-vous? Si oui, quelle est votre attitude à l'égard des lois adoptées depuis quelques années instituant des «zones d'air pur»? Si vous ne fumez pas, quelle est votre réaction quand quelqu'un se met à fumer près de vous dans un endroit clos? Écrivez en style libre pendant dix minutes. Ne vous arrêtez pas pour penser.

Activité D   Réactions: Pour non-fumeurs

Vous trouverez ci-dessous deux plaidoyers pour les droits des fumeurs. Le ton des deux est pourtant très différent. Choisissez-en un et répondez-y, en essayant d'imiter le ton du texte auquel vous répondez.

«Je suis fumeur. Vous êtes non-fumeurs. La liberté, c'est réciproque. À chacun ses plaisirs. Pour nous il y a celui de fumer. Plaisir que vous ne pouvez pas partager. Alors, parlons. D'accord pour que notre plaisir ne gêne pas le vôtre. Évitons les abus d'un côté comme de l'autre. Pour que la vie ensemble reste un plaisir.» (Publicité payée par le Centre de documentation et d'information sur le tabac)

«Je trouve normal et sain qu'un certain genre de lieux publics soient interdits au fumeur. Ce qui me terrifie, c'est quand, à peu près seul au restaurant, un convive[a] situé à dix mètres me regarde comme si je lui soufflais mon cancer à la figure. Quand un ancien fumeur, hargneux[b] de culpabilité rentrée[c]... vous invite à dîner puis déclare: on ne fume pas chez moi. Quand l'hypocrisie se roule dans la vertu: ce McDonald's parisien où le tabac est prohibé. C'est la conscience tranquille que les jeunes peuvent désormais y engloutir des sodas à 120 grammes de sucre par litre, se gaver de[d] ketchup et d'aliments stupides, lesquels devraient en faire assez vite des obèses et des crétins aux sens atrophiés... » (Alain Schifres, «La Prison de la santé», *Le Nouvel Observateur*, 5–11 avril 1990).

———————————

[a] *fellow diner*   [b] *belligerent*   [c] *repressed*   [d] se... *stuff themselves with*

Activité E   Réactions: Pour fumeurs

Vous trouverez ci-dessous des exemples d'affiches pour encourager les gens à ne pas fumer. Comment réagissez-vous quand vous voyez une telle affiche? Écrivez pendant quinze minutes en style libre, donnant votre réaction à ces affiches.

II. RÉDACTION

Choisissez un des sujets suivants. Soutenez vos arguments par des faits précis et donnez des exemples — expériences personnelles ou rapportées par les autres — qui donnent plus de poids à vos arguments. Quel que soit le sujet que vous choisissez, faites bien attention au ton de votre rédaction: quelle impression voulez-vous faire sur vos lecteurs?

1. Le conseil d'étudiants de votre université a proposé d'interdire l'usage du tabac dans la cafétéria du centre d'étudiants. Vous travaillez pour le journal de l'université et votre rédacteur[a] vous a demandé d'écrire un éditorial à ce sujet.

2. Vous travaillez pour une société française et vous êtes très gêné(e) par la fumée de tabac dans votre bureau. Avec quelques collègues, vous avez décidé de proposer que le bureau devienne une «zone d'air pur». Écrivez le document que vous allez envoyer à la direction. Tenez compte des arguments de vos adversaires et répondez-y (voir la section sur l'argumentation, *Chapter 4,* pages 59 – 64).

3. Vous êtes un(e) collègue de la personne qui écrit le document décrit ci-dessus (le numéro 2). Vous n'êtes pas d'accord. Écrivez votre réponse. Tenez compte des arguments de vos adversaires et répondez-y (voir la section sur l'argumentation, *Chapter 4,* pages 59 – 64).

---

[a] *editor*

III. RÉVISION

A. Guide de commentaire

Utilisez ce guide pour commenter les rédactions des membres de votre groupe.

1. Résumez en une ou deux phrases la stratégie de persuasion que l'auteur semble utiliser.

2. Surlignez avec un feutre vert les passages où le ton ne convient pas à la stratégie. Par exemple, si vous avez l'impression que l'auteur veut surtout faire appel à la raison mais vous trouvez un passage sarcastique, signalez-le et expliquez l'incongruité.

3. Surlignez avec un feutre jaune tous les faits concrets et les exemples que l'auteur utilise pour soutenir son argument. Les trouvez-vous efficaces? En avez-vous d'autres à ajouter?

4. Est-ce que l'auteur tient compte du point de vue de ses adversaires? Surlignez avec un feutre rose les arguments du point de vue opposé qu'il (elle) soulève. Si vous n'en trouvez pas, posez-lui vous-même des objections à son point de vue.

B. Deuxième brouillon

D'après les commentaires de vos camarades et les directives suivantes, révisez votre rédaction.

1. Essayez d'éliminer les incongruités signalées par vos camarades. Vous pouvez le faire en supprimant les passages en question ou en choisissant d'adopter le ton des passages signalés pour toute la rédaction.

2. Ajoutez des détails concrets là où ils conviennent.

3. Vérifiez encore une fois que vous avez bien répondu aux arguments de vos adversaires.

4. Sur une autre feuille de papier, écrivez l'idée centrale de chaque paragraphe de votre rédaction. Surlignez avec un feutre bleu les phrases ou idées qui ne soutiennent pas l'idée centrale dans chaque paragraphe. Révisez-les pour rendre le rapport plus clair, ou bien supprimez-les.

C. Version finale

Avant de remettre la version finale de votre essai à votre professeur, examinez bien les détails de la langue, en suivant le guide au dos de la page de couverture de ce manuel. Regardez en particulier les propositions subordonnées introduites par *que* et vérifiez votre emploi du subjonctif et de l'indicatif. Consultez votre professeur pour les cas où vous n'êtes pas sûr(e) de votre choix.

a chasse: Sport ou cruauté?

I. *P*RÉPARATION

Vocabulaire utile

LE GIBIER	game
le cerf	deer
le chevreuil	small deer
le faisan	pheasant
le lapin	rabbit
le lièvre	hare
le renard	fox
le sanglier	wild boar

LES MOYENS	
les armes (*f.*) à feu	firearms
la battue	beating of bushes to flush game
la chasse à courre	hunting on horseback with hounds
le fusil	rifle
les rapaces (*m.*)	birds of prey
tirer (sur)	to shoot (at)

LES RAISONS	
se divertir	to have fun
la gestion du gibier	game management
prélever	to kill game for management purposes
le recensement	census
survivre	to survive

LES ACTIVITÉS CRIMINELLES	
le braconnage	poaching
le tir de nuit	night hunting

Ces jeunes chiens traqueront une trentaine de cerfs si la saison est bonne.

«La chasse nous permet de nous retrouver entre amis et de passer une bonne journée avec ou sans gibier.» — Un homme d'affaires parisien

· ·

Activité A   Style libre: Vous et la chasse

Écrivez librement pendant quinze minutes au sujet de la chasse. Êtes-vous chasseur vous-même? Connaissez-vous des chasseurs? Pour quelles raisons va-t-on à la chasse? Trouvez-vous ces raisons valables? Quels arguments oppose-t-on à la chasse? Que pensez-vous de ces arguments? Quel est votre sentiment personnel au sujet de la chasse?

· ·

Activité B   Lecture et réactions: La chasse en France

Vous trouverez ci-dessous une liste de faits et opinions au sujet de la chasse. Lisez-les, puis choisissez un point qui vous frappe particulièrement et écrivez librement pendant quinze minutes sur ce sujet.*

1. Il y a environ 1.800.000 chasseurs en France.
2. En France il faut passer une épreuve (*test*) théorique et une épreuve pratique pour obtenir le permis de chasse, et l'âge minimum est de 16 ans.
3. En France, la chasse était autrefois le privilège de la noblesse. C'est la Révolution qui a rendu cette activité au peuple.
4. L'Union nationale des fédérations départementales de chasseurs a entrepris de nombreux actes bénévoles[a] qui conservent la nature, comme planter des haies et des bouqueteaux,[b] ou débroussailler[c] les forêts méditerranéennes.

---

[a] *volunteer*   [b] *shrubs*   [c] *clear of brush*

---

* Source des renseignements et citations dans cette unité: «Chasse: Massacre ou loisir?», dans *Ça m'intéresse*, septembre, 1990.

5. Dix à quinze pour cent des Français sont des «anti-chasse» irréductibles.
6. Une famille de sangliers peut ravager très rapidement des champs entiers de maïs[a] ou de tournesols.[b]
7. L'économie de la chasse rapporte chaque année en France 11,7 milliards de francs et crée 28.000 emplois.
8. Il y a chaque année en France environ 3.000 accidents corporels résultant de la chasse, et entre trente et quatre-vingts morts.
9. La chasse aide à maintenir l'équilibre entre faune et flore dans la nature.
10. Il vaut mieux que la violence rentrée des citadins[c] s'exerce contre des bêtes plutôt que contre leurs semblables.
11. La chasse n'est que le meurtre rendu légal; elle rend légitime la violence dans la société.
12. Chaque année, pendant la saison de la chasse en France, il y a entre 2.500 et 3.000 animaux blessés qui ne meurent pas.
13. Les animaux ressentent la douleur tout comme les êtres humains. Il est cruel de les tuer, surtout si ce n'est que pour s'amuser.
14. La chasse détruit des animaux nuisibles[d] à l'agriculture et au bétail.[e]
15. L'animal «nuisible» d'hier devient l'espèce à protéger de demain.
16. La chasse n'est plus nécessaire pour survivre.
17. La plupart des chasseurs sont aussi des amis de la nature.

---

[a] *corn*   [b] *sunflowers*   [c] *city-dwellers*   [d] *damaging*   [e] *livestock*

Activité C   Jeu de rôles: Un dialogue

Imaginez un dialogue entre deux individus: l'un a grandi dans une famille de chasseurs et pratique la chasse depuis un très jeune âge; l'autre est végétarien, écologiste et un «anti-chasse» irréductible. Écrivez ce dialogue en développant le plus possible les deux points de vue. Avant d'écrire, jouez les rôles de ces deux personnes avec un(e) camarade de classe.

II. RÉDACTION

Écrivez un essai cohérent à partir de l'une des citations ci-dessous. Vous pouvez soutenir ou réfuter toute ou une partie de la citation que vous choisissez. Votre essai doit comporter une introduction où vous présentez le problème dont vous allez traiter et le plan que vous allez suivre, un développement qui présente le fil directeur de votre argumentation, et une conclusion qui fait la synthèse entre les différentes parties du développement et les relie au problème posé dans l'introduction.

Un tel essai est basé sur le modèle de la *dissertation* telle qu'elle est pratiquée dans les écoles et les universités en France. La dissertation joue un rôle important au baccalauréat, l'examen qui marque la fin des études secondaires. Si vous faites des études en France, il est probable qu'on vous demande d'écrire des dissertations.*

1. «La chasse à courre offre une lutte égale entre le cerf et les chiens. L'homme ne fait qu'accompagner les chiens. Nous servons[a] l'animal à la dague.[b] Certains disent que c'est cruel mais nous pensons que c'est plus juste. Dans le corps à corps entre le cerf et l'homme, l'animal a sa chance jusqu'au bout.» Mme Solange Chevreux, maître d'équipage du rallye de Touraine.

2. «La chasse est un anachronisme: elle ne se pratique plus ni pour se nourrir ni pour se défendre, mais uniquement à titre de sport, de distraction, sans tenir compte des souffrances des animaux.» Théodore Monod, président du Rassemblement des opposants de la chasse.

---

[a] *kill*   [b] *dagger*

III. $\mathscr{R}$ÉVISION

●●

A. Guide de commentaire

●●●●●●●●●●●●●●●●●●●●●●●●●●●●●●●●●●●

Utilisez ce guide pour commenter les rédactions des membres de votre groupe.

1. Surlignez avec un feutre bleu le problème tel qu'il est posé dans l'introduction. Cette exposition est-elle claire? Sinon, précisez ce que l'auteur doit mieux expliquer.

2. Sur une feuille séparée, énumérez les trois arguments principaux du développement.

3. Indiquez par un trait vert dans la marge les passages qui pourraient bénéficier d'exemples ou d'une formulation plus précise.

4. La conclusion offre-t-elle quelque chose de nouveau, ou est-ce qu'elle répète simplement ce qui a déjà été dit? Pouvez-vous suggérer une meilleure façon de formuler la conclusion?

---

* Selon certains, les règles de la dissertation sont encore plus strictes: le développement doit comporter trois parties, dont chacune est gouvernée par une *phrase titre*; chaque partie doit être composée d'au moins deux paragraphes et pas plus de quatre; et chaque paragraphe doit comporter au moins huit lignes. Vous n'êtes pas obligé(e) ici de suivre une formule aussi stricte.

B. Deuxième brouillon

D'après les commentaires de vos camarades et les directives suivantes, révisez votre rédaction.

1. Révisez l'introduction selon les commentaires de vos camarades.
2. Est-ce que vos camarades ont bien saisi vos principaux arguments? Relisez les paragraphes où vous exposez ces arguments et vérifiez que tout ce que vous dites les soutient. Révisez ou supprimez les passages qui ne semblent pas se rapporter aux arguments principaux.
3. Ajoutez des exemples ou utilisez une formulation plus précise là où c'est nécessaire.
4. Relisez la section sur les conclusions (*Chapter 5*, pages 80 – 82). Lequel des procédés suggérés vous aiderait à rendre votre conclusion plus intéressante et plus persuasive? Révisez votre conclusion.

C. Version finale

Avant de remettre la version finale de votre dissertation à votre professeur, examinez bien les détails de la langue, en suivant le guide au dos de la page de couverture de ce manuel. Relisez votre rédaction une dernière fois en faisant particulièrement attention au vocabulaire. Éliminez les anglicismes et les expressions idiomatiques traduites de l'anglais et cherchez dans un bon dictionnaire tous les mots dont vous n'êtes pas sûr(e). Consultez votre professeur si vous avez encore des doutes sur le vocabulaire.

Appendix 1

Grading Scale for Compositions*

A Applies to compositions that are clearly superior in their development and expression of ideas. An *A* paper may not be flawlessly proportioned or totally error-free, but it does all of the following.

- engages the topic thoughtfully and imaginatively, using well-chosen details
- develops a thesis, using a logical structure
- chooses appropriate vocabulary
- uses sentences varied in structure and complexity
- demonstrates mastery of standard French grammar and usage appropriate to the level of the course
- shows little interference from the student's native language

B Applies to effective papers. A *B* paper does most of the following well.

- responds intelligently to the topic, using appropriate examples
- is well focused
- provides an orderly progression of ideas
- chooses appropriate vocabulary
- exemplifies the norms of standard French appropriate to the level of the course
- makes few grammatical errors and is easily comprehended by both native and non-native readers of French

---

* Adapted with permission from the UCLA/CSUN Subject A Rating Scale

C Applies to satisfactory papers. Although these papers present adequate reasoning and examples, they lack the purposeful development and fluency characteristic of *B* papers. A *C* paper usually

- responds reasonably, if unimaginatively, to the topic
- shows some sense of organization
- has just enough examples to make its points acceptably
- chooses more generalized vocabulary without much variety or precision
- uses simple sentence structure
- makes some grammatical errors and distracting mistakes in usage

D Applies to unsatisfactory papers. These papers usually lack the coherence and development of *C* papers and exhibit significant deficiencies. In addition, a *D* paper often

- offers a simplistic or inappropriate response to the topic
- may state a major idea clearly but develops it inadequately or illogically
- may lack a coherent structure or elaboration with examples
- chooses vocabulary that is too general or inappropriate
- makes many grammatical errors that impede communication

F Applies to papers with serious weaknesses in many areas. An *F* paper shows severe difficulties in writing conventional French. It

- offers little substance and may disregard the topic's demands
- lacks focus, organization, or development
- contains irrelevant detail or supporting ideas
- misuses words and contains abundant grammatical errors

APPENDIX 2

Code pour la correction des rédactions

The following code is proposed as one way to call students' attention to grammatical errors in their writing. The number system takes time to learn, but is a useful shorthand. It has the additional advantage that students can easily keep track of the kinds of errors they are making. We recommend that each student be given a chart on which to tally errors, and be encouraged to proofread specifically for the kinds of errors he/she makes most often.

1. Temps du verbe (choix)
2. Temps du verbe (formation)
3. Accord (nom–adjectif, sujet–verbe, participe passé)
4. Pronom (sujet, objet direct, objet indirect, adverbial)

5. Article
6. Préposition
7. Adjectif possessif ou démonstratif
8. Pronom relatif
9. *Ce* ou *Il/Elle*
10. Genre
11. Nombre
12. Orthographe (y compris accents, contractions et élisions)
13. Verbe pronominal
14. Actif/passif (par ex. *Il a choisi/Il a été choisi*)
15. Adverbe/adjectif (par ex. *bien/bon*)
16. Conjonction/préposition (par ex. *avant/avant que*)
17. Vocabulaire
18. Anglicisme
19. Expression idiomatique
20. Ordre des mots
21. Mot(s) qui manque(nt) ici
22. Mot(s) à omettre
23. Maladroit: il y a une meilleure façon de le dire
24. Je ne comprends pas!

APPENDIX 3

Select Bibliography on Process-Based Writing

Barnett, Marva A. "Writing as a Process." *The French Review* 60 (1989): 31–44.

Berlin, James A. "Contemporary Composition: The Major Pedagogical Theories." *College English* 44 (1982): 765–777.

Cummins, Patricia W. "CAI and the French Teacher." *The French Review* 62 (1989): 385–410.

Diaz, Diana M. "The Writing Process and the ESL Writer: Reinforcement from Second Language Research." *The Writing Instructor* 5 (1986): 167–175.

Donovan, Timothy R. and Ben W. McClelland, eds. *Eight Approaches to Teaching Composition*. Urbana, Ill.: NCTE, 1980.

Emig, Janet. "Writing as a Mode of Learning." *College Composition and Communication* 28 (1977): 122–128.

Elbow, Peter. *Writing without Teachers*. London, Oxford, New York: Oxford University Press, 1973.

Gaudiani, Claire. *Teaching Writing in the Foreign Language Curriculum*. Vol. 43 in *Language in Education: Theory and Practice*. Washington, DC: Center for Applied Linguistics, 1981.

Gray, Eugene F. "Word Processing: New Tools for the Teacher of French." *The French Review* 64 (1991): 526–534.

Hendrickson, J.M. "The Treatment of Error in Written Work." *Modern Language Journal* 64 (1980): 216–221.

Herman, Gerald. "Developing Logical Thinking and Sharpening Writing Skills in Advanced Composition Classes." *The French Review* 62 (1988): 59–66.

———. "How to Make (French) Composition Challenging and Productive." *The French Review* 60 (1986): 56–64.

Hewins, Catherine P. "Writing in a Foreign Language: Motivation and the Process Approach." *Foreign Language Annals* 19 (1986): 219–223.

Houpt, Sheri. "Inspiring Creative Writing through Conversation." *Foreign Language Annals* 17 (1984): 185–189.

Johns, Ann M. "Coherence and Academic Writing: Some Definitions and Suggestions for Teaching." *TESOL Quarterly* 20 (1986): 247–265.

Lalande, John F. "Reducing Composition Errors: An Experiment." *Modern Language Journal* 66 (1982): 140–149.

MacGowan-Gilhooly, Adele. "Fluency First: Reversing the Traditional ESL Sequence." *Journal of Basic Writing* 10 (1991): 73–87.

Magnan, Sally Sieloff. "Teaching and Testing Proficiency in Writing: Skills to Transcend the Second-Language Classroom." *Proficiency, Curriculum, Articulation: The Ties That Bind*. Ed. Alice C. Omaggio. Middlebury, VT: Northeast Conference, 1985.

McKee, Elaine. "Teaching Writing in the Second Language Composition/Conversation Class at the College Level." *Foreign Language Annals* 14 (1981): 273–278.

Morocco, Glen and Margot Soven. "Writing Across the Curriculum in the Foreign Language Class: Developing a New Pedagogy." *Hispania* 73 (1990): 845–849.

Murray, Donald M. *A Writer Teaches Writing*. Boston: Houghton Mifflin Co., 1985.

Omaggio, Alice C. "Becoming a Proficient Writer." In *Teaching Language in Context: Proficiency-Oriented Instruction*. Boston: Heinle & Heinle, 1986.

Raimes, Ann. "Anguish as a Second Language? Remedies for Composition Teachers." In *Learning to Write: First Language/Second Language*. Eds. Aviva Freedman, Ian Pringle, & Janice Yalden. London and New York: Longman, 1983.

———. "Teaching ESL Writing: Fitting What We Do to What We Know." *The Writing Instructor* 5 (1986): 153–163.

Rohman, G. "Pre-writing: The Stage of Discovery in the Writing Process." *College Composition and Communication* 16 (1965): 106–112.

Schultz, Jean Marie. "Mapping and Cognitive Development in the Teaching of Foreign Language Writing." *French Review* 64 (1991): 978–988.

Semke, Harriet D. "Effects of the Red Pen." *Foreign Language Annals* 17 (1984): 195–202.

Smith, Karen L. "Collaborative and Interactive Writing for Increasing Communication Skills." *Hispania* 73 (1990): 77–87.

Sommers, Nancy. "Responding to Student Writing." *College Composition and Communication* 32 (1982): 148–156.

Spack, Ruth. "Invention Strategies and the ESL College Composition Student." *TESOL Quarterly* 18 (1984): 649–670.

Tabor, Kenneth. "Gaining Successful Writing in the Foreign Language Classroom." *Foreign Language Annals* 17 (1984): 123–124.

Terry, Robert M. "Teaching and Evaluating Writing as a Communicative Skill." *Foreign Language Annals* 22 (1989): 43–54.

Zamel, Vivian. "Writing: The Process of Discovering Meaning." *TESOL Quarterly* 16 (1982): 195–209.

$\mathscr{V}$OCABULAIRE FRANÇAIS-ANGLAIS

This vocabulary contains the French words and expressions used in this book along with their contextual meanings. It does not include exact or reasonably close cognates of English. Also omitted are certain common words well within the mastery of second-year students, such as cardinal numbers, articles, pronouns, possessive adjectives, and so on. Adverbs ending in **-ment** and regular past participles are not included if the root word is found in the vocabulary or is a cognate. An asterisk (*) indicates a word beginning with an aspirate h.

Abbreviations

adj.	adjective	*pej.*	pejorative
adv.	adverb	*pl.*	plural
conj.	conjunction	*p. p.*	past participle
f.	feminine noun	*prep.*	preposition
fam.	familiar	*pron.*	pronoun
fig.	figurative	*qch.*	quelque chose
gram.	grammar term	*qn.*	quelqu'un
inf.	infinitive	*rel.*	relative
interj.	interjection	*s.*	singular
inv.	invariable	*so.*	someone
lit.	literary	*sth.*	something
m.	masculine noun	*subj.*	subjunctive
		vulg.	vulgar

A

s'abaisser to drop, lower; **le ciel s'abaisse** night falls

abattu(e) cut down

abonnement *m.* subscription

s'abonner to subscribe

abord: d'abord first, at first; initially

aborder to approach; to accost

accéder à to attain; to have access to

accord *m.* agreement

accorder to grant; **s'accorder** to agree

s'accrocher à to hang onto

accueil *m.* welcome

accueillir to welcome

achat *m.* purchase

acquis(e) *p. p.* acquired

actes (*m.*) benévoles charitable works; **se livrer à des actes de volonté** to do things to prove one's freedom

action *f.* plot (*film*); **comité (*m.*) d'action** activist group

actionnaire *m., f.* shareholder

actions *f.* shares, stocks

actualité *f.* current events

actuel (-elle) present; current

addition *f.* bill (*restaurant*)

adhérent(e) *m., f.* member

adieu *m.* (*pl.*) farewell; leave-taking

adjoint(e) *m., f.* assistant

adossé(e) built against (*sth.*)

s'adresser à to speak to

affaire *f.* matter; **affaires** *f. pl.* business, business matters; affairs

affiche *f.* poster

afficher to stick up, post

affreux: jouer les affreux to play the role of the bad guys

afin de in order to

agir to act; **s'agir de** to be a question of, be about

agréer: je vous prie d'agréer, Monsieur, l'expression de mes sentiments distingués sincerely yours

agrèg (agrégation) *f. highest competitive examination for teachers in France*

aïe *interj.* ouch!, ow!

aile *f.* wing

ailleurs: d'ailleurs moreover, besides; **par ailleurs** otherwise, in other respects; **partout ailleurs** everywhere else

aimable kind, nice

ainsi *adv.* in this way, thus; so; **ainsi que** *conj.* as well as; **pour ainsi dire** so to speak, as it were

air: de plein air outdoor; **en plein air** outdoors; **tout foutre** (*vulg.*) **en l'air** to chuck or throw it all away

aise *f.*: **(se sentir) mal à l'aise** (to feel) ill at ease

aisé(e) well-to-do

aisément easily

ajouter to add

aliment *m.* food

alimentaire *adj.* food

aller *to go;* **aller à la pêche** to go fishing; **s'en aller** to go away, leave

allumer to light, kindle; to turn on (*electricity*)

alors then, in that case; so; **alors que** *conj.* while, whereas

alourdi(e) heavy

altéré(e) de thirsting for

alternance: en alternance taking turns

amant(e) *m., f.* lover

amasser to store up

âme *f.* soul; **âme qui vive** living soul

améliorer to improve

amener to bring

amèrement bitterly

amérindien(ne) *adj.* American Indian

amiante *m.* asbestos

amitié *f.* friendship

amoureux (-euse) in love; **tomber amoureux (de)** to fall in love (with)

s'amuser to have fun, to have a good time

analogue similar

ancien(ne) *m., f.* old man, old woman; *adj.* former, ex; ancient

anéantir to annihilate, destroy

ange *m.* angel

angoisse *f.* anguish

animal (*m.*) domestique pet; **servir l'animal** to finish the animal off

animateur (-trice) *m., f.* television show host

animé(e) animated; **dessin (*m.*) animé** cartoon

année *f.*: year; **mettre des années** to take years

annonce *f.* ad; announcement

annuler to cancel, delete

antitabac anti smoking

apaiser to pacify

apercevoir to perceive, see, glimpse, catch sight of; **s'apercevoir** to notice, realize, become aware

apéritif *m.* (**apéro**) aperitif; **l'heure (*f.*) de l'apéritif** cocktail hour

aplati(e) flattened

apparaître to appear

apparat: d'apparat ceremonial

appareil électrique *m.* appliance; **appareils orthodontiques** braces

appareiller to cast off; get underway

appareil-photo *m.* camera

appartenir (à) to belong (to)

apparu(e) *p. p.* appeared

appel *m.*: **faire appel à** to appeal to

apprentissage *m.* apprenticeship; learning

appuyer sur to press, push; **s'appuyer** to lean

après *adv.* after, afterward; *prep.* after; **après que** *conj.* after; when; **d'après** according to

après-demain *m.* day after tomorrow

araignée *f.* spider

arbuste *m.* bush, shrub

ardent(e) *adj.* flaming, fiery (*color*)

argent *m.* money; **argent de poche** pocket money

argile *f.* clay

arme (*f.*) à feu firearm

armoire *f.* cupboard; closet

arrêt: sans arrêt constantly

arrière *f.* back (seat of a car); **à l'arrière** behind

arrière-grand-mère *f.* great-grandmother

arrière-pensée *f.* ulterior motive; mental reservation

arriver to arrive; to happen; **arriver à + (*inf.*)** to succeed in, manage to (*do sth.*); **il arrive que + (*subj.*)** sometimes (*sth. happens*)

articles (*m. pl.*) de consommation consumer goods

asile (*m.*) de vieillards rest home

aspirateur *m.* vacuum cleaner

asservi(e) enslaved

assises: la cour d'assises crown court, criminal court

assistant(e) social(e) *m., f.* social worker

assommé(e) de overcome (with)

assurance *f.* insurance; **je vous prie d'agréer, Monsieur, l'assurance de mes sentiments distingués** sincerely yours

s'assurer to ascertain

astre *m.* star

atelier *m.* workshop, studio

Atlantique: outre-Atlantique across the Atlantic

atout *m. fig.* asset

atteindre to attain; to reach; to affect

atteint(e) par overcome by, affected by

attenant à adjoining

attendre to wait for; to expect

attente f. wait, waiting; **dans l'attente de** looking forward to

attirer to attract, draw

attrait m. attraction, appeal

attraper to catch

attrister to sadden

au bord de by, at; **au choix** as you wish, prefer; **au cours de** in the process of

aucun(e): aucun(e)... ne (ne... aucun[e]) adj., pron. no, none, not any; no one **sans aucun(e)** without any

audimat m. the ratings

auguste noble, majestic

auprès de next to; with

aussi also, too; as; therefore; so; **aussi... que** as . . . as; **aussi bien que** as well as

aussitôt immediately

autant adv. as much, as many; **autant de** so many; as many; **autant que** conj. as much as; **d'autant plus que** all the more so because

autour de around; about; **tourner autour de** to revolve around

autre adj., pron. other; **autre chose** something else; **de l'autre côté de** on the other side of; **d'une semaine à l'autre** any week; **choses et d'autres** this and that, one thing or another; **être d'un autre que** to be the child of someone other than; **nous autres** the rest of us

autrefois formerly, in former times

autrement otherwise; differently; **il en est autrement** it's a different story (with)

autrui inv. lit. others, other people

avachir: s'avachir to become flabby

avaler to swallow

avancé(e) sticking out

avant Jésus-Christ B.C.

avare m., f. miser; adj. miserly

avenir m. future

averse (f.) **aux grains serrés** heavy downpour

aveugle m., f. blind person

aveuglette: à l'aveuglette blindly

avis m.: **à son avis** in one's opinion

s'aviser que to suddenly realize that

avocat(e) m., f. lawyer; **avocat(e)** (m., f.) **du diable** devil's advocate

avorté aborted

avouer to confess; to admit

azur: Côte (f.) **d'Azur** French Riviera

B

bac m. (baccalauréat) *exam required to enter a university*

bagarre f. fight, scuffle

bagnole f. old car; fam. jalopy

bague f. ring (*jewelry*)

baie (f.) **vitrée** bay window

bâiller to yawn

bain (m.) **de soleil** sunbathing; **maillot** (m.) **de bain** swimsuit; **salle** (f.) **de bains** bathroom

baisse f. decrease

baisser to lower; to go down; to turn down (*volume*); **baisser le ton** to lower one's voice

bal m. dance

se balancer to rock

balbutier to stammer, mumble

bande f. group, gang; (*magnetic*) tape

banquette f. bench

barbare m. barbarian

barbe f. beard

barrage m. dam

barre (f.) **de fer** iron rod

bas (basse) low; fig. dejectedly; **basse-taille** f. (*pl.* **basses-tailles**) bass baritone, basso cantante; **en bas de** at the bottom of; **là-bas** over there; **Pays-Bas** m. pl. The Netherlands

bataille f. battle

bateau m. (*pl.* **-x**) boat

bâtiment m. building

bâtir to build

bâton m. stick; club

battant m.: **porte** (f.) **à deux battants** double door

battement m. beating

battre to beat

battue f. beating of bushes to flush game (hunting)

bavard(e) talkative

bavarder to chatter; to gossip

beau (bel, belle) beautiful; **avoir beau** + (*inf.*) to (*do sth.*) in vain

beaucoup de monde a lot of people; a crowd

bébête adj. silly, babyish

belle-fille f. (*pl.* **belles-filles**) daughter-in-law

ben (bien) fam.: **hé ben, hein ben** well!

bénéfice m. benefit; profit

bénéficier to benefit

bénévole benevolent, charitable; **actes** (m.) **bénévoles** charitable works

berceuse f. rocking chair

besoin m. need; **avoir besoin de** to need

bétail m. livestock

bête f. animal; bug; adj. silly, stupid

betterave f. beet

beur m., f. fam. young North African born in France

biais m. angle, slant

bibliothécaire m., f. librarian

bibliothèque f. library

bien adv. well; very; quite; much; in fact; really; m. good; property; **bien plus que** far more than; **bien que** (+ *subj.*) although; **bien sûr** of course; **bien tenu(e)** well-kept, tidy; **biens** m. pl. possessions; **c'est bien ça** that's it, that's right; **eh bien** well; **être bien dans sa peau** to feel great; **le mieux est l'ennemi du bien.** let well enough alone; **mention bien** with honors (*diploma*); **ou bien** or else

bienfait m. benefit, beneficial effect

bienveillant(e) adj. kind

bijou m. (*pl.* **-x**) jewel

bilan m. assessment; result; statement of accounts

billet m. ticket

blague f. joke

blanc m. blank

blé m. wheat

blessé(e) wounded

bois m. woods, forest; wood; **en bois** wooden; **en plein bois** in the middle of the woods; **jambe** (f.) **de bois** wooden leg

boiserie f. panelling

bon(ne) adj. good; **bon à rien** good for nothing; **de bonne foi** sincerely, honestly; **pour de bon** for good

bonheur m. happiness

bonhomme adj. inv. good-natured

bonnement: tout bonnement just, (quite) simply

boqueteau (*pl.* **-x**) m. copse, grove of trees

bord m.: **au bord de** by, at

bordelais(e) n., adj. from Bordeaux

bosquet m. grove

bouche f. mouth

bouger to move

bouilli(e): en carton bouilli of heavy cardboard

bouleversé(e) turned upside down; deeply distressed by; changed drastically

boulot *m. fam.* work; job

bourdonnement *m.* humming (*of insects*)

bourreau *m.* (*pl.* -x) torturer; **bourreau de travail** *fam.* workaholic

bourrelet *m.* fold, roll (*of flesh, fat*)

bourse *f.* scholarship; money; stock market

bout *m.* end

bouteille *f.* bottle

braconnage *m.* poaching

bravoure *f.* bravery

bredouille: rentrer bredouille to come home empty-handed

breton(ne) from Brittany

bricolage *m.* tinkering around the house

brigadier *m.* sergeant

brigué(e) coveted, desired

briller to shine

se briser to break

broche *f.* brooch

brouillon *m.* rough draft

bruit *m.* sound, noise; **à grand bruit** noisily; **bruit sec** sharp snap

brûlé(e) burned; **brûlé vif (brûlée vive)** burned alive

brusquement suddenly

brut gross (*salary*)

bruyant(e) boisterous, noisy

bu *p. p.* absorbed; **bu par** swallowed up by

buée *f.* mist

bureau *m.* office; desk; **bureau de tabac** tobacco shop

but *m.* goal; objective; **marquer un but** to score a goal

buveur (-euse) *m., f.* drinker

C

cabinet *m.* office; **cabinet de travail** study

cacher to hide

cadre *m.* setting; manager

cahier *m.* notebook

calcul *m.* arithmetic

campagnard(e) *adj.* country

campagne *f.* country; countryside; campaign

Canal Plus cable T.V. station in France

canapé *m.* couch

candidature *f.* (à) application (for); **lettre de candidature** application letter; **poser sa candidature à** to apply for

canne *f.* cane

canoë *m.*: **faire du canoë** to go canoeing

canot *m.* small boat, dinghy

capital(e) *adj.* important

car *m.* bus; *conj.* because, for

Caraïbes *n. pl.*: **mer** (*f.*) **des Caraïbes** Caribbean Sea

carbonique: gaz (*m.*) **carbonique** carbon dioxide

carburant *m.* fuel

carré(e) *adj.* square

carte *f.* card

carton *m.* cardboard; **en carton bouilli** of heavy cardboard

caserne *f.* barracks; **corps** (*m.*) **de caserne** main buildings of barracks

casser les pieds à (*qn.*) to bore (*so.*) stiff

casseur (*m.*) **de pierre** stone breaker

cause *f.*: **à cause de** because of; **en tout état de cause** in any case, anyway; **mettre en cause** to call into question

causer to chat

causeur (-euse) *m., f.* talker

céder to give in to, give way to; **céder la parole à** (*qn.*) to let (*so.*) speak

ceinture *f.* belt; waist

célèbre famous

célibataire *m., f.* single person; *adj.* single, unmarried

cendrier *m.* ashtray

Cendrillon *f.* Cinderella

censé(e): être censé + (*inf.*) to be supposed to (*do sth.*)

censure *f.* censorship

cent: pour cent percent

cependant nevertheless, however

cercle (*m.*) **français** French club

cerf *m.* deer

cerner to surround; to define

cerveau (*pl.* -x) *m.* brain

cession *f.* transfer

c'est-à-dire that is to say

chacun(e) *pron.* each; each one

chaîne *f.* channel (*TV*); **chaîne publique** government-owned station; **chaîne stéréo** stereo

chaleur *f.* heat, burning

chambrée *f.* room; barrack room

champ *m.* field

chance *f.* luck, chance; **avoir de la chance** to be lucky; **tenter sa chance** to try one's luck

chapeau *m.* (*pl.* -x) hat

charbon *m.* coal

charge *f.* responsibility

chargé(e) (*m., f.*) **d'études** (research) assistant

charger (*qn.*) **de** + (*inf.*) to give so. the responsibility of (*doing sth.*)

charpentier (-ière) *m., f.* carpenter

chasse *f.* hunting; **chasse à courre** hunting on horseback with hounds; **permis** (*m.*) **de chasse** hunting license

chasser to hunt

chasseur (-euse) *m., f.* hunter

châssis *m.* frame

châtain chestnut brown

châtier to chastise

chatoyant glistening

chaud(e) warm; hot; **Cela ne me fait ni chaud ni froid.** I don't feel strongly about it one way or the other.

chauffer to warm up, heat

chef *m.* head, boss; **chef cuisinier** head cook; **chef d'entreprise** company manager; **chef d'État** head of state; **chef de pub** (**publicité**) advertising executive

chemin *m.* path; **grand chemin** highway

cheminée *f.* chimney, hearth

chemise *f.* shirt

cher (chère) *adj.* dear; expensive

chercher to look for; **chercher à** + (*inf.*) to try to (*do sth.*); **chercher la ligne** to get in shape

cheval *m.* (*pl.* -aux) horse; **cheval de fer** iron horse, train

chevreuil *m.* small deer

chez at the house, home, office of; with; at; in; among; **chez nous** at our house; in our country

chiffre *m.* figure, numeral; total, sum

chimique: produits (*m.*) **chimiques** chemicals

chinois(e) *adj.* Chinese

chirurgie (*f.*) **esthétique** cosmetic surgery

choisir to choose

choix *m.* choice; **au choix** as you wish, prefer

chômage *m.* unemployment

chose *f.* thing; **autre chose** something else; **choses et d'autres** this and that, one thing or another; **quelque chose** something

chuchoter to whisper

chute *f.* fall

ci-dessous below; **ci-dessus** above; **ci-joint** enclosed

ciel *m.* sky, heaven; *inter.* Heavens!; **gratte-ciel** *m. inv.* skyscraper; **le ciel s'abaisse** night falls

cigale *f.* cicada

cigogne *f.* stork

cil *m.* eyelash

cinéaste *m., f.* filmmaker

cinquantaine *f.* about fifty

circulation *f.* traffic

citadin(e) *m., f.* city dweller

citation *f.* quote

citer to quote

citoyen(ne) *m., f.* citizen

citoyenneté *f.* citizenship

clac *sound of a door slamming*

clair(e) *adj.* clear; light (*color*)

claquer la porte au nez de qn. to slam the door in so.'s face

clarté *f.* brightness

classe: camarade (*m., f.*) **de classe** classmate; **salle** (*f.*) **de classe** classroom

clé *f., adj.* key

climatiseur *m.* air conditioner

clos(e) closed, enclosed

clôturer to close

cocagne *f.*: **pays** (*m.*) **de cocagne** land of milk and honey, land of plenty

cochon *m.* pig

coco *m.*: **lait** (*m.*) **de coco** coconut milk

coéquipier (-ère) *m., f.* teammate

coin *m.* corner

colère *f.* anger; **en colère** angry

collier *m.* necklace

colon *m.* colonist

combien (de) *adv.* how much, how many

comité (*m.*) **d'action** activist group

comme *adv.* as, like (a); *conj.* as; since; **comme deux gouttes d'eau** like two peas in a pod; **comme si** as though, as if; **tout comme** just like

comment *adv.* how; *interrog.* what?

commerçant *adj.* commercial

commerce *m.* business

commère *f. pej.* gossip (*person*)

commis(e) *p. p.* committed

commissaire *m.* superintendent, commissioner

commode *f.* chest of drawers

commun(e): Marché (*m.*) **commun** Common Market

compagne *f.* companion; mate

compatir à to sympathize with, commiserate with

complément *m.*: **complément de** further, additional

comportement *m.* behavior

comporter to include, consist of; **se comporter** to behave

composant *m.* component

comprendre to understand; to include

compris(e): y compris(e) including

comptable *adj.*; **service** (*m.*) **comptable** accounting or bookkeeping department

compte *m.*: **compte rendu** account, report; **faire le compte de** to add up, take stock of; **tenir compte de** to take into account; **tout compte fait** all things considered

compter to count; **à compter de** starting from

comptoir *m.* counter, bar

concession *f.* piece of land

concision *f.* conciseness

concours *m.* contest; competitive exam

conçu(e) *p. p.* conceived

concurrence *f.* competition

concurrent(e) *m., f.* competitor, candidate (*exam*)

conduite *f.* behavior

conférence *f.* lecture

confiance *f.*: trust; **se faire confiance** to trust one another

confier (à) to confide (to); to entrust

conforme (à) in accordance (with); in keeping with

congé *m.*: **congé de permission** leave; **congé exceptionnel** special leave; **être en congé** to be off of work; **jour** (*m.*) **de congé** day off, vacation; **prendre congé** to take a vacation; to take time off; **prendre congé de** (*qn.*) to take leave of (*so.*)

congelé(e) frozen

conjoint(e) *m., f.* spouse

connaissance *f.* knowledge; acquaintance; **connaissance informatique** computer knowledge; **prendre connaissance de** make oneself acquainted with; to study

connaître to know, be acquainted with, be familiar with; **ça me connaît** I know all about it; **s'y connaître** to be knowledgeable about

connu(e) *p.p.* known

conscience *f.*: **prendre conscience de** to become aware of

conseil *m.* advice; committee, board

conseiller (-ère) *m., f.* counselor, advisor

conséquent: par conséquent consequently

conservateur (-trice) *adj.* conservative

conserver to keep

consignation *f.* deposit; consignment

consigne *f.*: **en consigne** holding (*of mail*) for delivery

consommateur (-trice) *m., f.* consumer

consommation *f.* consumption; **articles** (*m. pl.*) **de consommation** consumer goods

constater to note, notice; to certify

construire to build, construct

conte *m.* short story

contemporain(e) *adj.* contemporary

contenu *m.* content

conteste: sans conteste unquestionably, indisputably

contester to dispute, take issue over

contraint(e) restricted; forced to

contraire *m., adj.* opposite

contrat *m.* contract

contre *prep.* against; *m.* **le pour et le contre** pros and cons; **par contre** on the other hand

contrebalancer to counterbalance

controversé controversial

convaincre to convince

convenable proper, appropriate

convenir (à) to be suitable (for) (to), appropriate (for) (to)

convive *m., f.* guest (*at a meal*)

convoitise *f.* covetousness, desire

convoquer to ask to attend, call in

copain (copine) *m., f.* pal, friend

coquet(te) flirtatious

coquin(e) *m., f.* rascal

corde *f.* rope

corporel(le) bodily

corps *m.* body; **corps de caserne** main buildings of barracks; **le corps à corps** hand-to-hand combat

corriger to correct

corrompu(e) corrupted

cossu(e) well-to-do

côte *f.* rib; coast; **Côte d'Azur** French Riviera

côté (*m.*) **larmes** on the sad side; **côté rires** on the funny side

coucher to lay down; **chambre** (*f.*) **à coucher** bedroom; **se coucher** to go to bed

coudre to sew

couler to run, flow

coup *m.* blow; knock; **boire un coup** to have a drink; **à coups serrés** with rapid, painful heartbeats; **coup de vitesse** rush, energizer; **tout à coup** suddenly

coupe *f.* cup (*sports award*)

cour court (*royal*); **cour** (*f.*) **d'assises** Crown Court, criminal court; **cour des grands** big kids' playground

couramment fluently

courant *m.* electric current; **être au courant de** to know about

courbé(e) bent over

couronné(e) crowned

courre: chasse (*f.*) **à courre** hunting on horseback with hounds

courrier *m.* mail

cours *m.* course, lesson, class; **au cours de** during, throughout; **en cours de** in the process of

course (*f.*) **à pied** foot race

court *m.* court (*tennis*); *adj.* short

coût *m.* cost

coûter to cost; **coûter cher** to be expensive

couteau *m.* (*pl.* **-x**) knife

couvert(e) covered

cracher to spit

craie *f.* chalk

craindre to fear

crainte *f.* fear; **imprimer de crainte** to strike fear in (*so.*)

craintif (-ive) *adj.* fearful

crâne *m.* skull

crayon *m.* pencil

crèche *f.* day care center

créer to create

crépusculaire *adj.* twilight

crétin (-ine) *m., f. pej.* moron

crever to burst

crier to shout

critique *adj.* critical; *f.* critique; review; criticism; *m., f.* critic

crochet *m.* hook, latch; **entre crochets** in square brackets

croire to believe, think

croiser to cross

croissance *f.* growth

croquer to eat

cru(e) *adj.* harsh (*light*); *p. p.* believed, thought

cruauté *f.* cruelty

crypté(e) *adj.* scrambled

cueillir to collect; to snatch

cuir *m.* leather

cuisine *f.* cooking; kitchen; **faire la cuisine** to cook

cuisinier: chef (*m.*) **cuisinier** head cook

cuisinière *f.* stove, range

culpabilité *f.* guilt

culte *m.* worship

cultivé(e) *adj.* cultured

culture *f.* culture; farming

curriculum *m. inv.* **vitae** resumé, C.V. (curriculum vitae)

cursus *m.* course of study

cyanure *m.* cyanide

D

dague *f.*: **à la dague** with a dagger

davantage more; more and more; **davantage de** more

déambuler to stroll

débarrassé(e) rid; stripped

débordant(e) *adj.* unbounded; overflowing

déborder to overflow

debout standing

débrancher to unplug

se débrouiller to manage, get by

débroussailler to clear (of brush)

début *m.* beginning

décennie *f.* decade

décès *m.* death

déchet *m.* scrap; *pl.* waste; refuse; **déchets ultimes** waste end products after treatment

déchirer to tear; **se déchirer** to break up

déconcerter to disconcert

décor *m.* decor; setting

découper to carve, cut up

découverte *f.* discovery

découvrir to discover; to reveal

décrire to describe

décroché(e) off the hook (*telephone*)

décrocher (un emploi, un diplôme) *fam.* to get; **décrocher de** to break ties with

déçu(e) disappointed

dédaigneux (-euse) scornful

dédié(e) dedicated

défaite *f.* defeat

défenseur *m.* defender

défi *m.* defiance; challenge

définitivement permanently

défrichement *m.* clearing (*of land*)

défunt(e) *m., f.* deceased

dégonfler to deflate

déguisé(e) disguised

dehors *m., adv.* outside; outdoors; **en dehors de** outside; irrelevant to (*the subject*)

déjà already

delà: au delà de beyond

délabré(e) *adj.* ramshackle, tumbledown

délaissé(e) deserted

demande (*f.*) **d'emploi** job application

demander to ask, ask for; **Je vous demande de bien vouloir** please; **se demander** to wonder

démarrer *fig.* to get off the ground; to get under way

démentir give a false impression of

demeurer to remain, stay

demi(e) *adj.* half

démissionner to resign

démonter to dismantle, take apart

démontrer to demonstrate

dénouer to resolve

dénouement *m.* ending, conclusion

dent *f.* tooth

départ *m.* departure; start; **point** (*m.*) **de départ** starting point

département *m. one of 95 administrative divisions of France*

dépassé(e) *adj.* out of style

dépasser to go past

dépecer to cut up

dépeindre to depict

dépense *f.* expense

dépenser to spend (money)

dépit: en dépit de in spite of

déplacement: fonction (*f.*) **«déplacement»** "move" function or command (*computer*)

déplacer to shift; to move; **se déplacer** to move, walk

déplaire to displease

déposer to put down, lay down; to drop off

dépôt *m.*: **caisse** (*f.*) **de dépôts** savings bank

depuis *prep.* since, for; **depuis longtemps** for a long time; **depuis peu** for a short time; only recently; **depuis que** *conj.* ever since

dérailler to be derailed

dérive *f.*: **à la dérive** *lit.* adrift; *fig.* failing

dérobade *f.* avoidance; evasion

des origines from the beginning

désarroi *m.* disarray; confusion

désaccord *m.* disagreement

descendre to go down; to get out (of a car)

désespoir *m.* despair

désormais from now on

dessein *m.* intention, design; plan

dessin *m.* drawing; outline; **dessin animé** cartoon

dessiner to draw

dessous: ci-dessous below

dessus: au-dessus de above; ci-dessus above; de dessus from

destin *m.* destiny, fate

destinataire *m., f.* addressee

détacher to remove

détecteur (*m.*) **du contrôle à distance** radar detector

détendu(e) relaxed

détenir to hold, be in possession of

se détourner to turn away

détresse *f.* distress

détruire to destroy

DEUG *m.* (**Diplôme d'Études Universitaires Générales**) French university degree (*received after two years of university study*)

dévalorisation *f.* depreciation

devant in front of, before

déversé(e) dumped

déviation *f.* detour

deviner to guess

dévisager to stare at

devoir *v.* should, must, ought to; to be supposed to; *m.* duty

dévoué: nous vous prions de recevoir nos sentiments dévoués sincerely yours

diable *m.* devil; **avocat(e)** (*m., f.*) **du diable** devil's advocate

diffusé(e) distributed

digérer to digest

digne worthy

dignement with dignity

direct: en direct live

direction *f.* management; manager's office

dirigeant(e) *m., f.* leader

diriger to direct; **se diriger vers** to make one's way towards

discours *m.* speech; discourse

discutable debatable, questionable

discuter to discuss; to argue about

disparaître to disappear

disponibilité *f.* availability

disposer to arrange; **disposer de** to have (at one's disposal)

disposition: se tenir à l'entière disposition de (*qn.*) to be entirely at (*so.'s*)

service; to be available (for an interview)

disputer (*qch.*) à (*qn.*) to fight with (*so.*) over (*sth.*)

disque: tourne-disque *m.* record player

disséminé(e) scattered

dissertation *f.* essay

distinctions (*f. pl.*) **honorifiques** awards

distraction *f.* fun, entertainment

dit(e) also known as; called

divan *m.* divan (*couch without armrests or back*)

divers(e) various, diverse, different

divertir to entertain; **se divertir** to have fun

divertissement *m.* diversion, recreation

diviser to divide

dizaine *f.* about or around ten (*in number*)

doigt *m.* finger; **jointures** (*f. pl.*) **de doigts** knuckles

domestique *m., f.* servant, domestic; *adj.* household, domestic; **animal** (*m.*) **domestique** pet

domicile *m.* home; place of residence; **sans domicile** homeless

donc therefore

donner to give; **donner sur** to open onto, to overlook; **étant donné (que)** given (that)

dos *m.* back; **dans son dos** right behind

dossier *m.* file

dot *m.* dowry

douce: médecine (*f.*) **douce** alternative medicine

doucement softly

douceur *f.* softness; sweetness

douche *f.* shower

doudou *fam.* honey, sweetheart

douleur *f.* pain; grief; distress

doute: sans doute without a doubt

douteux (-euse) doubtful

doux (-ce) sweet; soft

dramaturge *m., f.* playwright

dresser to put up, erect

droit *m.* right (*legal, moral*); **avoir le droit de** to have the right to

droit *m.* law; *adj.* right; straight; **la Faculté de Droit** law school; **se tenir droit** to stand up straight

droite *f.* right

drôle funny, strange; *f.* **drôle de tête** funny face, expression

dur(e) *m., f.* tough person; *adj.* hard

durci(e) hardened

durée (*f.*) length, duration

durer to last

dureté *f.* hardness; harshness

E

ébahir to flabbergast, astound

ébauché(e) outlined

écart *m.* distance, gap; **à l'écart de** (well) off from, (well) away from

écarter to separate

échange *m.* exchange

échapper (à) to escape (from)

échec *m.* failure

échiquier *m.* chessboard

échouer à to fail; **s'échouer** to run aground

éclairé(e) lit up

éclat *m.* fuss, commotion

éclater to burst forth

économies *f. pl.*: **faire des économies** to save

écran *m.* screen; **petit écran** *fam.* the tube, TV

écraser to crush; **s'écraser** to crash

s'écrier to exclaim, cry out

écrire to write; **machine** (*f.*) **à écrire** typewriter

écriture *f.* (hand)writing

écrit *m.* written work, writing

écrivain (femme-ecrivain) *m., f.* writer

écureuil *m.* squirrel

éditeur (-trice) *m., f.* publisher; editor

édition *f.* publishing

efficace efficient

s'effilocher to fray

égal *m.*: **à l'égal de** equalled by, matched by

égal(e) *adj.* equal

égaler to equal

égalité *f.* equality

également as well

égard *m.*: **à l'égard de** regarding

égarement *m.* distraction

égorger to slit or cut the throat of

électrophone *m.* record player

élevé(e) *adj.* high

élever to raise; **s'élever** to rise

éloigné(e) far away

s'éloigner to distance onself

élu(e) elected

embaucher to take on, hire

embêté(e) bothered, annoyed

embouteillage *m.* traffic jam

s'embrasser to kiss one another

émission *f.* program

émouvant(e) moving; stirring

s'émouvoir to be stirred, be moved

empêchement *m.* obstacle, difficulty

empêcher to prevent, stop

emploi *m.* use; job, employment; demande (*f.*) d'emploi job application; offre (*f.*) d'emploi job ad

employer to use

emporter to take with one, carry away

empressé(e) attentive

emprunter to borrow

enchanteur (-teresse) enchanting

encombre *m.:* sans encombre without incident

encombré(e) cluttered, obstructed; crowded

encore still, yet; even; again; more; encore mieux better yet; encore une fois once again; il y a peu encore not very long ago, recently

encourir to incur

endormi(e) asleep, put to sleep

endroit *m.* place

énervé(e) irritated

enfer *m.* hell

enfermé(e) *adj.* locked in

s'enfermer to shut onself in

enfin finally; mais enfin well really!

enfoncer la porte to break down the door

enfoui(e) buried

s'enfuir to run away, escape

enfumé(e) smoky

engager to hire; s'engager dans to enter into

engloutir to wolf down; to swallow up

engouement *m.* infatuation

enjeu *m.* (*pl.* -x) stake, stakes

enjoué(e) lively, dynamic

enlèvement *m.* abduction, kidnapping

enlever to take away; to abduct, kidnap

ennemi *m.:* Le mieux est l'ennemi du bien. Let well enough alone.

ennui *m.* boredom

ennuyer to bore; s'ennuyer to get bored

ennuyeux (-euse) boring

enorgueillir to make proud

enquête *f.* survey; inquiry, investigation

enquêteur (-euse) *m., f.* person conducting a survey

enraciné(e) entrenched

enrager: faire enrager to infuriate (*so.*)

enregistrer to register, show; to record

enseignant(e) *m., f.* teacher

enseigne *f.* (shop) sign

enseignement *m.* teaching; enseignement supérieur higher education

enseigner to teach

ensemble *m.* set, body; outfit; *adv.* together; d'ensemble comprehensive; general

enserrer to hug tightly

ensoleillé(e) sunny

ensuite then, next

entamer to start, start on

entassé(e) heaped up

entendre to hear; to understand

entêté(e) stubborn

entier (-ière) entire, whole, complete; en entier in its entirety; être tout entier à to be entirely engrossed in; se tenir à l'entière disposition de (*qn.*) to be entirely at (*so.'s*) service; to be available

entourer to surround

s'entraider to help one another

entraîner to train; to drag

entraîneur (-euse) *m., f.* coach

s'entrecroiser to intersect

entrée *f.* entrance

entreprendre to undertake

entreprise *f.* firm, company; chef (*m.*) d'entreprise company manager

entretenir to keep up, maintain

entretien *m.* interview

entrevue *f.* interview

envers towards

envie *f.:* avoir envie de + (*inf.*) to feel like (*doing sth.*)

environ approximately

envisager to envision

s'envoler to take off (*plane*)

envoyer to send

épais(se) thick

épaisseur *m.* density; thickness

épaule *f.* shoulder; hausser les épaules to shrug one's shoulders

épier to spy on

épique dramatic, epic

épopée *f.* epic

époque *f.* time; à l'époque at the time

épouse f. wife, spouse

épouser to marry

épouvantable dreadful

épouvanté(e) terrified

épreuve *f.* test; trial, ordeal

épris(e) smitten, in love

éprouver to experience, feel

équilibre *m.* balance

équipe *f.* team

équipement *m.* facilities

errer to wander

escalier *m.* stair, staircase

esclavage *m.* slavery

espèce *f.* species

espérance *f.* hope

espoir *m.* hope

esprit *m.* mind; spirit; wit; venir à l'esprit to come to mind

esquisser to sketch (out), outline

esthéticien(ne) *m., f.* beautician

esthétique: chirurgie (*f.*) esthétique plastic surgery

estudiantin(e) *adj.* student

étable *f.* stable

établir to establish

établissement *m.* business, firm; school; establishment

étage *m.* story, floor (*of building*)

étagère *f.* shelf, set of shelves

étant donné (que) given (that)

étape *f.* stage, step

état *m.* state; government; chef (*m.*) d'État head of state; en tout état de cause in any case, anyway; état-major (pl. états-majors) top management

étendre du linge to hang out the washing

étendue *f.* extent, scope

étoile *f.* star

étonné(e) astonished, surprised

s'étonner to be amazed

étouffement *m.* suffocation

étrange strange

étranger (-ère) *m., f.* foreigner; *adj.* foreign

étroit(e) narrow

étude *f.* study; prêt (*m.*) études student loan; programme (*m.*) d'études curriculum

évasion *f.* escape

événement *m.* event

Éventreur *m.:* Jack l'Éventreur Jack the Ripper

éventuel(le) possible, potential

évidemment obviously

éviter to avoid

évocateur (-trice) evocative, suggestive

évoluer to evolve; develop, move around in

exact(e) accurate, right; precise

exceptionnel(le) unusual, outstanding; congé (*m.*) exceptionnel special leave

exclure to exclude

F

exercer to exercise, exert (influence); **s'exercer** to make (itself) felt
exigence *f.* demand
exiger to demand
expéditeur (-trice) *m., f.* sender
expérience *f.* experiment; experience
experimenté(e) experienced
expliquer to explain
exprès: faire (*qch.*) **exprès** to do (*sth.*) on purpose
exprimer to express
extérieur: à l'extérieur outside

fabriquer to make, manufacture
fac (faculté) *f.* university; school (*of a university*)
face *f.:* **face à** facing; faced with; **en face de** across from; opposite; **faire face à** to face
fâché(e) angry
facile easy
façon *f.* manner, way; **de toute façon** in any event
facteur (-trice) *m., f.* mail carrier
factice artificial
faculté *f.* power; school (*of a university*); **Faculté de Droit** law school
faible weak
faiblesse *f.* weakness
faim *f.* hunger; **avoir faim** to be hungry
faisan *m.* pheasant
faisceau *m.* (*pl.* **-x**) beam
fait *m.* fact; *adj.* ripe (*cheese*); **tout à fait** quite, entirely; **tout compte fait** all things considered
famille (*f.*) **nombreuse** large family; **situation** (*f.*) **de famille** family status
fané(e) faded
fantaisiste fanciful, whimsical
fantasme *m.* fantasy
fardeau *m.* (*pl.* **-x**) load, burden
farouche fierce; wild
fatalité *f.* fate; bad luck
faut: il faut + (*inf.*) one must; it is necessary to
faute *f.* mistake
fauteuil *m.* armchair
faux (-sse) false
favori *adj.:* **partir favoris** to be favorites right from the start
favoris *m. pl.* (side) whiskers
femme (*f.*) **au foyer** housewife
fer *m.* iron; **cheval** (*m.*) **de fer** iron horse, train

féru(e) de keen on, passionately interested in
fêter to celebrate
feu *m.* (*pl.* **-x**) fire; **arme** (*f.*) **à feu** firearm; **mettre le feu à** to set fire to, set on fire
feuille *f.* leaf; sheet (*of paper*); **feuille volante** separate sheet of paper
feuilleton *m.* soap opera; series
feutre *m.* felt-tip pen
fiabilité *f.* reliability
fiche *f.* index card
fichier *m.* file
fidélité *f.* faithfulness
fier (-ère) proud
fierté *f.* pride
figure *f.* face; figure
fil *m.* thread; wire
filer *fam.* leave quickly, rush off
filet *m.* net
filiale *f.* subsidiary (*company*)
film (*m.*) **d'épouvante** horror film
fin *f.* end
fin(e) *adj.* fine, delicate
financier (-ère) *adj.* financial
finir par + (*inf.*) to eventually (*do sth.*); to (*do sth.*) in the long run
fixer to focus on, stare at
flamant *m.* flamingo
flatté(e) flattered
fleuve *m.* river
foi *f.* faith; **de bonne foi** sincerely, honestly
foie *m.* liver
foire *f.* fair
fois *f.* time; **à la fois** at the same time; **deux fois** twice; **encore une fois** once again; **il était une fois** once upon a time; **une fois** once; **une fois de plus** one more time
foisonnement *m.:* **foisonnement des terrasses** teeming sidewalk cafés
foncé dark (*color*)
fonction (*f.*) **«déplacement»** "move" function or command (*computer*)
fonctionnaire *m., f.* civil servant
fond. *m.:* **au fond (de)** deep down, basically
fondre to melt
force *f.* strength, power, force; *adv.* many, a goodly number of; **à force de** by means of
forcément inevitably, necessarily
formation *f.* training, education
formidable great, fantastic

forme *f.* shape, fitness; **sous forme de** in the form of
formulation *f.* wording
fort *adv.* greatly; very; loudly; hard; *adj.* strong; great, big; **à forte teneur** (**en qch.**) with a high content (*of sth.*); **fort de** fortified by, in a strong position because of; **prêter main forte à qn.** to come to so.'s assistance
fortuné(e) well-off, wealthy
fou (folle) crazy; **rendre fou** to drive crazy
foudre *f.* lightning
foule *f.* crowd
four *m.* oven; **four à micro-ondes** microwave oven
fourchette *f.* range; fork
fourmi *f.* ant
fournir to provide, supply
fourré *m.* thicket, bushes
fourrure *f.* fur
foutre: tout foutre (*vulg.*) **en l'air** to chuck or throw it all away
foyer *m.* household; family; **femme** (*f.*) **au foyer** housewife
fraîcheur *m.* freshness; coolness
frais *m. pl.* cost; **frais d'inscription** registration fees; **frais de scolarité** school fees
frais (fraîche) fresh; cool; **fromage frais** soft white cheese
franc-maçonnerie *f. inv.* freemasonry
francophone French-speaking
frappant(e) striking
frapper to strike; to knock
freiné(e) slowed down
fréquentation *f.* associating with
fripon(ne) mischievous
frisé(e) curly
frite *f.* French fry
froid *m.* cold; **Cela ne me fait ni chaud ni froid.** I don't feel strongly about it one way or another.
froissement *m.* rustling
fromage *m.* cheese; **fromage fait** ripe cheese; **fromage frais** soft white cheese
frontière *f.* border
fumer to smoke
fumée *f.* smoke; **fumée passive** secondhand smoke
fumeur (-euse) *m., f.* smoker
fuser to burst out
fusil *m.* rifle

fusillade *f.* (execution by) shooting; rifle fire

G

gaffe *f.* blunder

gagnant(e) *m., f.* winner

gagner to win; to earn; to gain; **gagner du temps** to save time; **gagner sa vie** to earn one's living

gagneur *m.* winner

galerie *f.* shopping arcade

garçon *m.* boy; waiter

gardant: **tout en gardant** while keeping

garde *f.*: **laisser à qn. la garde de** to leave in so.'s care

garder to keep

garderie *f.* daycare center

garni(e) furnished

gaspiller to waste

gâter to ruin, spoil

gaz *m.* **carbonique** carbon dioxide

gazeux (-euse): **non gazeux** noncarbonated

gazon *m.* lawn

gendarme *m.* police officer

gendre *m.* son-in-law

gêner to bother; to hinder

généalogique: **arbre** (*m.*) **généalogique** family tree

génie *m.* genius; engineering

genre *m.* kind, type; genre (*literature, film*)

gens (*m. pl.*) **du pays** local people

geôle *f.* jail

gérant(e) *m., f.* manager

gérer to administer, manage

geste *m.* gesture, movement

gestion *f.* management

gibier *m.* game (*animals*)

gîte *m.* home, lair

glacé(e) frozen

gorge *f.*: **soutien-gorge** *m.* (*pl.* **soutiens-gorge**) bra

goût *m.* taste

goutte *f.* drop; **comme deux gouttes d'eau** like two peas in a pod

grâce *f.*: **grâce à** thanks to

gracieux (-euse) graceful, pleasing

grand(e) high, big, tall; great; *m. pl.* great (important) people; **à grand bruit** noisily; **au grand jour** out in the open; **cour des grands** big kids' playground; **grand chemin** highway; **grand** (*m.*) **public** general public; **pas grand-chose** nothing much

grandir to grow up

grange *f.* barn

gratte-ciel *m. inv.* skyscraper

gratuité (*f.*) **des études** free education

grave serious

grève *f.* strike

griffe *f.* claw

grimper to go up

gris(e) gray

gronder to mutter

gros(se) big, large; heavy; fat

grossier (-ière) rude; uncouth

Guépéou *m.* GPU (Soviet prison)

guère: **ne... guère** hardly, scarcely

guérir to cure, heal

guerre *f.* war

guichet *m.* window; counter

guillemets *m. pl.* quotation marks

guinéen(ne) from Guinea; Guinean

H

habile skilled

habitude *f.* habit; **d'habitude** usually

*hagard(e) haggard, wild-looking

*haie *f.* hedge

*haine *f.* hatred

*haïr to detest, abhor

*hanté(e) haunted

*hantise *f.* obsessive fear

*harcèlement *m.* harassment

*hargneux (-euse) aggressive

*hasard *m.* chance, fate; **au hasard** at random; **laisser au hasard** to leave to chance

hâte *f.*: **en hâte** hastily, hurriedly

*hausse *f.* increase

*hausser les épaules to shrug one's shoulders

*haut(e) high; **à haute voix** out loud; **haut-parleur** *m.* (*pl.* **haut-parleurs**) loudspeaker; **là-haut** up there; in heaven above

*hauteur *f.* height

Hebdo-latin *m.* student weekly (*publication*)

hebdomadaire weekly

*hein *interj. fam.* eh? huh? what?

hélas *interj.* alas

herbe *f.* grass

heure *f.*: **tout à l'heure** just now, a short while ago; in a short while

heureux (-euse) happy

heureusement fortunately

*heurt *m. fig.* clash; **sans heurts** smoothly

*se heurter à to come up against

homologue *m.* counterpart

honneur *m.*: **mettre un point d'honneur à** + (*inf.*) to make it a point of honor to (*do sth.*)

honorifique: **distinctions** (*f. pl.*) **honorifiques** awards

*honte *f.* shame

*honteux (-euse) shameful

horloge *f.* clock

*hors except for; not including; **hors** (**de**) outside of; **hors de soi** beside oneself (with anger)

hôte *m., f.* guest

hôte(sse) *m., f.* host, hostess

huilé(e) oiled

huissier *m.* process server, bailiff

humeur *f.* mood

*hurler to scream

I

idolâtrer to idolize

ignorer to be unaware of; to ignore

immeuble *m.* apartment building

imparfait *m. gram.* imperfect tense; **imparfait du subjonctif** *gram.* imperfect subjunctive

impasse *f.* dead end

implantation *f.* setting up; establishment

impliquer to imply

important(e) large, major (*company*)

importe: **n'importe quel(le)** any

imposé(e) taxed

impôt *m.* tax

imprégné(e) (de) permeated (with), full of

impressionné(e) impressed

imprimer to print; to impart, transmit; **imprimer qn. de crainte** to strike fear in so.

impunément with impunity

imputer to ascribe, attribute

inactif (-ive) idle; non-working

inattendu(e) unexpected

incommode uncomfortable; inconvenient

inconnu(e) *m., f.* stranger; **l'inconnu** the unknown

inconscient(e) automatic; irresponsible; unconscious

inconvénient *m.* disadvantage

incroyable unbelievable

indicateur (*m.*) **de chaîne** channel tuner

indications *f. pl.* instructions, directions; (pieces of) information

ineffaçable indelible
infidèle unfaithful
infirmier (-ière) *m., f.* nurse
influent(e) influential
informaticien(ne) *m., f.* computer scientist
information *f.* piece of information; piece of news; *pl.* **les informations** the news
informatique *adj.*: **connaissance** *(f.)* **informatique** computer knowledge
ingénieur *m.* engineer
ingurgiter to gulp down
inhabité(e) uninhabited
injurier to abuse, insult
innombrable innumerable
inquiet (-iète) worried, anxious
inquiétant(e) disturbing
s'inquiéter to worry
inquiétude *f.* anxiety
inscription *f.* registration; **frais** *(m. pl.)* **d'inscription** registration fees
inscrire to write down; **s'inscrire** to enroll in, sign up for; to come within *(context)*
insensible (à) impervious (to)
insérer to insert
insister sur to stress, lay emphasis on
insolite unusual, strange
installé(e) set up, put (in)
s'installer to settle
instances *f. pl.* requests, pleas
instant *m.*: **un court instant** for a moment
insuffisance *f.* insufficiency
insupportable unbearable
intégrant(e): **faire partie intégrante de** to be an integral part of
interdiction *f.* prohibition
interdire to prohibit
intéressé(e)s *m., f., pl.* persons concerned, involved
interlocuteur (-trice) *m., f.* speaker
interrogation *f.*: **point** *(m.)* **d'interrogation** question mark
intransigeant uncompromising
intrigue *f.* plot
inutile useless
inverse opposite; **sens** *(m.)* **inverse** the other way, backwards
investi(e) de entrusted with
investissement *m.* investment
invité(e) *m., f.* guest
irréductible out-and-out, confirmed
isolateur *m.* solitary confinement cell

ivoire *m.* ivory
ivresse *f.* intoxication; ecstasy
ivrogne *m.* drunkard

J

jaillir to gush forth
jambe *f.* leg; **à toutes jambes** as fast as his legs could carry him
jardin *m.* garden
jaune yellow
jeté(e) thrown
jeu *m.* *(pl.* **-x)** game; gambling; **jeu de rôles** *m.* role-playing
jeûne *m.* fast
jeunesse *f.* youth
joindre to reach (by telephone)
joint(e): **ci-joint** enclosed
jointure: **jointures** *(f. pl.)* **de doigts** knuckles
jouer to play; to act; **jouer les affreux** to play the role of the bad guys
joueur (-euse) *m., f.* player
jouet *m.* toy
jour *m.* day; daybreak, dawn; **au grand jour** out in the open; **de nos jours** these days, nowadays
journal *m.* *(pl.* **-aux)** newspaper; **journal télévisé** newscast
journée *f.* day
juif (-ive) *m., f.* Jew; *adj.* Jewish
jumeau (-elle) *m., f.* twin
jupe *f.* skirt
jusque up to; as far as; until; **jusqu'à ce que** until; **jusqu'à nouvel ordre** until further notice; **jusqu'ici** until now
juste fair; rightful; right

L

là-bas over there; **là-haut** up there; in heaven above
laid(e) ugly
laisse *f.* leash
laisser to leave; to let, allow; **laisser à qn. la garde de** to leave in so.'s care; **laisser au hasard** to leave to chance; **je vous laisse le soin de** + *(inf.)* I'll leave it to you to *(do sth.)*; **laisser la vie sauve à qn.** to spare so.'s life
lancer to launch
langue *f.* language; **langue maternelle** native language
lapin(e) *m., f.* rabbit
large wide, broad
largement easily

larme *f.* tear; **côté** *(m.)* **larmes** on the sad side
lave-vaisselle *m. inv.* dishwasher
lecteur (-trice) *m., f.* reader *(person)*
lecture *f.* reading
léger (-ère) *adj.* light; slight
législatif: **élections** *(f. pl.)* **législatives** parliamentary elections
léguer to bequeath
légume *m.* vegetable
lendemain *m.* day after
lénifiant(e) soothing
lenteur *f.* slowness
lever to lift, raise; **se lever** to get up
liaison *f.* connection; affair
liant(e) sociable
librairie *f.* bookstore
libre free
licence *f.* three-year university degree
licite lawful
lien *m.* tie, link
lier to link
lieu *m.* *(pl.* **-x)** place; **au lieu de** instead of; **avoir lieu** to take place; **en premier lieu** in the first place
lièvre *m.* hare
ligne *f.* line; figure; **chercher la ligne** to get into shape
linge *m.* laundry, washing; **étendre du linge** to hang out the washing
lit *m.* bed
littoral(e) coastal
livre *f.* pound
livrer to deliver; to leave to the mercy of, abandon; **se livrer à** to abandon oneself to
local *m.* *(pl.* **-aux)** premises
logement *m.* lodgings
loi *f.* law; **projet** *(m.)* **de loi** bill
loin *adv.* far; **au loin** in the distance; **de loin** by far
lointain(e) faraway, distant
loisirs *m. pl.* spare-time activities
long: **le long de** along; **tout au long de** throughout
longer to run alongside
longueur *f.* length
lors de at the time of
lorsque when
louer to rent
loup (louve) *m., f.* wolf
lourd(e) heavy
loyer *m.* rent
lugubre gloomy, dismal
lumière *f.* light

lune *f.* moon
lunettes *f. pl.* eyeglasses
lutter to fight
luxueux (-euse) luxurious
lycée *m.* high school

M

machine (*f.*) à écrire typewriter
maghrébin(e) *m., f.* native of northwest Africa (Morocco, Tunisia, Algeria)
magnat *m.* tycoon, magnate
magnétophone *m.* tape recorder
magnétoscope *m.* video-cassette recorder
maigrir to lose weight
maillot (*m.*) de bain swimsuit
main *f.* hand; porter la main à to touch; prêter main forte à qn. to come to so.'s assistance
maintenant now
maintenir to maintain, keep; maintenir qn. en vie to keep so. alive
maintien *m.* keeping
maire *m.* mayor
mairie *f.* city hall
maïs *m.* corn
maître(sse) *m., f.* master, mistress; maître d'équipage boatswain (*ship officer in charge of rigging, etc.*)
maîtriser to master
majuscule uppercase
mal *m.* evil; pain; illness; *adv.* badly; avoir du mal à faire qch. to have trouble doing sth.; être mal dans sa peau to feel uncomfortable, ill at ease; (se sentir) mal à l'aise (to feel) ill at ease
malade *adj.* sick; *m., f.* sick person
maladie *f.* illness, ailment
malaise *f.* feeling of general discomfort or sickness; faintness
malgré(e) in spite of
malheureux (-euse) unhappy
malice *f.*: sans malice harmless, innocent
malin (-igne) shrewd, cunning
manège *m.* merry-go-round
manier to handle
manière *f.* way; de manière à ce que so that; *pl.* manners
manifestant(e) *m., f.* demonstrator
manifestation *f.* (political) demonstration; appearance
manifester to demonstrate
mannequin *m.* model
manque *m.* lack

manqué missed; lost, wasted
manquer to lack
manteau *m.* (*pl.* -x) coat
manuscrit(e) handwritten
maquillage *m.* makeup
se maquiller to put on makeup
marais *m.* marsh, swamp
marbre *m.* marble; (rester) de marbre to (remain) stonily indifferent
marche *f.*: se remettre en marche to start up again; to start walking again
marché *m.* market; shopping; Marché commun Common Market
marcher to walk; to work
marécageux (-euse) marshy, swampy
marge *f.* margin
marginal *m.* (*pl.* -aux) dropout; second-class citizen
mariés *m. pl.* newlyweds
marquer un but to score a goal
marron *adj. inv.* brown
mat(e) dull
match *m.* game
mater to subdue
matériel *m.* equipment, gear; material
maternel: langue (*f.*) maternelle native language
matière *f.* material; matter; subject; matière première raw material
matraque *f.* billy club
maudire to curse
méchanceté *f.* unkindness, spitefulness
méchants *m. pl.* the bad guys
médecine (*f.*) douce alternative medicine
médiatique *adj.* media, of the media
méfiance *f.* distrust, suspicion
mégarde *f.*: par mégarde accidentally
mêlé(e) (de) mixed (with)
mêler to mix; to involve
même *adv.* even; *m., adj.* same (one); same thing; de même in the same way; en même temps at the same time; quand même even so; anyway; tout de même all the same; vous-même yourself
menaçant(e) threatening
menace *f.* threat
ménage *m.* household; marriage; faire le ménage to do housework; scène (*f.*) de ménage domestic squabble
ménager (-ère) *adj.* household
mener to lead; to conduct, carry out
meneur *m.*: meneur d'hommes born leader

méninges: remue-méninges *m. inv. fam.* brainstorming
mensonge *m.* lie
mensuel(le) monthly
menuisier (-ère) *m., f.* carpenter
méprise *f.* mistake, error
mériter to deserve
mesure *f.*: dans la mesure du possible as far as possible; en mesure de in a position to
métier *m.* job, profession
météo *f.* weather report
mettre to put (on), place; mettre aux oubliettes to shelve indefinitely; mettre dans to put into; mettre des années to take years; mettre en cause to call into question; mettre en question to question, challenge; mettre en valeur to highlight, bring out; mettre le feu à to set fire to; mettre un point d'honneur à + (*inf.*) to make it a point of honor to (*do sth.*); se mettre à + (*inf.*) to begin to (*do sth.*); se mettre au régime to go on a diet
meuble *m.* piece of furniture
meurtre *m.* murder
mi-: à la mi-octobre in mid-October; à mi-voix in an undertone, under one's breath
microbe *m.* germ
micro-ondes *f.*: four (*m.*) à micro-ondes microwave oven
midi *m.* noon; sur le midi about noon
mieux better; best; encore mieux better yet; il vaut mieux it would be better; Le mieux est l'ennemi du bien. Let well enough alone.
mignon(ne) cute
milieu *m.* (pl. -x) environment, milieu, (social) sphere; organized crime; au milieu (de) in the middle (of)
militaire *m.* soldier
millénaire *m.* millenium
milliard *m.* billion
millier *m.* a thousand or so
mince thin
ministère *m.* government department
ministre *m.* (government) minister, secretary (of state)
minitel® *m.* small computer terminal, connected to telephone, used to access data banks
minuit *m.* midnight

mobilier (-ière): **valeurs** (*f.*) **mobilières** stocks and shares

mode *m. gram.* mood

mode *f.* fashion; **à la mode** in style

modéré(e) moderate

modificatif *m. gram.* modifier

mœurs *f.* manners, customs

moindre least, slightest

moins less; fewer; **à moins que** unless; **au moins** at least; **de moins en moins de** fewer and fewer

mois *m.* month

moitié *f.* half

monde *m.* world; **beaucoup de monde** a lot of people; a crowd; **tout le monde** everyone

mondial (*pl.* **-aux**) worldwide

monnaie *f.*: **pièce** (*f.*) **de monnaie** coin

montage *m.* editing (*of a film*)

montant *m.* amount

monter to go up; to get up on; to edit (*a film*)

montrer to show, display

moquette *f.* wall-to-wall carpeting

morale *f.* code of ethics, morals

morceau *m.* (*pl.* **-x**) piece, bit; passage

mort(e) *m.*, *f.* dead man, dead woman

mort *f.* death; **peine** (*f.*) **de mort** death penalty; **mort-né** stillborn; **nature** (*f.*) **morte** still life

mot *m.* word; message, note

moteur (*m.*) **à vapeur** steam engine

mouche *f.* fly

mouillé(e) wet

moule *m.* mold (*pattern*)

moustique *m.* mosquito

moyen *m.* means, way; **au moyen de** by means of

moyenne *f.* average; medium

muet(te) silent

mur *m.* wall

muraille *f.* (high) wall

musculaire: **tonus** (*m.*) **musculaire** muscle tone

N

nager to swim

naissance *f.* birth

naître to be born

natation *f.* swimming

nature *f.*: **nature morte** still life

navire *m.* ship

néanmoins nevertheless

négligé(e) sloppy, slovenly

net(te) clean

nettoyage *m.* cleaning

nettoyer to clean; to rid

neuf: **quoi de neuf?** what's new?

neutre neutral

nez *m.* nose; **claquer la porte au nez de qn.** to slam the door in so.'s face

ni nor, or; **ni... ni** neither . . . nor; **Cela ne me fait ni chaud ni froid.** I don't feel strongly about it one way or the other.

nid *m.* nest

n'importe quel(le) any

niveau *m.* (*pl.* **-x**) level; **niveau de vie** standard of living

noblesse *f.* nobility

Noël *m.* Christmas

noir(e) *adj.* black; *m.*, *f.* black person; **tableau** (*m.*) **(noir)** (black) board

noir *m.* the dark

nombre *m.* number

nombreux (-euse) numerous; in great numbers; **arriver nombreux** come in great numbers; **famille nombreuse** large family

nomination *f.* appointment

non plus (not) either

nord *m.* north

notamment particularly

note *f.* grade; **relevé** (*m.*) **de notes** transcript

noué(e) tied back

nourrir to feed; **se nourrir** to eat

nourriture *f.* food

nous autres the rest of us; **chez nous** at our house; in our country

nouveau (**nouvel, nouvelle**) new; another; **de nouveau** again; **jusqu'à nouvel ordre** until further notice

nouvelle *f.* piece of news; short story

noyer to drown; to shroud

nuage *m.* cloud

nuancer to qualify (*opinion*)

nuire à to harm

nuisible harmful

nul nil, nonexistent

nullement not at all

numéro *m.* number; issue

O

obéir to obey, follow the dictates of

obéissant(e) obedient

obligé(e) *m.*, *f.* debtor, person in debt (*to so.*)

obligeant(e) kind, helpful

obscurité *f.* darkness

occasion *f.* opportunity, chance

occident *f.* west

s'occuper de to deal with, take care of; be interested in

œuvre *f.* work (*literature, art*)

offre (*f.*) **d'emploi** job ad

olivier *m.* olive tree

ombre *f.* shade; shadow

opiniâtre stubborn, obstinate

opposant(e) *m.*, *f.* opponent

or *m.* gold

or *conj.* now

orage *m.* storm

orageux (-euse) stormy

ordinateur *m.* computer

ordre *m.*: **jusqu'à nouvel ordre** until further notice

ordures *f. pl.* garbage

oreille *f.* ear

originaire de coming from, native of

origine *f.*: **à l'origine** originally

origines *f. pl.*: **des origines** from the very beginning

orné(e) de decorated with

orthographe *f.* spelling

oser to dare

otage *m.* hostage; **prise** (*f.*) **d'otages** taking of hostages

ôter to take away, remove

ou bien or else

ouais *interj.* yeah!

oubli *m.* oblivion

oublier to forget

oubliettes *f. pl.*: **mettre aux oubliettes** to shelve indefinitely

ours *m.* bear

outrancier (-ière) extreme

outre: **en outre** moreover, besides; **outre-Atlantique** across the Atlantic; **outre-mer** overseas

ouverture *f.* opening

ouvrage *m.* work

ouvrier (-ière) *m.*, *f.* worker

P

paix *f.* peace

palais *m.* palace; law courts

pâlir to become pale

panier *m.* basket

panique: **pris(e) de panique** panic-stricken

panne *f.*: **panne d'électricité** power failure

papillon *m.* butterfly

par by; for; per; through; **de par** throughout; **par contre** on the other hand; **par jour (semaine, etc.)** a day (a week, etc.); **par trop** excessively

Paradis: le Paradis (*m.*) **terrestre** the Garden of Eden; heaven on earth

paraître to appear; to seem

parapluie *m.* umbrella

parcourir to cover, travel

parcours *m.* journey

pareil(le) similar, same; **c'est tout pareil** it's all the same; **tout pareil** exactly the same

paresse *f.* laziness

paresseux (-euse) lazy

parfait(e) perfect

parfois sometimes

parmi among

parole *f.* word

parquet *f.* floor (*wooden*)

part *f.* share, portion; **de la part de** by; coming from; on the part of; **quelque part** somewhere

partager to share

partir to leave, depart; **à partir de** beginning in; starting with; **partir de** to start from; to leave; **partir favoris** to be favorites right from the start

participer de to partake; to have sth. of the nature of

partie *f.* part; **faire partie de** to be part of; **prendre (qn.) à partie** to take (*so.*) to task

partisan(e) *m., f.* advocate, supporter

partout everywhere; **partout ailleurs** everywhere else

paru(e) published

parure *f.* necklace

parvenir à to succeed in; to manage to

pas grand-chose nothing much; **(pas) plus de** (no) more than

passage *m.*: **au passage** as he (she) went by; **de passage** casual

passé *m.* past; *adj.* last; **passé du conditionnel** *gram.* past conditional; **passé simple** *gram.* historic past tense

passer to pass; to spend (*time*); to take (*test*); to go; to go by; to show; **passer sous silence** to keep quiet about; **passer prendre** to come to pick up; **se passer** to happen, to go on

passe-temps *m. inv.* pastime

passif: fumée (*f.*) **passive** second-hand smoke

passionnant fascinating, exciting

pastiche *m.* pastiche (*literary composition made up of bits from various sources*); imitation

pâte *f.*: **pâte à tarte** pie dough

patrie *f.* homeland

patron(ne) *m., f.* owner; boss

patronat *m.* employers, management

pauvre *m., f.* poor person; *adj.* poor

pavillon *m.* house

pays *m.* country; **gens** *m. pl.* **du pays** local people; **Pays-Bas** *m. pl.* The Netherlands

paysage *m.* countryside

paysagiste *m., f.* landscape painter

paysan(ne) *m., f.* farmer, peasant

peau *f.* (*pl.* **-x**) skin; **être bien (mal) dans sa peau** to feel great (uncomfortable, ill at ease)

pêche *f.*: **aller à la pêche** to go fishing

pêcheur (-euse) *m., f.* fisherman, fisherwoman

pédant(e) pedantic

peindre to paint

peine *f.* sorrow; difficulty; **à peine** barely; **avoir de la peine à** + (*inf.*) to have trouble (*doing sth.*); **ça n'en vaut pas la peine** it's not worth the trouble; **peine de mort** death penalty

peintre *m., f.* painter

peinture *f.* painting; paint

pelouse *f.* lawn

se pencher sur to turn one's attention to

pendant during, for; **pendant ce temps** meanwhile; **pendant que** while

pénible painful

pensée *f.* thought

penser to think; **C'est bien pensé.** It's very well thought out.

pensionnaire *m., f.* boarder

pépinière *f.* tree nursery

percevoir to perceive

perdre to lose; to waste

perdu à prix d'or (it was) a terrible loss

perfectionnement *m.* further training

perfectionner to improve

performance *f.* result (of a test)

permanence *f.*: **en permanence** continuously

permis (*m.*) **de chasse** hunting license

permission *f.*: **congé** (*m.*) **de permission** leave; **être en permission** to be on leave

persan(e) Persian

persienne *f.* (metal) shutter

personnage *m.* character (*in a story, play, etc.*); very important person

personnalité *f.* key figure

personne: ne... personne (*object*) no one, not anyone; **personne ne...** (*subject*) no one, nobody

perte *f.* loss

peser to weigh

peste *f.* plague

pétillant(e) bubbly, sparkling

pétrole *m.* oil

pétrolier *m.* oil tanker

peu little; not very; **à peu près** just about; **depuis peu** for a short time; only recently; **il y a peu encore** not very long ago, recently; **peu à peu** little by little; **peu de** few; little

peuple *m.* the people, the masses; nation; the lower classes

se peupler to become populated

peur *f.* fear; **avoir peur (de)** to be afraid (of)

peureux (-euse) fearful

phallocrate *m.* male chauvinist

phénol *m.* carbolic acid

photographe *m.* photographer

phrase *f.* sentence; **phrase titre** topic sentence

physicien(ne) *m., f.* physicist

pièce *f.* room; **pièce de monnaie** coin; **pièce de théâtre** play

pied *m.* foot; **à pied** on foot; **casser les pieds à qn.** to get on so.'s nerves; **course** (*f.*) **à pied** footrace; **prendre pied sur** to get a foothold on

piège *m.* trap, pitfall

pierre *f.* stone

pinceau *m.* (*pl.* **-x**) brush

pion *m.* pawn

piquant(e) pungent; titillating

piquer *fam.* to pick up; to swipe

piqûre *f.* sting

pire worse

pis: tant pis too bad

piscine *f.* pool

placard *m.* cupboard, closet

place *f.* square; seat

placement *m.* investment

plafond *f.* ceiling

plaidoyer *m.* defense, plea

se plaindre to complain

plaisanterie *f.* joke

plaisir *m.* pleasure

plan *m.* outline

plancher *m.* floor

planter to dump; to put; to plant

plaque *f.* sheet

plat(e) flat

platitude *f.* dullness

Platon Plato

plâtre *m.* plaster

plein(e) full; middle; **de plein air** outdoor; **en plein** right in, in the middle of; **en plein air** outdoors

pleurer to cry

plombier *m.* plumber

pluie *f.* rain; **sous la pluie** in the rain

plume *f.* (quill) pen; **prendre la plume** to put pen to paper

plupart *f.* majority; most

plus more; most; plus; no more; **bien plus que** far more than; **d'autant plus que** all the more (so) because; **de plus** moreover; **de plus en plus** more and more; **en plus (de)** in addition (to); **ne... plus** no longer, no more; **non plus** (not) either; **(pas) plus de** (no) more than; **plus de no more; plus tard** later; **une fois de plus** one more time

plusieurs several

plutôt rather; instead

poche *f.*: **argent** (*m.*) **de poche** pocket money; **livre** (*m.*) **de poche** paperback book

poésie *f.* poetry

poids *m.* weight

poignet *m.* wrist

poil *m.* hair

point *m.* period; **deux points** colon; **être sur le point de** to be about to; **mettre un point d'honneur à** + (*inf.*) to make it a point of honor to (*do sth.*); **ne ... point** not at all; **point de départ** starting point; **point d'interrogation** question mark; **point virgule** semicolon

poisson *m.* fish

poitrine *f.* chest

polémique *f.* controversy, argument

poli(e) polite

pollué(e) polluted

poly *m.* duplicated course material, handout

pont *m.* bridge

populaire popular; working class

porter to bring; to carry; to wear; to bear; **porter la main à** to touch

porte *f.* door; **claquer la porte au nez de qn.** to slam the door in so.'s face;

enfoncer la porte to break down the door; **porte à deux battants** double door

porté: **être porté sur** to be fond of

porte-voix *m. inv.* megaphone

portée *f.*: **à la portée de** within the reach, the means of

portière *f.* door (*of car*)

poser to put down, lay down; **poser sa candidature à** to apply for; **poser une question** to ask a question; **poser un problème** to present, cause a problem

possible: **dans la mesure du possible** as far as possible

poste *m.* job, position; **poste de police** police station; **poste de télévision** television set

postulé(e) applied for

potron-minet *m.*: **à potron-minet** *fam.* at the crack of dawn

poubelle *f.* trash can

poudreux (-euse) dusty

pour: **le pour et le contre** the pros and the cons; **pour ainsi dire** so to speak, as it were; **pour cent** percent; **pour de bon** for good; **pour que** so that; **Pour une première, c'est une première** She's some first!

pourboire *m.* tip

pourpre crimson; purple

pourrir to rot

poursuivre to pursue; to continue

pourtant yet, nevertheless, still

poussé(e) going a bit too far

poussière *f.* dust

pouvoir *v.* to be able; can; *m.* power

pratiquer un sport to play a sport; **se pratiquer** to be done

pré *m.* meadow

se précipiter sur to hurl oneself on; to dash over to

préciser to specify

précoce early

préjugé *m.* prejudice

prélever to kill game for management purposes

premier (-ière): **en premier lieu** in the first place; **matière** (*f.*) **première** raw material; **Pour une première, c'est une première** She's some first!; **premier tour** first round, first game played

prendre to take, take on; to eat; **passer prendre** to come to pick up;

prendre connaissance de qch. to make oneself acquainted with; to study sth.; **prendre conscience de** to become aware of; **prendre (qn.) à partie** to take (so.) to task; **prendre pied sur** to get a foothold on; **prendre rendez-vous** to make an appointment; **qu'est-ce qui lui prend?** what's wrong with him (her)?

se préoccuper (de) to worry (about)

près close, near; **près de** close to; almost, nearly; about to; **suivi(e) de près** followed closely

présent: **à présent** (just) now

présenter to introduce

presque almost

pressé(e) in a hurry

presser to hurry (*so.*)

pression *f.* pressure

prêt *m.*: **prêt études** student loan; *adj.* ready

prétendre to claim

prêter to loan; **prêter main forte à qn.** to come to so.'s assistance

preuve *f.*: **faire preuve de** to show

prévenir to warn, notify; to prevent

prévoir to predict; to anticipate

prier: **je vous prie d'agréer, Monsieur, l'expression de mes sentiments distingués** sincerely yours; **je vous prie de bien vouloir** would you be so kind as to; **nous vous prions de recevoir nos sentiments dévoués** sincerely yours

pris(e): **pris(e) de panique** panic-stricken

prise *f.*: **prise d'otages** taking of hostages

privatiser to privatize (*a company*)

privé(e) deprived; private

prix *m.* price; prize; **à tout prix** at any cost; **perdu à prix d'or** (it was) a terrible loss

procédé *m.* procedure

procès *m.* trial (*legal*)

prochain(e) next

proche *adj.* near; *m. pl.* close relations

produit *m.* product; **produits chimiques** chemicals

profit *m.*: **au profit de** on behalf of, for (the benefit of)

profond(e) deep, profound

profondeur *f.* depth

programme (*m.*) **d'études** curriculum

projet *m.* plan; **projet de loi** bill

se promener to go for a walk

promotion *f.* sales promotion; special offer

propos *m. pl.* remarks

proposition *f. gram.* clause; **proposition subordonnée** *gram.* subordinate clause

propre own; clean

propriétaire *m., f.* owner; property owner

provenir to come from, be from

provisoire temporary

puer to stink

pub (publicité): chef (*m.*) **de pub** advertising executive

public *m.*: **grand public** the general public

publicitaire *m., f.* ad man, woman; *adj.* (concerned with) advertising; **spot** (*m.*) **publicitaire** commercial

publicité *f.* advertising; ad, commercial

puis then

puisque since

puissance *f.* power, strength, force

puits *m.* well

punition *f.* punishment

Q

quand when; **quand même** even so; anyway

quant à as for, as regards

quart *m.* one fourth

quartier *m.* neighborhood, district

quasi almost, virtually

quel(le): n'importe quel(le) any; **quel que soit** whatever

quelconque some (or other)

quelques-un(e)s some, a few

qu'est-ce qui lui prend? what's wrong with him (her)?

question *f.*: **mettre en question** to question, challenge

queue *f.* line

quitter to leave; to turn off (*a road*); to quit

quoi *pron.* what; **c'est qu'il y a de quoi** there's good reason; **de quoi manger** enough to eat; **quoi que ce soit** anything; **quoi qu'il en soit** however that may be; **quoi de neuf?** what's new?

quotidien(ne) *adj.* daily; *m.*: **au quotidien** on a day-to-day basis

R

raccourcir to shorten

rachat *m.* repurchase

racine *f.* root

raconter to tell (*story*)

radoter to ramble on

raffiné(e) refined

raide straight (*hair*)

railler to scoff at, make fun of

raison *f.* reason; **avoir raison** to be right

rallye *m.* equestrian game imitating hunting

ramasser to pick up

ramener to bring back

rangé(e) orderly; well-behaved, dutiful (girl)

ranger organize, order

rang *m.* row

rapace *m.* bird of prey

se rappeler to remember

rapport *m.* connection, relationship; report; **les rapports** relations; **par rapport à** in comparison with; in relation to; with respect to

rapporter to bring back; to bring in; to tell, report

se rapporter à to relate to

rassemblement *m.* group, union

rassembler to gather together, collect

rassurer to reassure

rater to miss

rattaché(e) linked

ravi(e) delighted

ravissant(e) enchanting, beautiful

ravisseur (-euse) *m., f.* kidnapper

rayer to line; to cross out

rayon *m.* beam

réagir to react

réalisateur (-trice) *m., f.* director

réalisation *f.* production

réaliser to realize, fulfill; to make

recensement *m.* census

recette *f.* recipe

recevoir to receive; **nous vous prions de recevoir nos sentiments dévoués** sincerely yours

recherche *f.*: **à la recherche de** in search of

rechercher to search for, seek

recherches *f. pl.* research; **faire des recherches** to research, do research

récif *m.* reef

récit *m.* account, story

réconfort *m.* comfort

reconnaître to recognize

reconversion *f.* retraining

recours *m.*: **avoir recours à** to resort to

recréer to recreate

récrire to rewrite

recueilli(e) collected

recul *m.*: **avec du recul** (considered) with the benefit of hindsight, more objectively

reculer to step back

rédacteur (-trice) *m., f.* editor

rédaction *f.* draft; composition

rédactionnel(le) editorial

redevenu(e) become again

rédiger to write, compose

redonner to give back

redoublement *m.* repeating a year or a grade

redoubler to increase, intensify

redouter to fear

se réduire to boil down to, amount to

refaire: si c'était à refaire if I (we, they, etc.) had to do it all over again

refermer to close again

réfléchir (à) to think (about)

regain *m.* revival

regard *m.* look, glance, gaze, an eye

régime *m.* diet; **se mettre au régime** to go on a diet

règle *f.* rule

règne *m.* reign

reine *f.* queen

reins *m. pl.* kidneys

rejeter to reject

rejoindre to (re)join (*a person*)

réjouissant(e) festive, joyful

relancer to start over again

relever to raise, lift; to pick out, find

relevé (*m.*) **de notes** transcript

relier to relate, connect

relire to read again

remercier to thank

remettre to hand in, give; **je m'en remets à vous** I'll leave it up to you; **se remettre en marche** to start up again; to start walking again

remonter to go back (up); to put together again; to bring back up

remplacer to replace

rempli(e) full

remplir to fill in

remue-méninges *m. inv.* brainstorming

rencontre *f.* meeting

rencontrer to meet; to find

rendez-vous *m. inv.* meeting

rendre to make, render; return; **prendre rendez-vous** to make an appointment; **rendre fou (folle)** to drive crazy; **rendre visite à** (*qn.*) to pay a visit to (*so.*)

se rendre (à) to go (to)

rendu: compte (*m.*) rendu account, report
renifler to sniff; to snort
renommé(e) renowned
renseignement *m.* information
se renseigner to inform oneself
rentré(e) suppressed
rentrer to go home, return; enter; rentrer bredouille to come home empty-handed
renversé(e) overturned
reparaître to reappear
repartir to leave (again)
repas *m.* meal
repérable that can be spotted
répertorier to list, itemize
répéter to practice
réplique *f.* reply, retort
répondeur *m.* answering machine
reporter to take back
repos *m.* rest
repousser to push away
reprendre to get back; to take up again, resume
se reproduire to recur, happen again
requis(e) required
réseau *m.* (*pl.* -x) network
résidence *f.* university dormitory
résoudre to resolve
respectueux (-euse) respectful
respirer to breathe
resplendissant(e) beaming, dazzling
responsable *m., f.* person in charge
ressentir to feel
restauration (*f.*) rapide fast food (restaurants)
rester to remain, be left; to stay; il ne (me) reste plus qu'à + (*inf.*) it only remains (for me) (*to do sth.*)
restreint(e) limited
résumer to summarize
retard *m.* delay; être en retard to be late
retenir to retain
se retirer: Vous pouvez vous retirer. You may go.
retour *m.* return; (être) de retour (de) (to be) back (from)
se retourner to turn around
retrait *m.* withdrawal
retrouver to find again
réunir to gather, collect; to bring together
se réunir to meet
réunion *f.* meeting
réussi(e) successful
réussir to succeed, make a success of

réussite *f.* success
revanche *f.*: en revanche on the other hand
rêve *m.* dream
revente *f.* resale
revenu *m.* income; yield (*of investment*)
rêver to dream
reverdi(e) made green again
rêverie *f.* daydreaming
revêtir to don, put on
revivre to live again
revoir to see again; to revise
révolu(e) past, gone by
revue *adj.*: version (*f.*) revue revised version
revue *f.* magazine
ricaner to snicker
ride *f.* wrinkle
rideau *m.* (*pl.* -x) drape
rien: bon à rien good for nothing; ne... rien nothing, not anything
rieur (-euse) cheerful
rigoler to laugh
rigueur *f.* attention to detail, professionalism
rire *v.* to laugh; *m.* laugh; côté (*m.*) rires on the funny side
rive *f.* bank (*of river*)
roche *f.* rock
rôle *m.*: à tour de rôle in turn; jeu (*m.*) de rôles role-playing
romancier (-ière) *m., f.* novelist
romanesque novelistic; romantic
rompu(e) torn, broken
rose (*f.*) des sables gypsum flower
roue *f.* wheel
rouler to drive; se rouler dans to be wrapped up in
route *f.* road; faire une longue route to cover a lot of ground
routinier (-ière) humdrum, routine
roux (-sse) red (hair)
royaume *m.* kingdom
ruban *m.* ribbon
rubrique *f.* column (*newspaper*)
rude coarse, rough
rue *f.* street
rupture *f.* breaking off

S

sable *m.* sand; rose (*f.*) des sables gypsum flower
sabot *m.* clog, wooden shoe
sac *m.* bag; purse
sage wise; well-behaved
sagesse *f.* wisdom

saillant(e) salient, striking
sain(e) healthy; good
saisir to grasp, seize; to understand
salarié(e) *m., f.* employee, wage earner
sale dirty
salé(e) salty
salle *f.* room; salle de séjour living room
salon *m.* living room; showroom; salon du livre book fair; salon de l'automobile car show
saluer to greet
sanglier *m.* wild boar
santé *f.* health
satisfait(e) satisfied
sauf *prep.* except
sauter to jump; faire sauter to break open (lock, etc.); sauter en parachute to parachute
sauvage wild
sauver to save; laisser la vie sauve à qn. to spare so.'s life
savant(e) learned; skillful
scénario *m.* script
scène (*f.*) de ménage domestic squabble
schéma *m.* outline; sketch, diagram
scientifique *m., f.* scientist
scolarité *f.* schooling; frais (*m. pl.*) de scolarité school fees
sec (sèche) dry; bruit (*m.*) sec sharp snap
sécher to dry
sécheresse *f.* drought
secours *m.*: au secours! *interj.* help!
séduire to seduce
séduisant(e) attractive, appealing
séjour *m.* stay; salle (*f.*) de séjour living room
sel *m.* salt
selon according to
semaine *f.* week; d'une semaine à l'autre any week
semblable *m., f.* own kind, fellow creature; *adj.* similar
semblant: faire semblant de to pretend
sembler to seem
sens *m.* meaning; sense; direction; sens inverse the other way, backwards
sensé(e) sensible
sensibiliser to sensitize
sensible sensitive
sentier *m.* path
sentimental(e) (*relating to*) love; vie (*f.*) sentimentale love life
sentir to smell; to feel; se sentir to feel; se sentir mal à l'aise to feel ill at ease
séquestrer to confine illegally

serré(e) close together; à coups (*m.*) serrés rapid, painful heartbeats; averse (*f.*) aux grains serrés heavy downpour

serrure *f.* lock

service *m.* favor; department; service comptable accounting or bookkeeping department

servir à to be useful or used for; servir l'animal to finish the animal off

seuil *m.* threshold

si: comme si as though, as if; si c'était à refaire if I (we, they, etc.) had to do it all over again

siècle *m.* century

signaler to point out

signification *f.* meaning

signifier to mean

silence *m.*: passer sous silence to keep quiet about

simple: passé (*m.*) simple *gram.* historic past tense

singe *m.* monkey, ape

singulier (-ère) strange, odd

sinon otherwise

sitôt as soon as

situation *f.* position; situation de famille family status

situer to locate, to place

sobrement frugally

sobriété *f.* temperance, restraint

social: assistant(e) social(e) *m., f.* social worker

société *f.* company, firm

soie *f.* silk

soif *f.* thirst

soin *m.* care; attention; je vous laisse le soin de + (*inf.*) I'll leave you to (*do sth.*)

sol *m.* floor

soleil *m.* sun; bain (*m.*) de soleil sunbathing

sollicitude *f.* concern

somme *f.* sum, amount (*of money*)

sommeil *m.* sleep

sommet *m.* peak, height

son *m.* sound

sondage *m.* survey

sondé(e) surveyed

songer à to think over, reflect upon

sort *m.* fate; chance, fortune; tirer au sort to draw lots; to choose randomly

sorte *f.*: de sorte que in such a way that

sortir to leave, go out; to get out; to come out; il sort d'ici he has just left

sot(te) silly, foolish

sou *m.* cent

souci *m.* concern; avoir le souci de (*qch.*) to be concerned about (*sth.*)

soucieux (-euse) concerned, worried

soucoupe *f.* saucer

soudain suddenly

souffert(e) suffered

souffle *m.* breath

souffler to blow

souffrance *f.* suffering

souhaiter to desire, wish

souiller to tarnish

soulagé(e) relieved

soulagement *m.* relief

soulever to raise, bring up; to lift up

soulignement *m.* underlining

souligner to underline

soumettre to subject

soumis(e) à subject to, bound by

soupçonner to suspect

souper to eat supper

soupirer to sigh

souple flexible, adaptable

sourcil *m.* eyebrow

sourire *v.* to smile; *m.* smile

sous-sol *m.* (*pl.* sous-sols) basement

soutenir to support, substantiate; to maintain (*opinion*)

soutien-gorge *m.* (*pl.* soutiens-gorge) bra

souvenir *m.* memory

se souvenir de to remember

souvent often

souverain(e) *m., f.* monarch

spécialisation *f.* major

spectacle *m.* show; sight

spectateur (-trice) *m., f.* viewer; *m. pl.* audience

spot *m.*: spot publicitaire commercial

stade *m.* stadium

stage *m.* training course

stagiaire *m., f.* trainee

steak-frites *m.* steak with French fries

stéréo: chaîne (*f.*) stéréo stereo

stockage *m.* stocking, stockpiling

stuc *m.* stucco

stupéfait(e) stupefied, stunned

subir to undergo, be subjected to

subordonné(e): proposition (*f.*) subordonnée *gram.* subordinate clause

subsister to remain

substantif *m. gram.* noun

succéder to follow; se succéder to follow one another

succursale *f.* branch office

sucre *m.* sugar

sud *m.* south

Suède *f.* Sweden

suer to sweat

sueur *f.* sweat

suffire to suffice, be enough

suffisamment sufficiently

suite *f.*: à la suite de following; faire suite à to follow; suite à following; as a follow-up to; tout de suite right away

suivant(e) following; *prep.* according to

suivre to follow; to take (course)

suivi de près followed closely

sujet *m.*: au sujet de about, on

supérieur: enseignement (*m.*) supérieur higher education

support *m.* medium (in advertising)

supporter to stand, bear

supprimer to delete, remove; to do away with

surcroît *m.*: de surcroît moreover

surgir to appear suddenly

surligner to highlight

surmonter to overcome

surplus *m.*: au surplus what is more

surprenant(e) surprising

surprendre to surprise

sursauter to jump, give a start

surtout especially, above all

surveiller to watch, keep an eye on

survenant(e) appearing, arriving (unexpectedly)

survivre to survive

suspendu(e) hung

synthèse *f.* synthesis

T

tabac *m.* tobacco; bureau (*m.*) de tabac tobacco store

tabagisme *m.* smoking habit, nicotine addiction

tableau *m.* (*pl.* -eaux) table; portrait; tableau (noir) (black)board

tablier *m.* apron

tache *f.* stain, spot

taché(e) stained

tâche *f.* task

taille *f.* size; basse-taille *f.* (*pl.* basses-tailles) bass baritone

tailler to carve (out), hew

taire to hush up; to silence; faire taire (*qn.*) to silence, shut (*so.*) up; se taire to be quiet

talus *m.* embankment

tandis que while

tanguer to pitch and toss; to reel

tant so, so much; **en tant que** as; in so far as; **tant de** so many; **tant il est vrai que** so true is it that; **tant pis** too bad

tapis *m.* carpet; rug; **tapis vert** gaming table

tarte *f.* pie; **pâte** (*f.*) **à tarte** pie dough

tartine *f.* open-faced sandwich of bread and butter

tas *m.* pile, heap; bunch

tâtonner to grope or feel one's way

taux *m.* rate

tel(le) such (a); **tel ou tel** such-and-such; **tel que** as; such as, like

télé *f.* TV

télévisé: **journal** (*m.*) **télévisé** newscast

téléviseur *m.* television set

télévision *f.*: **poste** (*m.*) **de télévision** television set

tellement so, so much

témoignage *m.* testimony

tempéré(e) temperate

temps *m.* time; weather; *gram.* tense; **en temps utile** in due time; **gagner du temps** to save time; **passe-temps** pastime

tendre *v.* to hold out, extend

tendresse *f.* tenderness; **le lait de la tendresse humaine** the milk of human kindness

tendu(e) tense, uptight

ténèbres *f. pl.* darkness, gloom

teneur *f.*: **à forte teneur en** (*qch.*) with a high content of (*sth.*)

tenir to hold, hold onto; **tenir à** to care about; to be due to; **tenir à +** (*inf.*) to be anxious to (*do sth.*); **tenir compte de** to take into account; **se tenir** to behave; **se tenir à l'entière disposition de** (*qn.*) to be entirely at (*so.'s*) service; to be available; **se tenir droit** to stand up straight; **se tenir tranquille** to keep still; **s'en tenir à** to confine oneself to, stick to

tenter: **tenter la chance** to try one's luck

tenture *f.* hanging (*tapestry*)

tenu(e): **bien tenu(e)** well-kept, tidy

terme *m.* end; conclusion

terminer to finish

terrain *m.* terrain; field

terrasse *f.* sidewalk (area of a) café; **foisonnement** (*m.*) **des terraces** the teeming sidewalk cafés

terre *f.* ground; earth; land; **par terre** on the ground

terrestre: **le Paradis terrestre** the Garden of Eden; heaven on earth

tête *f.* head; **une drôle de tête** a funny face

théâtre *m.*: **pièce** (*f.*) **de théâtre** play

thématique *f.* set of themes

théorique theoretical

thèse *f.* thesis, argument, proposition

tiède lukewarm

tiens *interj.* hey!

tiers *m.* third party; outsider

tirer to take, extract; draw; **tirer au sort** to draw by lot; to choose randomly; **tirer** (**sur**) to shoot (at)

tiret *m.* dash (*punctuation*)

tissu *m.* fabric

titre *m.* title; **à titre de** in the capacity of, as; **phrase** (*f.*) **titre** topic sentence

titulaire *m., f.* holder

toile *f.* cloth

ton *m.* tone; **baisser le ton** to lower one's voice

tondre to mow

tonus (*m.*) **musculaire** muscle tone

tort *m.*: **avoir tort** to be wrong

tôt early

touche *f.* key (*keyboard*)

toucher to draw (*salary*); to put at; to reach

toujours always; still; **toujours est-il que** the fact remains that

tour *m.* turn; **à tour de rôle** in turn; **à votre tour** your turn; **premier tour** first round, first game played

tourne-disque *m.* (*pl.* **tourne-disques**) record player

tournée *f.* tour

tourner to turn; to film; **tourner autour de** to revolve around

tournesol *m.* sunflower

tournure *f.* turn of phrase

tout *m.* (*pl.* **tous, toutes**) pron. everything, all; *adv.* very; *adj* **tout** (**toute**) (*pl.* **tous, toutes**) all; any; every; **à toutes jambes** as fast as his legs could carry him; **à tout prix** at any cost; **c'est tout pareil** it's all the same; **de toute façon** in any event; **en tout état de cause** in any case, anyway; **être tout entier à** to be entirely engrossed in; **le tout** *inv.* the whole; **tous deux** both (of them);

tous les jours every day; **tout à coup** suddenly; **tout à fait** quite, entirely; **tout à l'heure** just now, a short while ago; **tout au long de** throughout; **tout bonnement** just, (quite) simply; **tout comme** just like, as; **tout compte fait** all things considered; **tout de même** all the same; **tout de suite** right away; **tout en gardant** while keeping; **tout foutre** (*vulg.*) **en l'air** to chuck or throw it all away; **tout le monde** everyone; **tout pareil** exactly the same; **tout(e) seul(e)** all by himself (herself)

toutefois nevertheless, however

tract *m.* leaflet, pamphlet

traducteur (-trice) *m., f.* translator

traduire to translate; **traduire** (**en cour d'assises**) to sue; to prosecute

train *m.*: **être en train de** to be in the middle of, in the process of (*doing sth.*)

traîner to drag; to lie around

trait *m.* stroke, line; trait (*of character*); feature

traitement *m.* treatment

traiter to treat; **traiter de** to deal with (*a subject*); to call (*so. sth.*)

trajet *m.* distance; journey

tranquille calm, still; **Laissez ça tranquille!** Leave that alone!; **se tenir tranquille** to keep still

traumatisant(e) traumatic

travail *m.* (*pl.* **-aux**) work; job; **cabinet** (*m.*) **de travail** study; **bourreau** (*m.*) **de travail** *fam.* (*pl.* **bourreaux de travail**) workaholic

travailler to work

travailleur (-euse) *m., f.* worker

travers: **à travers** through

traverser to cross, pass through

trébucher to stumble

tressaillir to shudder, give a start

tribu *f.* tribe

tribunal *m.* (*pl.* **-aux**) court

tricot *m.* sweater

triste sad

tristesse *f.* sadness

trompé(e) deceived

trop too, too much; **par trop** excessively; **trop de** too many, too much

trottiner to jog along, trot along

trou *m.* hole

trouvaille *f.* find; *fig.* stroke of inspiration

trouver to find; to think; **se trouver** to be, to find oneself
truc *m.* trick; *fig.* thingamajig
tuer to kill
tuf *m.* tuff (porous volcanic rock)

U

ultime: déchets (*m.*) **ultimes** waste end products after treatment
unique only
unité *f.* unit
usage *m.* use; custom, current (or common) practice; **à l'usage des jeunes** for young people
usé(e) trite; worn-out
usine *f.* factory
utile useful; **en temps** (*m.*) **utile** in due time

V

vacarme *m.* din, racket
vague *f.* wave
vaincre to defeat, beat
vainqueur *m.* victor, winner
vaisseau *m.* (*pl.* **-x**) vessel, ship
vaisselle *f. sing.* dishes; **lave-vaisselle** *m. inv.* dishwasher
valable valid
valeur *f.* value; asset; worth; **mettre en valeur** to highlight, bring out; **valeurs mobilières** stocks and shares
valise *f.* suitcase
valoir: faire valoir to highlight, bring out; **ça n'en vaut pas la peine** it's not worth the trouble; **il vaut mieux** it would be better
valoriser to increase the standing of; to actualize
vaniteux (-euse) vain
vanter to speak highly of; **se vanter de** to pride oneself on
vapeur *f.*: **moteur** (*m.*) **à vapeur** steam engine
vaudou *m.* voodoo

vaut: see **valoir**
vedette *f.* star (*celebrity*)
végétal *m.* (*pl.* **végétaux**) plant; **végétal(e)** *adj.* plant
veille *f.* night before
venir to come; **venir à l'esprit** to come to mind; **venir de** + (*inf.*) to have just (*done sth.*)
vente *f.* sale
vérifier to check
vérité *f.* truth
verre *m.* glass
verrouillé(e) bolted, locked
vers towards
verser to pay
version (*f.*) **revue** revised version
vertu *f.* virtue
veste *f.* jacket
vestibule *m.* hall
veuf (-ve) widower; widow
vide empty
vie *f.* life; **gagner sa vie** to earn one's living; **laisser la vie sauve à qn.** to spare so.'s life; **maintenir** (*qn.*) **en vie** to keep (*so.*) alive; **niveau** (*m.*) **de vie** standard of living; **vie sentimentale** love life
vieillard *m.* old man; **asile** (*m.*) **de vieillards** rest home
vieillir to grow old
vieux *n.* elderly person; *adj.* **vieil, vieille** old; former; **mon vieux** *fam.* old chap, old boy
vif (-ve) keen, sharp; **brûlé vif (brûlée vive)** burned alive
vignoble *m.* vineyard
villageois(e) *m., f.* villager
villa *f.* (*detached*) house
vindicatif (-ive) vindictive
viol *m.* rape
violer to violate; to rape
virgule *f.* comma; **point** (*m.*) **virgule** semicolon
vis-à-vis de with respect to
visage *m.* face

visite: rendre visite à (*qn.*) to pay a visit to (*so.*)
vitae: curriculum (*m.*) **vitae** resumé, C.V.
vitesse *f.* speed; **coup** (*m.*) **de vitesse** rush, energizer
viticole *adj.* wine
vitrail *m.* (*pl.* **-aux**) stained-glass window
vitre *f.* window, windowpane
vitré: baie (*f.*) **vitrée** picture window
vivant(e) lively
vive long live; **âme** (*f.*) **qui vive** a living soul
vivement sharply
voie *f.* way, route, path
voile *m.* veil
voix *f.* voice; vote; **à haute voix** aloud; **à mi-voix** in an undertone, under one's breath; **porte-voix** *m. inv.* megaphone
vol *m.* flight
volant: feuille (*f.*) **volante** separate sheet of paper
voler to steal; to fly
volets *m. pl.* shutters
volonté *f.* wish, will; **de volonté** willful
volontiers willingly
voué(e) doomed
vouloir to want; **je vous prie de bien vouloir...** Would you be so kind as to . . . ; **nous vous demandons de bien vouloir...** Please . . . ; **veuillez agréer, Monsieur, l'expression de mes sentiments distingués** sincerely yours; **vouloir dire** to mean
vous-même yourself
voyou *m.* hoodlum
vrai true, real; **à dire vrai** to tell the truth, in (actual) fact

Y

y compris including
yeux (*m. pl.* of **œil**) eyes

INDEX

· ·

The entries preceded by the indication PII refer to exercises and activities in Part II of the text that practice concepts presented in Part I.

(*Continued from p. iv*)

Camp and Associates; *168* © Henri Manuel/The Bettmann Archive; *179* © Peter Menzel; *181* © Charles Platiau/Reuters/Bettmann

Realia and literary materials: *Page 11 Dictionary of 501 French Verbs* by Christopher Kendris (Hauppauge, N.Y.: Barron's Educational Series); *12–13* reproduced from *Collins-Robert French-English, English-French Dictionary,* 2nd edition (1987) by kind permission of HarperCollins Publishers, Glasgow and Dictionnaires Le Robert, Paris; *45 Journal Français d'Amérique; 50* (*top*) *La Peste* by Albert Camus © Éditions Gallimard; *50* (*bottom*) *Claudine à l'école* by Colette © Éditions Albin-Michel, 1930; *53 Quand les bêtes parlaient aux hommes: Contes africains* by L. Anoma Kanié (Abidjan, Ivory Coast: Nouvelles Éditions Africaines, 1974); *56* «Les femmes et le travail» by Evelyne Sullerot, from *Contemporary French Culture and Society,* edited by Georges Santoni (Albany, N.Y.: State University of New York Press); *58 Évidences invisibles: Américains et Français au quotidien* by Raymonde Carroll, coll. La couleur des idées © Editions du Seuil, 1991; *59* © «Les nouveaux secrets de la forme,» © *Le Nouvel Observateur; 63* adapted from "Gate Receipts and Glory" by Robert M. Hutchins, *The Saturday Evening Post,* December 3, 1983; *65 Mémoires d'une jeune fille rangée* by Simone de Beauvoir, 1958. © Éditions Gallimard; *74 Connaissance de la France* by Victor Prévot © Éditions Belin, Paris, 1969; *74* (*bottom*)*–75 Guide France: Manuel de civilisation française* by Guy Michaud (Paris: Classiques Hachette); *75* (*bottom*) reprinted with permission of *L'Étudiant; 78* (*center*) reprinted with permission of Presses Universitaires de France; *78* (*bottom*) © *Magazine Litteraire; 81* (*bottom*) *Cathédrales de France* by René-Jacques (Paris: Bibliothèque des Arts, 1959) © Wilhelm Andermann Verlag, Munich; *82* «L'Étudiant» by Jacques Lusseyran, *Esprit,* 1965; *92* reprinted with permission of *Femme Actuelle; 93 La deuxième sexe* by Simone de Beauvoir, 1949 © Éditions Gallimard; *94* (*top*) «Enfin!» by Michèle Fitoussi, *Elle; 94* (*bottom*) «Les Miettes du pouvoir» by Philippe Trétiack, *Elle; 100* reprinted with permission of Presses Universitaires de France; *101 Le Mur* by Jean-Paul Sartre © Éditions Gallimard; *102* «L'Hôte» from *L'Exil et la Royaume* by Albert Camus, 1961 © Éditions Gallimard; *107 Le Planétarium* by Natalie Sarraute, 1957 © Éditions Gallimard; *124 L'Express*/NYTSS; *128* cartoon by Wolinski, *L'Express*/NYTSS; *124* © C. Charillon—Paris; *132–133* Text: TV Magazine—Paris, *Le Figaro.* Photos: Pix, SIPA, Christophel, Sygma; *141* reprinted with permission of *L'Étudiant; 142* © *Le Figaro* 1992; *147–148* reprinted with permission of *Studio Magazine*/Marc Esposito; *149* Pacific Arts Video; *158–162* «Hé hé! Ka ki rivé» by Maguy Bibrac in *Paroles de terre en larmes,* Conseil Régional de la Guadeloupe, Les Éditions Hatier, 1988; *168–170 Oeuvres de Colette III* by Colette (Paris: Flammarion); *174–175* "No More Miss America!" in *Sisterhood Is Powerful,* edited by Robin Morgan (New York: Vintage Books, 1970); *178–179* «Ils ont» by Léon Damas in *Race and Colour in Caribbean Literature* by G. R. Coulthard (London: Oxford University Press, 1962); *178 Elle; 186–187* «La prison de la santé» © *Le Nouvel Observateur; 190–193 Ça m'intéresse*

About the Authors

Lisa Gerrard is on the faculty of the UCLA Writing Programs. She received her Ph.D. from the University of California, Berkeley in comparative literature, with an emphasis on nineteenth-century English, French, and Spanish literatures. Since 1982, she has worked with UCLA's Spanish and Portuguese Department, where she created and taught a graduate level course in writing pedagogy for the foreign languages. Her publications include composition software; books and articles on English composition, foreign language composition, and computer-based writing; and a rhetoric for English composition (*Writing with HBJ Writer,* Harcourt Brace Jovanovich, 1986).

Barbara Lomas Rusterholz is Professor of French at the University of Wisconsin, La Crosse, where she has taught since 1978. She holds a B.A. from the University of California at Riverside, an M.A. from the University of Wisconsin, and a Ph.D. from the University of Minnesota. Dr. Rusterholz has been active in the Wisconsin chapter of the American Association of Teachers of French, serving two years as the state coordinator for the Grand Concours, and has helped develop the University of Wisconsin System French Placement Text. She has published articles in *Foreign Language Annals* and *The French Review* on the application of proficiency principles in the Business French classroom.

Sheri Spaine Long is a Senior Lecturer in Spanish at the University of Alabama at Birmingham. She teaches language, literature, and foreign language pedagogy. She received her Ph.D. in Hispanic Languages and Literatures from the University of California, Los Angeles, where she was a Del Amo Fellow. She has presented conference papers and published articles on foreign language writing pedagogy and twentieth-century Peninsular literature. She serves as the organizing chairperson of the continuing session on "The Teaching of Writing" for the American Association of Teachers of Spanish and Portuguese. She was recently elected an officer in the Alabama Association of Teachers of Spanish and Portuguese.